决定孩子未来的 50种优秀品质

主　编　周舒予

副主编　张淑涵　周　扬　丁慧娟　刘伦峰

编　著　雒真真　梅　云　齐梦珠　翟晓敏
　　　　　贾　联　周雅君　梅　梅　施　杭

金盾出版社

内 容 提 要

本书从做人、做事、学习、交往与独立生存等方面全面系统地总结了孩子应具备的 50 种优秀品质，并对这些优秀品质做了透彻的阐述，对如何培养孩子具备这些优秀品质提供了切实可行的办法，是孩子自我修养和家长教子的难得宝典。

图书在版编目(CIP)数据

决定孩子未来的 50 种优秀品质/周舒予主编 . -- 北京 ：金盾出版社，2010. 11
ISBN 978-7-5082-6628-2

Ⅰ.①决…　Ⅱ.①周…　Ⅲ.①青少年教育：品德教育—中国　Ⅳ.①D432.62

中国版本图书馆 CIP 数据核字(2010)第 180431 号

金盾出版社出版、总发行

北京太平路 5 号(地铁万寿路站往南)
邮政编码：100036　电话：68214039　83219215
传真：68276683　网址：www.jdcbs.cn
封面印刷：北京印刷一厂
正文印刷：北京四环科技印刷厂
装订：海波装订厂
各地新华书店经销
开本：787×1092 1/16　印张：17　字数：298 千字
2010 年 11 月第 1 版第 1 次印刷
印数：1～8 000 册　定价：29.00 元

优秀品质关乎孩子一生的成长。孩子具有的优秀品质会影响他的生活方式和个人成长的道路，可以让他受益一生。所以从某种意义上说，优秀品质是孩子人生成功的基石。

对于孩子来说，良好形象正是由一个个优秀品质凝结而成的，因为，优秀品质能够折射出一个人的综合素养。优秀品质是我们存放在神经系统的无形资本，一旦具备了优秀品质，我们一生都不会用完它的利息；相反，如果具备的都是恶劣的坏习气，就会一生都在偿还坏习气的债务，就会影响一生的前程。

实际上，优秀品质的塑造远比知识和技能的掌握更重要，品质是我们一生成功的基础。正因为如此，法国著名作家罗曼·罗兰才说："没有伟大的品质，就没有伟大的人，甚至也没有伟大的艺术家，伟大的行动者。"

优秀品质是健康人格的牢固基础，每一个孩子都应该培养优秀品质，更好地发展自己的人格，优秀品质时刻影响着我们的命运。大科学家爱因斯坦曾说："不管时代的潮流和社会的风尚怎样，人总可以凭着自己高尚的品质，超脱时代和社会，走自己正确的道路。"由此可见，品质的力量是巨大的。

美国作家爱默生这样说："品质是一种内在的力量，它的存在能直接发挥作用，而无须借助任何手段。"所以，我们无论如何都要让自己具备这样的力量，从而在人生的道路上走出自己的精彩。

单个而有限的品质，或许如同衰微的烛光，但无数的优秀品质降临的时候，就会使得我们的人生焕然一新。它们的光辉，并不只点亮一个点，而是照耀我们的人生，从今天走向光辉的明天。归根结底，只有那种具有无限力量的品质，才可以改变我们每个人的命运。

优秀品质并不是天生的，而是经过后天的学习与培养而获得的。任何一种优秀品质的形成无不是点滴积累的结果，无不是通过一个个行为不断强化与渗透的结果。就从现在开始，通过行为的强化来培养自己的优秀品质吧！

仔细体味书中这些隽永的品质，心中就会充满了对美好生活的渴望和走好未来道路的信心。品质的灵光射入心田，它一定能够化作营养丰富的土壤，为我们种下智慧的种子,并为其茁壮成长源源不断地提供养分。由此盼望,每个孩子人生的每一分、每一秒都会有新的进步和对生活的体味。

本书从做人、做事、学习、交往与独立生存等方面全面系统地总结了孩子应该具备的 50 种优秀品质,简明实用,可读性强,同时也对这些优秀品质做了系统而透彻的阐述,对孩子如何培养这些优秀品质做了相关指导。

相信这些优秀品质能够决定孩子未来的发展,帮助孩子踏上人生的康庄大道,让孩子在成长的过程中不断塑造自我,完善自我,真正打造属于自己的品质体系,以优秀的品质成就自己的卓越前程。

真诚希望本书能为孩子的健康成长助一臂之力,愿每一个孩子都能拥有优秀品质,都能成就辉煌的未来人生。

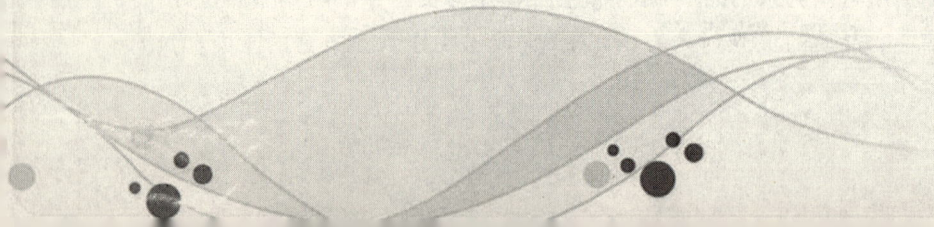

目 录

第一章　以德做人篇

在任何时代,对任何人来说,做人都是第一位的,孩子也不例外。古今中外无数智者都把做人当做最为重要的事情来做。做人的关键就在于高贵的人格,有了高贵的人格,才会造就高贵的人生事业。每一个孩子都要培养高尚的品行和正确的人生态度,这是学做人的根本。只有学会以德做人,才能有智慧地做事,高效率地学习,轻松地与人交往,以及独立生存。

第3种品质　爱心——让生命变得更加精彩 ……………………（12）

我们的古人曾经说过："敬人者，人恒敬之；爱人者，人恒爱之。"所以，如果你想赢得更多的爱，就请先伸出你的手吧，这样做会让你赢得更多的爱与关注。渐渐地，你也会发现，主动去爱别人，你的每一次经历都会变成人生中宝贵的财富。

第4种品质　感恩——让心灵充满人生智慧 …………………（17）

感恩是生活中最大的智慧，也是人类最美好的品质之一。我们要时常拥有感恩之情，时刻有报恩之心。把成就归功于大家，失误归过于自己；在他人有困难的时候，甘愿不计利益提供帮助；对别人少一分挑剔，而多一分欣赏。

第5种品质　平和——不要成为欲望的奴隶 …………………（22）

保持一颗平常心，常怀一颗欢喜心，调节好自己的情绪，使好的心情与自己结伴而行不是不可以做到的。因为情绪是可以自己支配的，一个懂得调节自己情绪的人，就掌握了生命的主动权，就能使自己进入洒脱通达的境界。如能做到这一点，好的情绪一定会一直围绕在你身边。

第6种品质　豁达——给人生添加完美色彩 …………………（26）

比尔·盖茨曾说过："没有豁达就没有宽松。无论你取得多大的成功，无论你爬过多高的山，无论你有多少闲暇，无论你有多少美好的目标，没有宽容心，你仍然会遭受内心的痛苦。世界上最大的是海洋，

比海洋更大的是天空,比天空更大的是人的胸怀。"我们一定要让自己拥有一个豁达的人生。

第7种品质 谦逊——低姿态方能纳百川 ……………… (31)

老舍先生曾说,一个真正认识自己的人,就没法不谦虚,谦虚使人的心缩小,像个小石卵,虽然小而极结实,结实才真实。一个拥有谦虚品格的人,在面对生活的成功、荣誉时不会陷在沾沾自喜中不能自拔,在面对他人的指责时,也不会堕落气馁,懂得谦虚待人的人才能更好地总结自己的不足,积极地提高自己。

第8种品质 乐观——添加人生成功营养素 ……………… (35)

人们同时打开窗户看夜空,有的人看到的是星光璀璨,有的人看到的是黑暗一片。持久的悲观情绪会使人生的路愈走愈窄,而乐观使人生的路愈走愈宽,所以,我们可以说,选择乐观的态度对待人生是一种智慧。

第9种品质 自省——让心灵不断历练成长 ……………… (40)

古人云:"君子之过也,如日月之食焉。过也,人皆见之;更也,人皆仰之。"这句话的意思是:日食过后,太阳更加灿烂辉煌;月食复明,月亮更加皎洁明媚。君子的过错就像日食和月食,人人都看得见,但是改过之后,会得到人们更崇高的尊敬。"过而能改,善莫大焉!"走错了一步不要紧,重要的是要有自省的精神,又有改过的行动。冬天过后就是春天,改过之后才能得到进步。

孔老夫子曾说："知耻近乎勇。"一个人只有知道自己的不足，并因此产生羞愧的感觉，才能奋发图强，勇往直前。羞耻心是一种基础的道德情感，也是一个人行为品德的内在因素。一个人有了羞耻心，对错误事物才有抵抗能力，才能矫正和预防不良的行为品德。由此看来，小到个人修养，大至民族气节，知耻心都是一笔宝贵的财富。

我们要知道，钱一定要花得有意义，真正做到物有所值。我们现在怎样花钱，将会直接影响到我们将来管理金钱的能力和习惯。如果我们能够养成节俭的美德，就意味着我们具备了控制自己欲望的能力，也意味着我们已经有了独立的意识。所以，我们应该了解生活中勤俭美德的重要性，要从小培养勤俭节约的好品质。

古罗马著名学者纳索米曾说："人越伟大，越能自律。不能自律的人，就是人生的失败者。"不可否认，自律是一种优秀的品质，也是一种能力、一种技能。一个高素质的文明人，行为一定会自觉符合社会规范。所以，我们必须学会自律，只有这样，我们才能发展自己，才能在未来的人生道路上所向披靡。

第二章　智慧做事篇

做事先做人，人做好了，才可以做事。做人与做事，密不可分，相辅相成，将共同成就孩子人生的成功。做事的品质在孩子当前和未来的生活、事业中会发挥巨大的力量，这也

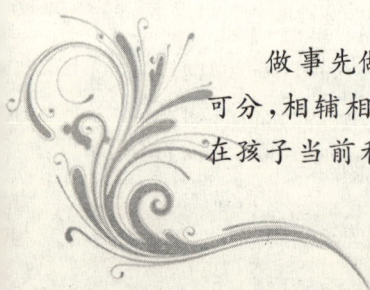

是孩子成就自己的关键。联合国教科文组织的一份题为《教育:财富蕴藏其中》的报告中指出,学会做事是21世纪教育的四个支柱之一。所以,在这个现代知识经济社会中,一定要培养自己良好的做事品质,学会有智慧地做事,以适应现代世界日新月异的变化。

英国小说家查尔斯·狄更斯曾经说："顽强的毅力可以征服世界上任何一座高山。"是的，一个人是可以做到他想做到的一切的，需要的只是坚忍不拔的毅力和持久不懈的努力。所以说，依靠自己的毅力，我们可以征服看似不可攀登的"高山"，可以穿越艰难险阻的"沙漠"，每一次的成功激励着我们正视自己的力量，激励着我们坚持到底，勇敢追求。

人生需要理智。一个理智的人，懂得审时度势，扬长避短，即使面对羞辱也能够保持冷静，而不会一触即跳或走向极端，让自己在愤怒中迷失方向，在错误的道路上越走越远；相反，一个人如果失去了理智，就很少考虑自身的条件，就会凭着一时冲动去行动，到头来一事无成，这样的人应该及早做好准备接受打击和惩罚。

耐心是成功的磨刀石，一个人如果学会了耐心等待时机，那他离成功也就不远了；耐心是一种能力，耐心可以让人保持冷静，并能理智地思考；耐心是一种品质，即使在面临压力时，一个人也还能善待他人；耐心能够让人在思想放松时保持克制，容忍以前所不能容忍的事情，平静地等待自然的结果；耐心是人生的一大助力，是成功人生的素质保证。

英国前首相丘吉尔曾说："勇气是人类最重要的一种特质，倘若有了勇气，人类其他的特质自然也就具备了。"是的，勇气，是一种精神，

让人不怕困难，一往无前地去夺取胜利；勇气，是一种品质，让人不畏挫折，坚定不移地追求成功的人生。要知道，胜利永远属于有勇气的人，而失败总是等待着心灵孱弱的人。

第20种品质　责任——成功必备的人格品质 …………………（97）

责任感是一种习惯行为，是衡量一个人成熟与否的重要标准；责任感是一种很重要的品质，是做一个优秀的人所必需的；责任感是健全人格的基础，是能力的催化剂；责任感是一个人安身立命的基础，当他具有了某些能力时，就要对相应的事情负责。一个充满责任感、勇于承担责任的人，会因为这份承担而让生命更有分量。

第21种品质　果断——人生加速成长的保证 …………………（102）

果断是一种优秀品质，而且是人类优秀品质的核心，是所有成功者的重要人格特质之一。如果我们没有果断的品质，那么我们生命的航船就会没有方向，就会到处漂泊，就经受不住暴风雨的吹打，永远也找不到属于自己的港湾。培养果断的品质对我们的一生都非常重要，会彻底改变我们的人生航程。

第22种品质　求实——人生必须要实事求是 …………………（106）

求实就是实事求是，这是一种优秀品质，又是一种思想方法。它能辩证地看一个人、一件事。求实，就是毫不隐讳挑出弱点，沉淀长处，树立更高尚的道德；求实，是每个人所要遵循的基本准则。事实上，它不仅是一项准则，更是一门人生的学问，我们在今后的学习和生活中一定要学好并用好这门学问。

第23种品质 慎独——成功做人的第一准则 ·············· (110)

慎独指的是一个人在独自居处的时候，也能够自觉地严于律己，谨慎地对待自己的所思所想和所行，防止有违背道德的欲念和行为发生，从而使道义时时刻刻伴随着自己。实际上，能否做到"慎独"，以及坚持"慎独"所能达到的程度，是衡量一个人是否坚持自我修身以及在修身中取得成绩大小的重要标尺。

第三章 高效学习篇

在今天这个时代，一天不学习就会落伍。所以，要时刻学习，时刻保持一颗进取心。当然，学习要讲求效率，只有高效的学习才是最有力度的，而低效或无效的学习则是浪费时间与精力的。对于孩子来说，要培养自己高效学习的能力，这样才能让自己的每一分钟都能有所学。然后，还要记得学以致用，只有把学到的知识运用于实践，学习才有意义。

第24种品质 好学——凝聚人生成功的力量 ·············· (117)

好学才能乐学，乐学才能自主学习。学习，是人类认识自然和社会、不断完善和发展自我的必由之路。无论一个人、一个民族还是一个国家，都要不断地学习。因为只有不断学习，才能获得新知，增长才干，才能跟上时代的发展，才不至于落后被动，才能提高自己的核心竞争力，才不至于被淘汰。

第25种品质 勤奋——早起的鸟儿才有虫吃 ·············· (122)

大凡成就大事的人都相信这样一个道理：勤奋是促使成功的基本要素，而懒惰者是永远也不会成功的。著名数学家华罗庚曾说："天才在于积累，聪明在于勤奋。勤能补拙是良训，一分辛苦一分才。"勤奋

不仅包括学习时的态度,也包括学习时注重的深度和广度,还包括广泛涉猎教科书以外的知识。一个勤奋的人能够自觉去学习他想要的知识。

第26种品质 想象——让思想的野马奔驰吧 ············· (127)

大科学家爱因斯坦曾说:"想象力比知识更重要。因为知识是有限的,而想象力概括着世界上的一切,推动着进步,而且是知识进化的源泉。"我们在学习各门课程中都要借助想象力,没有良好的想象力,就无法正确理解所学的内容。而且,想象力还直接关系着我们创造力的发展,生活中的发明创造,都是从想象开始的。

第27种品质 思考——发展自我的不竭动力 ············ (132)

英国著名哲学家培根曾说:"思考,继续不断地思考……就能迎来一线晨曦,见到万顷光明。"从中足见思考的巨大能量。思考,是前行的推进器。瓦特的思考,造出了蒸汽机,从而造就了一场工业革命;爱因斯坦的思考,开创了原子能的崭新时代;马克思的思考,迎来了人类历史的新纪元。思考是一个人前行的助推器,是发展自我的动力。

第28种品质 专注——集中注意力方成大事 ············ (136)

专注是一个人注意力高度集中在某一事物上的能力,也是一种优秀品质。注意力的集中与否直接关系到一个人在某项工作或事业上是否能够取得成功。毋庸置疑,专注是所有天才和成功者的共同特质。对我们来说,培养专注力非常重要,我们一定要在青少年时期把自己的专注力激发出来。

从普通平凡、随处可见的事物中能发现与众不同的东西，并让其展现出来，这无疑需要独特的眼光、独特的思维、独特的方法，这种独特就是创新。德国大哲学家康德曾说："创新是天才的基本特征。"但是，创新并不神秘，也并不高不可攀。只要我们注意培养，敢于推陈出新，就一定能拥有这种优秀品质。

一位诗人曾说："我宁可做人类中有梦想和有完成梦想的愿望的、最渺小的人，而不愿做一个最伟大的无梦想、无愿望的人。"任何一个成功者心中都有一个伟大的梦想，梦想让他不畏艰难，梦想驱动着他前进，梦想让他敢于挑战权威，梦想能促使他早日达成目标。每位青少年心中都有一个梦想，梦想让我们越来越坚强，也越来越能体会成长的珍贵。

一个有积极进取心的人，一定会不辞劳苦、坚持不懈地在自己的人生之路上勇敢前行，在他的大脑中决不会有"将就着过"、"得过且过"的想法。进取心就潜藏在我们每个人的心中，如果我们抑制它、漠视它，似乎它就不存在；如果我们发掘它、浇灌它，它会为我们带来想要的一切。

第四章　与人交往篇

每个人都离不开人际交往，孩子当然也需要学会与人交

往。只有与同学、与老师、与其他人建立良好的人际关系，做事才会更顺利，走向幸福人生的道路才会更平坦一些。所以，从现在开始，就试着学习与人交往的品质吧，这些品质实际上也是交往的技巧。一旦把这些技巧领会于心，并能真诚地、发自内心地恭敬他人，也一定会获得他人的尊敬，自然会获得和谐的人际关系，自然会与人和睦、融洽相处。

第35种品质　合作——信息时代的成功之道 ·················· (173)

21世纪是一个合作的时代,随着科学技术向纵深方向发展,社会分工越来越精细,人们不可能成为百科全书一样的人才,合作已成为人类生存的手段。也就是说,我们每个人都需要借助他人的智慧来完成自己的使命,所以,这个世界充满了竞争与挑战,当然,也充满了合作与快乐。

第36种品质　幽默——化解冲突的生存哲学 ·················· (178)

日本著名教育家池田大作曾说:"有幽默感的人不会让人厌弃,有幽默感的话题不会给人压力。"是的,幽默是一种智慧的表现,一个具有幽默感的人到处都会受到欢迎,他可以化解人与人间的很多冲突或尴尬的境况。幽默的人一般会使人由怒转乐,变得豁达,当然也可以带给人快乐,所以有人说,幽默是两人间最短的距离。

第37种品质　分享——打开关闭的心灵之门 ·················· (182)

分享是一种智慧行为,人们在积极的社会交往中经常采用。分享含有共同拥有、共用,在某种情形下,甚至还有均摊或参与的意思。简而言之,分享就是把自己的东西送给别人使用,在这个行为过程中,双方都从中得到了某种好处。我们一旦学会了分享,别人的生活会因我们的分享而更加精彩;学会了分享,自己的生活也会变得更加美满充实!

第38种品质　倾听——走进他人的内心世界 ·················· (187)

倾听是一种可贵的习惯,更是一种优秀的品质。善于倾听的人能

够更加容易进入别人内心深处,因为,倾听者专注于聆听的态度,使得讲话人能更好地理清自己的思路,选择更好的方式进行表达,从而使倾听者能够准确了解对方所要表达的意思。如果我们能够这样做,也就达到了与别人沟通的目的。

言语是人与人之间沟通的桥梁,人与人交流少不了话语。一句有益的话可以直入人心,让人茅塞顿开;一句无益的话也许会伤害别人的心,也伤害了彼此的感情。俗话说:"祸从口出。"说话是一门很大的学问。谨慎的言语不仅可以让别人安心,也可以避免很多不必要的矛盾冲突。

当我们帮助别人时,别人会感受到来自他人的温暖,而当别人帮助我们时,我们的心中也同样会感到安慰。当我们给别人带去一份快乐时,我们就拥有了两份快乐!伸出你的手,伸出我的手,让我们相互帮助,相互关怀。我们人人都献出一份爱,这个世界会变得更加美好。

宽容是一种博大的胸怀,也是人类个性最高的境界之一,唯有懂得宽容的人,才有超然洒脱的态度。生活需要宽容,一个不懂得宽容的人,会整天陷于烦恼之中,心胸狭窄,处处设防;一个懂得宽容的人,能体谅别人的难处,也会主动地帮助他人,这种人心胸开阔,与人为善,因而会受到他人的尊敬。

　　与人为善、真诚待人，是中华民族的传统美德，也是我们做人的优良品质。我们每个人都希望得到别人的真诚相待。其实，你怎样待人，别人也会怎样待你。要想别人真诚待你，就应当首先主动真诚地去对待别人。不去耕耘的人，是不会有丰厚的收获的。

　　同情是人类一种美好的感情，一种优秀的品质，也是人际交往中必不可少的。同情心是构成一个人完美个性、良好品德的要素之一。人不能没有同情心，同情心可以让人变得可亲可敬，变得伟大崇高。人与人之间只要相互同情，相互关心，那么人们之间就会充满温馨和关爱，社会就会成为一个和谐的大集体。

第五章　独立生存篇

　　不要认为独立生存是以后的事情，其实，独立生存更是眼下的事情。只有现在开始锻炼、培养独立生存的能力，才能自如地应对人生的风雨，才能坦然面对各种坎坷与挫折。不可否认，做人、做事、学习、与人交往都是为独立生存做准备，但独立生存还有其特有的关键点，如吃苦、坚持、忍耐、适应、理财，等等。为了让自己现在及未来的人生更精彩，就从现在开始努力培养让自己强大的独立生存的品质吧！

　　孟子说："生于忧患，死于安乐。"意思是说，艰苦的生活环境能够锻炼一个人的坚强意志，激励他不断地进取；相反，安逸的生活条件则

很容易腐蚀一个人,使得他沉湎其中,走向颓废乃至于最后灭亡。只有吃过苦,才能够体验到什么是真正的生活,这对我们一生的成长有益而无害。

第45种品质　减压——让生活过得更加轻松 …………… (223)

今天的人们生活在一个充满竞争的社会里,每天面对的压力林林总总。随着年龄的增长,压力就像一只无形的手,总是攫住人们,让人无处可逃。不管人们喜欢与否,在压力面前,是没有人可以"免疫"的。也就是说,生活在这个世界上,竞争和压力在所难免。这样说来,学会缓解压力就是一种必备的生存智慧。

第46种品质　坚持——永远不放弃成功希望 …………… (228)

只有坚持才能战胜前进道路上的荆棘坎坷。法国著名作家罗曼·罗兰曾说:"没有一次争取是一劳永逸地完成的,争取是一种每天重复不断地行动,要一天天地坚持,不然就会消失。"是的,坚持是一个人在确信行动的正确性后而不懈地努力,是一种意志品质。如果我们想获得成功,就应该学会坚持,不轻言放弃。

第47种品质　忍耐——风平浪静还得靠心忍 …………… (234)

"忍"功可以称为天下修养第一功。一个人要做到不自满,成就大事,就一定要从根本上解决"忍"的问题。一个人无论地位有多高,权力有多大,学识有多渊博,他都必须学会忍让。只有这样,才不会因一时的怒气而毁掉自己的大好前程。

　　如果我们想在未来成功积攒财富，必须关注一个非常重要的因素，就是要懂得怎样聪明地运用财富，利用钱生钱，给自己带来更多的财富。也就是说，要学会理财。理财是一种能力，一种管理金钱的能力。一个人如果对理财持漠视的态度，那他一定不会赢得应有的财富。所以，如果不想让自己在以后陷入财务危机，就应该尽早积极学会理财。

　　自立就是自我生存的意识和能力，也是现代人追求的一种优秀品质。简单来说，自立就是不依赖别人，依靠自己的努力来做事的精神品质。在当今时代，一个人必须具备自立的意识和能力，这是社会的要求，也是自身发展的需要。人一旦具备了自立的品质，就比较容易适应社会，就能把握机遇，更好地发展自己。

　　适应环境的能力是人类赖以生存的最基本的本领。现代社会在不断变化，不断更新的学习、工作和生活环境让人难以把握，环境随时都可能变得陌生，一个人如果没有良好的适应环境的本领，就无法在将来的竞争中取胜，反而容易被淘汰。所以，我们必须练就强大的适应能力。

第一章　以德做人篇

在任何时代，对任何人来说，
做人都是第一位的，孩子也不例外。
古今中外无数智者都把做人当做最为重要的事情来做。
做人的关键就在于高贵的人格，
有了高贵的人格，
才会造就高贵的人生事业。
每一个孩子都要培养高尚的品行和正确的人生态度，
这是学做人的根本。
只有学会以德做人，
才能有智慧地做事，
高效率地学习，
轻松地与人交往，
以及独立生存。

第1种品质　孝道——做个知恩报恩的孝子

父母对子女的爱,是天然的、无条件的、全身心的爱;子女对父母的依恋和爱戴也是人性中发自肺腑的真情。"身体发肤,受之父母,不敢毁伤,孝之始也。"我们从父母那里获得生命,我们应当知恩感恩。一个人能知恩感恩,孝心才能萌生。

郯子是春秋时期人,他的孝名远近闻名。他的父母年纪都很大了,而且都患了很严重的眼疾。郯子非常焦急,为了救治父母的病,他想方设法四处求医。

他听医生说,治这种病最好的办法是食用鹿乳。但是,市场上根本没有卖鹿乳的,即使到深山里去找,鹿见到人,早一溜烟地逃走了。该怎么办呢?

郯子冥思苦想,终于想到了一个办法。他找来一张鹿皮披在身上,还在头上安了假鹿角,然后趴在地上左蹦右跳的,远远看去,就像一头顽皮的小鹿。郯子学着鹿走路的样子,学着鹿的叫声,混进了鹿群中。他想慢慢靠近母鹿,取些鹿乳给父母亲治病。

正当他要取到鹿乳时,忽然发现林中有一支箭对准自己。他顿时意识到,那是猎人的箭,猎人并不知道他是一只假鹿。他慌忙站起来,迎着利箭大喊:"别射! 别射! 我是人!"猎人诧异极了,接着郯子就把自己想取鹿乳给父母治病的事告诉了他。

猎人被郯子的孝心孝行深深地感动了,竟然表示以后再也不射杀鹿。他有一些鹿乳,就把鹿乳送给了郯子。郯子把鹿乳取回家中,他的父母喝了鹿乳后,眼疾渐渐好了。

做个知恩报恩的人

我们的一纤一毫都来源于父母。未出世前,母亲便要忍受十月怀胎的种种不便和生产的剧痛带我们来到人世间,父母有生育我们的大恩。

从我们呱呱坠地那一天起,就没有离开过父母不分昼夜地看护、养育和教导。他们把我们从一个连翻身都不会的婴儿养育为现今有教养、有知识、身体健康的人。其中,父母付出的辛劳和关爱实在是难以言述,父母有养育我们的深恩。

面对着恩重难报的父母,我们该如何地敬爱他们?孝养他们?行孝是做人的大根大本。如果把子女比喻为树干,父母就是我们的根。要想树叶繁盛,不从培根护本做起是不可能达成的;反之,如果把根毁伤,即使再繁盛的树木,也不免枯萎。而我们古代的大圣大贤们,他们懂得这个道理,他们对父母的孝敬和关爱之心,值得我们现代人来学习。

仲由是周朝春秋时期鲁国人,字子路。他非常孝敬父母,可是,他的家境贫寒,吃得很不好。仲由害怕父母营养不够,身体不好,感到很担心。

家里没有米,为了让父母吃到米,他必须要走到百里之外才能买到米,再背着米赶回家里,奉养双亲。百里之外是非常远的路程,也许有人可以做到一次,两次。可是一年四季经常如此,就是一件很不容易的事了,然而仲由却一直坚持这样做。

为了能让父母吃到米,不论寒风烈日,他都不辞辛劳地跑到百里之外买米背回家。冬天,冰天雪地,天气非常寒冷,仲由顶着鹅毛大雪,踏着河面上的冰,一步一滑地往前走,脚被冻僵了。抱着米袋的双手实在冻得不行,便停下来,放在嘴边暖暖,然后继续赶路。

夏天,烈日炎炎,汗流浃背,仲由都不停下来歇息一会儿,只为了能早点回家给父母做可口的饭菜。遇到大雨时,仲由就把米袋藏在自己的衣服里,宁愿淋湿自己也不让大雨淋到米袋,遇到刮风的天气就更不在话下了。

为了父母的营养,如此费尽心思和体力,实在是极其不容易。后来仲由的父母双双过世,他南下到了楚国。楚王聘他当官,给他很优厚的待遇。一出门就有上百辆的马车跟随,每年给的俸禄非常多。他所吃的饭菜很丰盛,每天山珍海味不断,过着富足的生活。

可是,仲由并没有因为物质条件好而感到欢喜,反而时常感叹。他每当看到这些山珍海味,就想到了自己的父母。他多么希望父母能在世和他一起过好生活,可他的父母已经不在了,即使他想再负米百里之外奉养双亲,都永远不可能了。

然而,尽孝并不是仅仅用物质来衡量,而是要看我们对父母是不是发自内心的诚敬。孝没有贵贱之分,上自古代的帝王下至平凡的百姓,只要有孝心,在任何情形之下,不计千辛万苦,就一定能尽力做到满足长辈的合理要求。

其实,我们孝敬父母、孝养父母的时间是一日一日递减的。诗云:"树欲静而风不止,子欲养而亲不待。"如果不能及时行孝,就会徒留终身的遗憾。如果在父母身边时没能把握机会孝敬他们,等到想要来报答亲恩的时候,就会哀叹为时已晚。但愿大家都能在父母健在的时候,及时孝敬父母,不要等到追悔莫及的时候,才思亲、痛亲之不在。

孝顺是儿女的责任

中国的文字是智慧的符号，从"孝"字的构成我们就能看到孝的含义。"孝"字上为"老"字头，下为"子"，"孝"是"老"和"子"一体构成的，这其中含有很深刻的义理。后代子孙如能孝顺父母，那么父母好的家训就能在行孝中代代相传，生生不息。

从小，孩子生病的时候，一定是父母最着急。孩子出门时，父母一定时刻挂念着离家的游子是否平安。父母的心时时刻刻都牵挂在孩子身上，那么，当往日的孩童长大成人，是否也能如父母记挂自己那样记挂父母呢？

西汉末年，河南有个叫蔡顺的人，小时候就失去了父亲，与母亲相依为命。虽然年纪还小，他却十分孝顺懂事。在经常食不果腹的境况下，总能想办法找到一些可以充饥的食物，尽心奉养母亲。如果实在找不到可以吃的，他就出去讨饭，宁肯自己饿着，也不让母亲饿着。

后来，樊崇率领的"赤眉军"打到了蔡顺的家乡，老百姓们害怕军队掠夺，他们躲的躲，逃的逃。蔡顺外出讨饭，已经很难再讨到饭菜了。那是个夏天，树上的桑葚熟了，蔡顺就去采拾桑葚回来给母亲吃。

一天，蔡顺在回家的路上，不幸与一伙儿"赤眉军"强盗迎面碰在了一起。强盗们拦住了蔡顺的去路，本想搜一些财物，没想到篮子里除了桑葚外，其他什么都没有。

强盗们感到很生气，他们想揍蔡顺一顿，拿他出气。突然，一个强盗发现蔡顺拿了两个篮子，他好奇地看了一会儿，紧锁眉头问道："你采的桑葚这么少，为什么还要用两个篮子来装，并且还将黑色和红色的分开来呢？"

蔡顺从容不迫地回答说："黑色是熟透的，味道很甜，是母亲最爱吃的。母亲身体不好，吃它可以充饥又可以恢复体力；红色的没有熟透，比较酸，是留给自己的。"

蔡顺的言语很真切，他面对强盗一点儿也不害怕，神情中充满着对母亲的孝敬，流露出对母亲的关心和体贴。这些使在场的强盗们都感到很意外，他们一时间都沉默下来。他们思考了一会儿，慢慢地，脸上的表情不再那么狰狞了，态度也软化了。

其实，蔡顺孝顺的言行使得这些强盗内心有了强烈的触动。在这颠沛流离的环境里，沦为强盗也是迫不得已。他们纷纷想起了自己家中年迈的父母，有的缓缓地低下头来，有的甚至悄悄地抹去眼泪，于是，强盗们决定放了蔡顺。

这批强盗们放蔡顺走时，还令人意外地拿出了一些粮食和财物，要蔡顺拿

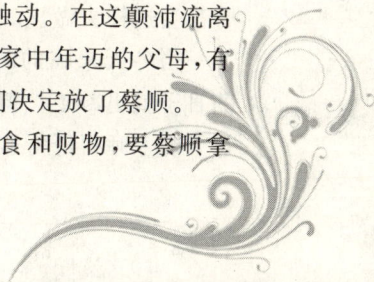

回去孝敬母亲。然而,蔡顺深知"志士不饮盗泉之水"的道理,他委婉地谢绝了强盗们的好意。强盗们见此状况,更是汗颜不已,只好羞愧地离去。

"赤眉军"的士兵们见到蔡顺如此孝顺,又联想到自己的所作所为,他们都感到很后悔。他们深深地思念着家乡的亲人,所以,决定洗心革面,回到父母身边以尽孝道。士兵们在安营扎寨的小河旁洗掉了涂在眉毛上的红颜色,高高兴兴地回家了。从此,当地百姓把那条小河叫做"洗眉河"。

孝敬父母是儿女的责任,蔡顺在孝顺父母的同时,更是教化了一方百姓。他的孝行不仅使得母亲能够安心,也起到了移风易俗的作用,真是一位值得人们称赞和效仿的孝子。

孝顺要从点滴做起

谈起孝顺父母,有人可能会说,那是长大成人后才能做的事;可能也有人说,孝顺父母需要有很多的钱才行。其实,这些观点都是错误的。行孝要及时,上自八十老翁下至懂事的孩童,孝顺都是一件需要用心去做的大事。

而做这些事,并不是非得等到自己成了富翁,有了很多钱财之后再来做。孝心、孝行体现在每个人点滴的生活细节中。

东汉时有个人,名叫黄香。在他 9 岁的时候,他的母亲病故了。虽然黄香年龄很小,但他已经深深懂得了要孝顺父母的道理。

母亲去世后,黄香每天都非常思念母亲,常常想着想着就潸然泪下。邻人们看到他思母的情景,都称赞他是个孝子。失去了母亲的黄香,把全部的孝心都倾注于父亲的身上。家中大大小小的事情,他都亲自动手去做,一心一意地照顾父亲。

在炎热的夏季,每天只要吃过晚餐,邻居们都搬出椅子坐在屋外乘凉聊天。每当这时,小孩子们总会趁机要求大人们讲故事,要不就相互追逐着在夜幕下玩耍。

可是,在这么多人中,却永远找不到黄香的影子。原来,细心的小黄香,担心劳累一天的父亲因天太热睡不好觉,正拿着扇子在床边扇枕席。他左手扇累了,就换右手,右手酸了,再换左手。就这样一下又一下地扇着,一直扇到席子已经暑气全消,黄香才会去请父亲上床睡觉。一夜、两夜……整整一个夏天,黄香都会这样去做。

当冬天来临的时候,每到晚上整个屋子就冷得像冰窖一般,要是碰上下雪的日子就更冷了。但是,这些问题都难不倒孝顺的黄香,他仍然有办法让父亲每天晚上睡得舒舒服服。

只要天一黑，他就会先钻进父亲冰冷的被窝里，用自己的身体的温度把被子弄得暖烘烘的，然后再请父亲去睡，这样一来，父亲就可以免去寒冷之苦了。

日复一日，年复一年。黄香的孝行，传遍了左邻右舍，传遍了全县，也传遍了全国，当时有"江夏黄香，天下无双"的赞誉。

现今科技发达了，物质生活也越来越富裕，我们不需要再像黄香那样为父母扇席暖被了。但他孝敬父母的精神是永远值得我们学习的。

比如，当夏天夜晚来临时，我们记得早早地打开冷风让房间凉爽，父母入睡再及时地关掉冷风，以免着凉；冬天时，我们要想到开暖风暖气，让父母感到丝丝的暖意。除了这些，其实，生活中的每一个细节都是体现我们孝心的地方。如果我们心中有父母，就会时时处处为父母着想，让父母身心都感觉很欢乐。

培养孝顺品质的小方法

1.懂得父母养育子女的艰辛。人们说，了解到孕育生命的整个过程以及父母养育孩子的艰辛是对我们最好的亲情教育。所以，要想培养自己对父母的孝心，就要知道父母养育我们的艰辛。但是，父母总是盼望儿女能健康快乐地长大，对于他们付出的一切，总是轻轻地一笔带过。所以，很多人只有自己当上父母之后，才能深刻地体会到父母的伟大，才真正生起对父母的孝心。

2.感谢父母的养育之恩。我们在生活中要学着感恩别人，首先就要学会感谢父母的养育之恩。都说孩子的心和父母的心是连在一起的，孝顺父母是人类的本能，如果我们不能感恩父母，那么，感恩其他的万事万物也只是一句空话而已。

3.孝敬父母要从小事做起。孝敬父母并不一定是做了什么大事，真正的孝顺是从生活中的小事体现出来的。比如，帮劳累了一天的父母做一顿可口的饭菜，时常关心父母的身体，等等。

4.对父母言语要恭敬。如果一个人对自己父母的言行不够恭敬，就谈不上是尊敬父母，更别说孝顺了。殊不知，我们粗鲁的言行会让父母感到伤心难过。所以，对父母孝敬，一定要言语柔顺。

第2种品质　诚信——人生发展的重要基石

诚信是维系整个社会的纽带，是人们最基本的处世美德，也像是一面道德的镜子，通过人们的言行，它总可以照见

不同类型人的未来。以诚待人、以信行事的人,终究会赢得自己的一片天。而行事不能秉持诚实守信的人,就相当于自己割断了成功的纽带,生活必将陷入一片混乱。

1835 年,摩根先生成为一家名叫"伊特纳火灾"的小保险公司的股东。这家公司不需要马上拿出现金,只需在股东名册上签上名字就可成为股东。这正好是摩根先生所希望的,因为他现在手头紧张,根本没有多余的现金。

不久以后,有一家在伊特纳火灾保险公司投保的客户发生了火灾。如果按照规定完全承担赔偿责任,付清赔偿金之后,保险公司就得破产。股东们一个个惊慌失措,纷纷要求退股。

摩根先生斟酌再三,认为自己的信誉比金钱更重要,他卖掉了自己的住房,四处筹款低价收购了所有要求退股的股东的股份。然后,他将赔偿金按照先前承诺的如数付给了投保的客户。这件事过后,伊特纳保险公司受到了重创,但它也成了信誉的保证。

这时,身无分文的摩根先生成为了这家濒临破产保险公司的所有者。但是很快,客户就蜂拥而至来投保。原来,自从那次倾家荡产的赔付之后,在人们的心目中,伊特纳公司是最讲信用的保险公司,这一点使它比许多知名的大保险公司更受欢迎,伊特纳火灾保险公司像一颗新星一样从此崛起了。

许多年之后,摩根的公司已成为华尔街的主宰。而当年的摩根先生正是美国亿万富翁摩根家族的创始人。很多人都说成就摩根家族的是一场火灾,可事实并不是如此简单,成就他们的是比金钱更有价值的信用。

诚实乃立世之基

英国一句谚语这样说道:如果想幸福一天,最好上理发店;如果想幸福一星期,就去结婚;如果想幸福一个月,可买匹新马;如果想幸福一年,即盖栋新房子;如果想幸福一辈子,必须当诚实的人。

诚实是一个人最重要的品质,它是一切美德的根本。诚实是信用的基础,信用出于诚,不诚则无信。不管是在什么时候,也不管是在什么情况下,一个诚实的人总会受到大家的欢迎,因为,任何人都不会接受一个人用虚伪来面对自己。

欺骗只能获得一时的利益,却要背负一世的负累,当一个人对别人说出一句谎言时,就意味着还要编造许多的谎言来遮盖自己的错误。世间没有不漏风的墙,最终欺骗、谎言还是要被现实所击破。所以说,诚实能帮我们走上成功之

路。而善于编造谎言欺骗别人的人，最终被欺骗的还是自己。

诚实是金，它是我们的生活中一抹最真实的色彩。我们若想获得别人信任与重视，若想堂堂正正地做人，就一定要学会用诚实来面对别人。

美国人苗智卡拉有一天突发奇想，想要在印第安人生活的地区开设一个店铺。这真是一个突如其来的想法，可他马上着手去做了。店铺开张了，实际情况并不乐观，店铺吸引不来购买的顾客，这里的印第安人虽然会进来逛逛，可他们却只看不买。

过了一段时间，当地的印第安酋长来了，看样子他想买点东西，他对老板苗智卡拉说："先生，请把你的货物拿来给我看看。我想给我的妻子买一块花布，给我的孩子买一条毯子……"

苗智卡拉利落地把货物拿出来给酋长看，货物是上等的好货。酋长看罢开口询问价格，苗智卡拉诚恳地说："我的花布需要付一块貂皮，毯子需要付三块貂皮。"

第二天，酋长背来一个大包，包里装的全是貂皮。"我来买我看中的商品了。"酋长边说边从包里抽出四块貂皮，放在柜台上，稍稍犹豫了一下之后，他又抽出第五块。苗智卡拉看得出，这是一块特别珍贵、特别稀有的貂皮，他把它也放在柜台上。

不过，苗智卡拉没有趁机欺骗酋长，他说："已经足够了。"他把第五块貂皮轻轻地推了回去："我的商品只需要四块貂皮。"听到这样的话，印第安酋长的脸上露出了满意的神色。他停顿了一下，一步跨出门去，朝着他的族人喊道："我的族人们，来跟他做买卖吧，他不会欺骗我们印第安人的！他不是个贪心的人！"

随后，印第安酋长又转过身来笑着对苗智卡拉说："如果你刚才收下最后一块貂皮，我就会叫他们永远不要跟你打交道，不仅如此，我们还会赶走其他的顾客。但现在，你已经是印第安人的朋友了。"从此以后，苗智卡拉的财源就滚滚而来了。

许多人把说谎、欺骗视为一种手段，他们相信说谎、欺骗会给自己带来好处，也许他们从谎言中得到了一丝好处。可是，诚实的回报与欺骗暂时所获得的好处相比较，其价值高过千百倍，是不可比拟的。

诚实是一条自然法则，就像万有引力定律不可违背一样，诚实的定律也是不可违背的，违背的结果就是受到惩罚，而诚实做人，把诚实牢牢地记在心头，就会收到应有的回报。诚实是一个人做人的根本，更是立世之基，我们应该牢牢记住。

信用为做人之本

社会进入竞争的时代,人们的信用观念在纷争中早已变得薄弱。一时间,仿佛忘记世上还有"信用"这个东西。人们开始学会了玩小聪明,开始崇尚阴谋诡计,弄虚作假,以为这就是顺应社会的发展。也正因如此,在今天,信誉显得尤其珍贵,懂得守信的人,也正是我们最值得尊敬的人。

18世纪末法兰克福著名的犹太人街道,赫赫有名的罗特希尔德家族财团的创始人梅耶·安塞姆和他的同胞们过着一种屈辱的生活。他们常常遭到残酷迫害,还被要求在规定的时间回到家里,否则将被处以死刑,他们的生命和尊严遭到践踏。

这种情况下,一般的犹太人很难过一种诚实守信的生活。但实践证明,安塞姆不是一个普通的犹太人,他开始在一个不起眼的角落里建立了自己的事务所,并在上面悬挂了一个红盾。他将其称之为"罗特希尔德",在德语中的意思就是"红盾",他就这样干起了借贷的生意。

当同乡兰德格里夫·威廉被拿破仑从他在赫斯卡塞尔地区的地产上赶走的时候,这位同乡还拥有500万的银币。他把这些钱交给了安塞姆然后急忙奔走他乡,绝望的他甚至没有指望还能把它们要回来,因为,他坚信侵略者们肯定会把这些银币没收的。

但是,安塞姆确是个异常聪明的人,他把钱埋在后花园里,等到敌人撤退以后,就以合适的利率把它们贷了出去。几年之后,威廉回来了,等待他的是令他喜出望外的好消息——安塞姆差遣他的大儿子把这笔钱连本带息送还了回来,并且还附了一张借贷的明细账目表。威廉激动得几乎说不出话来。

不管是生活上的还是事业上的,罗特希尔德家族的世世代代的家庭成员,没有一个因为信用问题为家族的名誉带来过一丝的污点。如今,据估算,仅"罗特希尔德"这个品牌的价值就高达4亿美元。

清代人王永彬在《围炉夜话》里说:"世风之狡诈多端,到底忠厚人颠扑不破。"意思是,世俗的风气愈来愈流于狡猾欺诈,但是,忠厚的人诚恳踏实,他们的稳重质朴,永远是众人行事的模范。

诚信是个人立足于世上的根本,只要我们还活在这个世上,那么,唯有诚信才能保证我们的道德心和荣誉感不受损害。我们必须深知,尽管社会上盛行尔虞我诈的风气,但说到底还是忠厚老实人能永远立于不败之地。到处愚弄别人的人,恰巧就是最愚蠢的人。所以,要永远相信,守信都能帮我们走上成功之路。

诚信是珍贵的情感

诚信是一个美丽的字眼，它让人联想到真实、正直和良好的道德情操；诚信也是一个阳光灿烂的词汇，当诚信充满在我们学习与生活中时，给人的感觉是舒畅、快乐和温馨。

诚信的里面包含着人生的价值，包含着人性的美。一个"言必信，行必果"的人，一如花开绽放绚丽的色彩引人瞩目，又如清甜的流水给人以心灵的滋润。我们尊重并赞美诚实守信者，一个诚信的人，一定是大家所喜爱的人。

有一个美丽的故事，它发生在挪威音乐家爱德华·格利戈和一个乡间小姑娘之间。它让人们体会到了这种人间最珍贵的情感。

一次，年轻的格利戈来到乡间的森林里散步，正巧遇到了一个挎着小篮子采集鲜花和野果的8岁小姑娘。通过聊天格利戈得知她是守林人哈格勒普·彼得逊的女儿，名叫达格妮。他们很快就熟识了，并且成为了好朋友。

当与小姑娘分手时，格利戈抱歉地向小姑娘说他现在没有礼物可以送给她，但是，他做了一个奇怪的承诺，承诺她10年以后要送给她一件珍贵的礼物。这样的承诺使得小姑娘达格妮迷惘而又感激。

10年很快就过去了，达格妮已经是18岁的亭亭玉立的少女。也就是这一年，达格妮第一次离开了自己的家乡，来到了祖国的首都奥斯陆。一个偶然的机会，她走进了一个正在举办露天音乐会的公园里，坐到了草地上，她在思念自己的家乡。

突然，她听到了一阵美妙的旋律，好像又带她走进了故乡那如梦如幻的大森林里，她不禁忽地一下从草地上站立起来。接着，她听到了这辈子难以忘怀的声音。那是报幕员向观众报告："下一个节目，是我们的音乐大师爱德华·格利戈的最得意作品——《献给守林人哈格勒普·彼得逊的女儿达格妮·彼得逊，当她年满18岁的时候》。"

顿时，达格妮感到全身的血液都凝固了，她记起了那个在10年前散步于她的故乡森林里的青年的古怪的承诺。不过现在她全都明白了，那个青年所承诺的那件最好的礼物，竟是这首肯定会传遍整个挪威的、当然迟早也会传到她的耳际的乐曲。这是一种多么出人意料的应诺方式啊，而他竟然做到了！

这就是诚信，它让人感动，让人难以忘怀。有位哲人曾说："一粒诚信，要远比一磅的智慧强得多。"我们可能因某人的聪明和智慧而羡慕他，但我们更因他所具有的美好品质而尊敬他、爱戴他。坚持真理，襟怀坦白，以诚待人，朴实无华，是造就美好的基石。

我们不止一次遭遇说话不算数、欺骗别人的人，但这种人最后就算是在家门口也寸步难行。而对于我们身边拥有诚信品质的人，他给人的信赖感，让我们对他肃然起敬。他赢得别人的信任，让人乐于接近，同时，一定也为自己的生活和事业带来莫大的益处。

做一个有诚信的人吧！诚信才是世界上是最珍贵的品质。当诚信成为我们的行为准则时，就能体会诚信如同一棵生机勃勃的树，它甜美的果实早晚会挂满枝头，这时，我们得到的便是至真至美的享受。

培养诚信品质的小方法

1.注意身边的小事，要从小事做起，做一个诚实守信的人。诚信的优秀品质是要从小事开始培养。千万不要以为事小而不值得去做，其实，生活的过程就是由这些小事来构成的。

2.不轻易许诺，一旦许诺就要信守承诺。理智的青少年应该具有敏锐的判断力，不会为了所谓的面子而答应别人去做自己做不到的事情。但是，一旦答应，就一定要尽全力去做。

3.诚信是自觉的行为。这种优秀品质的培养要从内心真正认识到其重要性之后做出的选择，而非一时心血来潮或者在别人的要求下去做。否则到最后，诚信可能会沦为一纸空谈。

4.诚实守信，但不要太过迂腐，在现实生活中要灵活掌握，以免伤人伤己。在一些特定的场合，比如说，有人因为重病入院，家人为了不使他伤心而刻意隐瞒病情，如果你还死板地要去告诉病人真实情况，不但不会因为自己恪守了"诚信"而心情安然，还会受到他的家人的责怪。再如，对坏人，也不要诚实守信。

第3种品质 爱心——让生命变得更加精彩

我们的古人曾经说过："敬人者，人恒敬之；爱人者，人恒爱之。"所以，如果你想赢得更多的爱，就请先伸出你的手吧，这样做会让你赢得更多的爱与关注。渐渐地，你也会发现，主动去爱别人，你的每一次经历都会变成人生中宝贵的财富。

有这样一个幸福的家庭，有一天，5岁的小尼克同爸爸妈妈还有哥哥一起到

外面劳动。突然，天下起大雨来，但是他们全家只带了一件雨披。于是，爸爸将雨披递给了妈妈，妈妈又递给了哥哥，哥哥又把雨披递给了尼克。

于是，尼克不解地问道："为什么爸爸把雨披给了妈妈，妈妈又给了哥哥，哥哥又给了我呢？"爸爸回答道："因为爸爸比妈妈强大，而妈妈比哥哥强大，哥哥又比你强大呀！我们都会保护比较弱小的人。"

尼克左右看了看，跑过去将雨披撑开来挡在了一朵在风雨中飘摇的娇弱小花上面……

爱心常常是从懂得保护比自己更弱小的东西开始。

爱是永恒的美德

意大利著名诗人但丁曾说："人生是花，而爱是花蜜。"爱，是天下最美的词汇之一。因为有爱，世界才变得温暖。因为有爱，我们才能体会到世界的五彩斑斓。我们无法想象，如果没有爱，那将会是多么的可怕。

马克思曾经说过："你希望别人怎样对待自己，你就应该怎样对待别人。"在现实生活中，大多数人总是更多地想到别人是否对自己好，是否会对自己有所帮助，是否尊敬自己。而很少去想自己是否帮助和尊敬过别人。

人与人之间其实就是互动的、来往的过程，人总是希望别人能接受自己、喜欢自己和帮助自己，却从不主动去表示我们的爱心。仔细思考之后，我们就会明白，爱是要互动付出的，爱是人类的阳光，爱是任何人都不能缺少的东西，付出爱一定会得到爱。沐浴在爱的阳光下，我们可以把冷漠变成亲切，把仇恨变成宽容……

有一个小男孩，非常瘦弱，看起来好像风一吹就会倒的样子。他在学校时，经常会受到坏孩子的嘲笑、欺负，久而久之，他变得冷漠、孤独，眼睛里时常透露着警惕和愤怒的光芒。

有一年冬天，外面下着大雪，他的父亲下班回来，在雪地里捡回一只快要冻死的小狗。小狗非常弱小，就趴在小男孩的脚边，瑟瑟发抖。小男孩不喜欢这只脏兮兮的小狗，他把小狗扔了出去，小狗趴在门外面哀伤地嚎叫。

父亲听到了小狗的叫声，知道小狗已经被男孩丢在门外。父亲来到孩子的房里，与他攀谈起来。父亲知道孩子经常在学校被人欺负，他说："孩子，同学为什么欺负你？"

小男孩说："因为我长得瘦弱，打不过他们，所以他们才敢欺负我。"

父亲说："他们很强，你却很弱，所以他们才能欺负你。可是现在，你很强，小狗很弱，你为什么不爱护它、同情它呢？"

小男孩听了父亲的话,他低下了头,眼里含着泪水,过了一会儿,父亲看见小男孩把小狗抱回来,放在火炉旁边。他在亲昵地抚摩着小狗,像是在安慰它,而小狗则用舌头舔着孩子的小手,一副其乐融融的景象。

后来这个孩子成了一位著名的外科医生,因为医术高明、医德崇高而受到了人们的尊敬和爱戴。当他晚年的时候,他对他的孩子们讲述了这个故事,他说:"是那只小狗使我看到了爱的力量,是我的父亲使我学会了人一生中最宝贵的本能——那就是人类爱的美德。"

爱是人类永恒的美德,如果人间没有了爱,那注定是死寂的和没有活力的世界,这样的世界很难去想象,也很难去生存。

你是否觉得生活正在变得索然无味,觉得周围的人都不爱自己呢? 如果你正处于这样的境况之下,则正说明你的生活缺少一样东西,那就是爱。这个爱不是单单的索取,这个"爱"是爱别人的"爱"。

如果你觉得生活不能令自己感到满意,如果你觉得全天下的人正在跟自己作对,不知你有没有想过,问题也许正出在自己的身上呢? 解决这一切的办法只有一个——从今天起,学着去爱别人吧! 一个懂得爱别人的人,必然也能得到别人的关爱,这是世间亘古不变的真理。

爱是人类共同的语言

人间有许多爱,有细腻温和的母爱;有严肃慈祥的父爱;有使人在寒冬感到温暖、在酷暑感到清凉的友爱……唯独有一种爱让我们更为感动,那就是陌生人之间的爱,拥有这种爱的人的心就像水晶一样那样珍贵,那样美丽。

有这样一个故事,在一个城市中,一个失去了双亲的小女孩与奶奶相依为命。天有不测风云,一天夜里,她们住的房子起火了,奶奶为了抢救孙女时不幸被火烧死,大火迅速蔓延,房间里已经是一片火海。

邻居已呼叫过火警,可是消防队正在抢救另一场火灾,要晚几分钟才能赶过来。此时,火焰已经封住了所有的进出口,人们只能无可奈何地站在楼下观望。这时,人们发现小女孩出现在楼上的一扇窗口,哭叫着救命。

突然,一个男人扛着梯子出现了,他把梯子架在墙上,几步就爬到了小女孩所在的那层,他钻进火海之中,等他再次出现时,手里抱着小女孩。男人把小女孩交给了下面欢呼着的人群,消失在人群中。

几个星期后,镇政府召开众集会,商议由谁来收养着孩子。他们经过调查发现,这孩子在这世上已经没有亲人了。

一位教师愿意收养这孩子,她自身的素质和深切的爱心说明她能保证孩子

能受到良好的教育。一个农夫也想收养这孩子,他的理由是在农场里孩子才有真正的健康和快乐。本镇最富有的人也起来说话了,他说凡是能用钱买到的,他都能满足这个孩子的愿望。其他人也纷纷发言,诉说把孩子交给他们抚养的种种好处。

自始至终,小女孩一直沉默不语,眼睛望着地板,似乎在等待着什么。"还有人要发言吗?"会议主持人问道。

这时,一个男人从大厅的后面走上来,他步履缓慢,似乎还忍受着痛苦。他径直来到小女孩面前,朝她张开了双臂。人群中一片哗然,因为他看起来异常恐怖,他的手上和胳膊上布满了可怕的伤痕。

小女孩却一下子蹦起来,她喊道:"他就是救我的那个人!"然后双手死命抱着男人的脖子,就像她遭难那天夜里一样,她把脸埋进他的怀里,抽泣了一会儿,然后抬起头,朝他笑了。"现在休会!"会议主持人宣布道……

小女孩到底选择了怎样的一个归宿,我们不得而知。但是,让人们感到欣慰的是,在事件的整个发展过程中,贯穿着的是人与人之间最真挚的爱。爱是人类共同的语言。有了爱,什么奇迹都能创造,还有什么困难不可以克服?

爱是奔腾的热血,是跳动的诗句,是陪伴我们的一生旅程的心灵之花。无论条件多么艰苦,无论身处什么环境,只要充满了爱,那里就一定是人人都向往的香格里拉,就一定是生活的天堂。

爱也会轮回

爱是无价的,它不需要回报,但却可以心心相传。如果说,每一件善事都是一颗珍珠的话,那么我们每一个人的爱心都是一根金线。用金线把颗颗珍珠串起来,就是世界上一条最珍贵的无价项链。大家一起努力浇灌,爱之花就会随着我们的足迹开遍每一块土地。

在生活中,我们需要有爱,所以,请把爱奉献给需要它的人们。因为总有一天会发现,爱有轮回,爱在不断地蔓延,人与人之间因为有了这份爱而变得更加和谐,世界因为有了这份不灭的爱,而变得更加美丽。

关于爱的传递,有这样一个感人至深的故事。

在英国的苏格兰,有一位贫苦农夫叫弗莱明,他心地善良,乐于助人。有一次他在田里耕作时,忽然听到附近的泥沼地带有人发出呼救的哭泣声,当即放下手中的农具,迅速地跑到泥沼地边,发现有一个男孩掉进了粪池里,他急忙将这个男孩救起来,使他脱离了生命危险。

几天以后,一位高雅的绅士驾着一辆华丽的马车来到了弗莱明所住的农

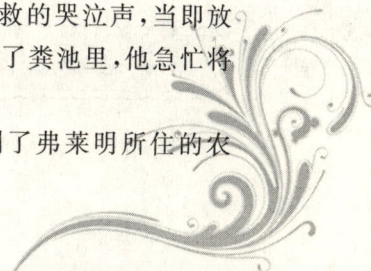

舍,彬彬有礼地自我介绍说,他就是被救男孩的父亲,特此前来道谢。

这位绅士当即表示要以优厚的金钱予以报答,农夫却坚持不接受,他一再申明:"我不能因救了你的小孩而接受报酬,这违背了我救人的初衷。"正在互相推让之际,一个英俊少年从外面走进屋来,绅士问道:"这是你的儿子吗?"农夫高兴地点点头说:"正是。"

绅士接着说道:"那好,你既然救了我的孩子,那就也让我为你的儿子尽点力,让我们订个协议吧,请允许我把你的儿子带走,我要让他受到良好的教育。假如这个孩子也像他父亲一样善良,那么他将来一定会成为一位令你感到骄傲的人。"鉴于绅士的诚心诚意,农夫只好答应了他的提议。

绅士非常讲信誉,重承诺,不但把农夫的孩子送到学校读书,而且还供他到圣玛利医学院上学,直至毕业。

这个农夫的孩子不是别人,他就是后来英国著名的细菌学家亚历山大·弗莱明教授。他于1928年首次发明了举世闻名的青霉素,后来又经过英国病理学家弗洛里和德国生物学家钱恩的进一步研究完善,于1941年开始用于临床,并于1943年逐渐加以推广。

青霉素被公认为是第二次世界大战中与原子弹和雷达相并列的第三个重大发明。而上面提到的那个绅士便是英国上议院议员丘吉尔,他那个被农夫救起的儿子后来成了英国著名的政治家——"二战"时期的首相丘吉尔。

谁也没有料到,一个农夫救起一个素不相识的孩子对后世会发生如此重大的影响,他自己的儿子也因此而获得受高等教育的机会,日后竟然会成为英国著名的细菌学家和青霉素的发明者。

丘吉尔首相在"二战"中的卓著功勋无须赘述,弗莱明教授发明的青霉素也不知拯救了多少过去根本无法拯救的生命,真是为全人类造福不浅。

从这个意义上讲,那位行善积德的农夫弗莱明所得的报酬是最高和最优厚的,也可以说是举世无双的,因为他的爱在儿子身上得到了回报和延续。

由此,我们可以看到,真正的强者不一定是多有钱或多有权,而是他对别人有多少帮助。责任可以让我们把事情做完整,爱可以让我们把事情做好。

爱的力量是伟大的,当善良之花看心灵深处的时候,一切尘世间的烦恼、纷争、误解都将灰飞烟灭,化作一种春风化雨般的温润。就像一句歌词所描述的一样:"只要人人都献出一点爱,世界将变成美好的人间。"

培养爱心品质的小方法

1. 向关心别人的模范学习,这样,就能够真正明白爱心的价值,才会真正培

养自己的爱心。懂得榜样的力量是无穷的，也是最有效的。

2. 在日常生活中关心家人。如吃饭时，爸爸没回来，要给爸爸留饭或耐心等待爸爸。哪怕是给妈妈倒杯茶、给爸爸拿支笔，都是作为子女应该做到的。

3. 从小培养自己的爱心。要从小就在心灵中撒下爱的种子，具有爱人之心。要主动地从内心深处明白应该对别人有爱心。当然，也不要忘了，在别人对你友好时，要自愿地表达出内心的感谢之情。

4. 学会热爱动植物。培养爱心，可以从爱护身边的小动物以及植物开始。从呵护动植物身上，就能体验到一种快乐的成就感，就会养成爱惜小生命的品德，从而促使爱心的养成。

第4种品质　感恩——让心灵充满人生智慧

感恩是生活中最大的智慧，也是人类最美好的品质之一。我们要时常拥有感恩之情，时刻有报恩之心。把成就归功于大家，失误归过于自己；在他人有困难的时候，甘愿不计利益提供帮助；对别人少一分挑剔，而多一分欣赏。

在赛马场上，有一位骑士正骑着一匹红色的骏马在场上奔驰，人和马配合得天衣无缝，最后这位骑士获得了第一名。

这位骑士得到冠军后做的第一件事，就是回到自己的马厩，把最好的草料给他这位搭档马儿吃，并且对它说："尽情地吃吧，你辛苦了！如果没有你的全力配合，我是不可能在这次比赛中得到冠军的。"

骑士的朋友们在得知他夺冠后，纷纷赶来向骑士道贺。其中一个人，忽然间被一个东西绊倒了，低头一看，才发现是一根竹竿。这个人一脚踢开竹竿说："这种没用的东西，为什么放在马厩里面？"

骑士听了之后，默默地捡起竹竿，很珍惜地把他放在墙角，然后说道："对你而言，它或许是一根没用的竹竿，但是对我来说，它却是具有启蒙意义的竹马。小时候，因为骑了这个竹马，才立志要当赛马骑士的，如果没有这个竹马，就没有今天的我了。"

感恩是智慧的营养

感恩是一种生活状态，如果我们拥有一颗感恩的心，善于发现平凡中的美

好,那我们就会以坦荡的心境,开阔的胸怀来应对生活中的酸甜苦辣,让原本枯燥的生活焕发出绚丽的光彩。

一天,修道院的大门被叫开,看门人惊喜地看到,旁边果园的一个果农给他送来一大串晶莹剔透的葡萄。

果农对他说:"亲爱的兄弟,感谢你在我每次来修道院时对我的关照,我送给你这串葡萄,来表达我的谢意。"看门人对于果农如此情意浓厚的礼物表示感谢,果农满意地离开了修道院。

看门人把葡萄洗干净,得意地望着它们。忽然,他想起修道院里的一个病人得了重病,身体正在遭受着折磨,而且什么也不想吃。"他多么需要营养啊!"看门人心想,于是,他决定把这好吃的葡萄送给他,让他开开胃。

看门人把葡萄送到虚弱的病人床前,病人睁开双眼惊喜地看着这串晶莹剔透的葡萄。看门人对他说:"先生,有人送给我这串葡萄,但是我知道你什么都不想吃,我觉得它一定能带给你食欲。"看门人拿来一个大盘子,把葡萄放在上面,让病人享用。然后,他又回去继续工作了。

病人正被病痛折磨着,看到看门人送来的这串葡萄,感觉病一下子好了许多。他从心里感激看门人,他明白这串葡萄里凝结着一片爱心。病人拿起葡萄,又想起应该把它送给对自己倾注了大量心血,整日整夜地为他操劳的护士,以慰藉自己的灵魂。

病人喊护士,护士迅速跑了过来,她以为病人出了什么问题。病人对护士说:"小姐,看门人惦记着我的病,送给我这串葡萄,让我品尝。由于我这段时间什么都没吃,我吃了它可能伤胃,我想还是让你吃,你对我一直很不错。"护士坚持不收,她知道病人可以吃下这串葡萄,它看起来太鲜美了。可是,越坚持,病人越是拒绝,护士只好道谢收下。

护士边走边想,这串葡萄应该送给兢兢业业为大家服务的厨师。于是,护士来到厨房,找到了厨师,对他说:"你的心像这串美丽的葡萄一样高尚,你的工作真的很辛苦,为我们提供可口的饭菜,这串葡萄送给你吧。"厨师谢绝了护士的好意,最后把葡萄送给了为大家操劳的修道院院长。

就这样,这串葡萄在整个修道院里传来传去,最后重新回到了看门人手中。看门人惊奇地看着葡萄原封不动又回到了自己手中,一时间竟有些不知所措。他决定,不能再让葡萄兜圈子了,他不再迟疑,开始吃起葡萄来,他觉得这是他吃过的最甜美的葡萄。

其实,传递着的哪里只是一串葡萄,那分明就是人们朴实真诚的感恩之心。修道院的人们懂得感恩,他们的心灵一定是安宁的,是感恩让他们收获了更为宝贵的人与人之间的良性互动,是感恩让他们拥有了幸福的生活。

给自己一颗感恩的心

学会感恩,就能体会到充满灿烂阳光的人间真情,这阳光般的真情,时时刻刻温暖着人们的心田,也是人们朝着既定目标前进的取之不竭的动力源泉。

英国作家萨克雷说:"生活就是一面镜子,你笑,它也笑;你哭,它也哭。"感恩地活着,就会发觉世界是如此美好。感恩是一种处世哲学,是生活中的大智慧。

"二战"时期,长期的战乱使得很多人没有了经济来源,在美国一个闹饥荒的小城镇,一个家境富有而且心地善良的面包师每天按时在教堂门口给饥饿的孩子们发放面包。他对来领取面包的孩子说:"这个篮子里的面包你们一人一个。在上帝带来好光景以前,你们每天都可以来拿一个面包。"

瞬间,饥饿的孩子仿佛一窝蜂一样拥了上来,他们围着篮子推来挤去大声叫嚷着,为的是拿到最大的面包。但是,当他们每人都拿到了面包后,竟然没有一个人向这位好心的面包师说声谢谢,就走了。

但是有一个叫琳达的小女孩却例外,她总是显得安静又有礼貌,她既没有同大家一起吵闹,也没有与其他人争抢。她只是谦让地站在一步以外,等别的孩子都拿到以后,才把剩在篮子里最小的一个面包拿起来。最值得赞叹的是,这还是一个懂得感恩的孩子,每次拿完面包她并不急于离去,而是要向面包师表示感谢,在亲吻面包师的手之后才向家走去。

第二天,面包师又把盛面包的篮子放到了孩子们的面前,其他孩子依旧如昨日一样疯抢着。琳达这回只得到一个比头一天还小一半的面包,但她依旧没有忘记感恩面包师的赐予。

当她回家以后,妈妈切开面包,令人惊讶的事情发生了,许多崭新、发亮的银币掉了出来。妈妈吃惊地叫道:"琳达,立即把钱送回去,一定是好心人揉面的时候不小心揉进去的。赶快去,琳达,赶快去!"

琳达拿着银币跑向面包师的家里,把妈妈的话告诉了他,并还回这些银币。这时,面包师面露慈爱地说:"不,我的孩子,这没有错。是我把银币放进小面包里的,我要奖励你。愿你永远保持现在这样一颗感恩的心。回家去吧,告诉你妈妈这些钱是你的了。"

琳达不敢相信这是真的,她激动地跑回了家,告诉了妈妈这个令人兴奋的消息,这是她的感恩之心得到的回报。

那首《感恩的心》中这样唱道:感恩的心,感谢有你,伴我一生,让我有勇气做我自己;感恩的心,感谢有你,花开花落,我一样会珍惜。

感恩是一种生活态度，是一个人品德的表现。当然，感恩也是一种形式，是健康社会人人都应该具备的一种行为，懂得感恩的人会有一颗感恩的心，当然这个人也一定是个幸福的人。

要学会知恩报恩

人在社会中不是孤立的，而是需要各种帮助的。每个人的一生，必定受到过无数人的帮助，也帮助过不少人。知恩图报，只有知恩，才懂得回报。

有这样一个美丽的故事，在"二战"期间，德军包围了列宁格勒，他们企图用轰炸机轰炸军营，情况十分危机。

有一位名叫施万维奇的昆虫学家也被困在其中，除了自己的生命，身为昆虫学家的施万维奇也为军营附近的生物担忧，它们也受到了惨重的伤害。一天，他看到不远处的树枝上停着一只美丽的花蝴蝶，它美丽的翅膀在阳光下闪烁着迷人的光芒。

施万维奇向蝴蝶挥了挥手，希望它远离这个危险的环境。蝴蝶仿佛明白了他的意图，可是它好像没法起飞了。经验丰富的施万维奇看得出，它一定是受伤了。

施万维奇将蝴蝶小心翼翼地从树上抓了下来带回军营。通过近距离地观察，他发现原来蝴蝶的翅膀受了伤，在给蝴蝶上药后，两天它就康复了。施万维奇依依不舍地将它放回了大自然。

第二天一早，当施万维奇和他的战友们醒来走出军营，惊奇地发现，一夜之间他们的门前停满了蝴蝶，花花绿绿的在阳光下扑闪着美丽的翅膀，分外耀眼。施万维奇激动极了，即使研究昆虫多年，和它们打了无数次交道，他还没有见过如此壮观的场面。

见此情景，施万维奇灵机一动，如果用这些蝴蝶将军事基地伪装起来，那么德军的飞机不就发现不了他们了吗？但是，对于整个军事基地来说，这些蝴蝶是远远不够的呀。最后，他对自己的想法进行了"改良"，他想出了用黄、红、绿三种颜色涂在军事基地上的方法，将军事基地装扮成了一件大大的迷彩服。因此，德军在飞机上看到的只是一片花草蝴蝶的海洋。尽管德军费尽心机，列宁格勒的军事基地仍安然无恙，为赢得最后的胜利奠定了坚实的基础。

熟悉蝴蝶的人都知道，蝴蝶的翅膀在阳光下时而金黄，时而翠绿，有时还会由紫变蓝。后来的人们根据同样的原理，生产出了迷彩服，这样一来，就大大减少了战斗中的伤亡。科学家通过对蝴蝶色彩的研究，为军事防御带来了极大的裨益。

事后,施万维奇对那次蝴蝶集会的唯一解释是:那只蝴蝶为了报恩,号召同伴利用自己天生伪装的特长来为施万维奇的军事基地作掩护的。

动物尚且懂得知恩图报,如果每个人都有一颗善心,都懂得投桃报李,如此循环,那么这个世界便是个温情无限的世界。而你平时的每一次不经意的善举,都会给这个社会和我们自己带来巨大的回报。

俗话说:"滴水之恩,当以涌泉相报。"知恩图报,不仅是人的良知,也是我们待人处世的基本原则。

但是,知恩图报不是空口说白话,也不是虚情假意的小恩小惠,更不是为了贪图利益,而是发自内心的,真心回报他人,尽己所能帮助他人,这才是知恩图报的本质。

如果我们能时刻拥有一颗感恩的心,那么,当面对一些困境坎坷时,也会在感恩之心中得到转换。一个不懂得感恩的人,是不会感激和怀想那些有恩于他却不言回报的人;也不会意识到正是由于他们的存在,自己才有了今天的幸福和喜悦;更不会以给予别人更多的帮助和鼓励为最大的快乐,不会对落难或者绝处求生的人们爱心融融地伸出援助之手。

蝴蝶都知道感恩,何况是我们呢?只有人人做到知恩图报,社会才会更加美好,文明才有可能进步。与此同时,我们也能体会到:给予将比接受更快乐!

培养感恩品质的小方法

1.懂得父母为家庭所做的辛苦付出。要知道父母的工作是什么,也应该知道父母的收入是多少,而不能只向父母要钱买这买那。

2.从小事培养感恩之心。要明白,感恩并不是指长大了给父母买大房子,买好车,让父母出国旅游等,而是在不经意的小事中处处体现自己的感恩之心。比如在家时,应承担自己必须完成的家务劳动,哪怕是吃饭时摆筷子,吃完饭收拾一下饭碗也可以。

3.要感恩身边的人。感恩并不仅要懂得感父母之恩,还要懂得并珍惜他人之恩、自然之恩、社会之恩、祖国之恩……要从能感动亲人、老师、同学的小事做起,把谢意送给他人,并逐步学会把这份真情、感动传送给社会上每一个需要帮助的人。

4.要注意培养自己的责任感。一个没有责任感的人,注定不会有感恩的心。培养责任感,首先就应该做好自己的事情,比如,打扫自己的房间,洗衣服等等。

第5种品质　平和——不要成为欲望的奴隶

保持一颗平常心,常怀一颗欢喜心,调节好自己的情绪,使好的心情与自己结伴而行,不是不可以做到的。因为情绪是可以自己支配的,一个懂得调节自己情绪的人,就掌握了生命的主动权,就能使自己进入洒脱通达的境界。如能做到这一点,好的情绪一定会一直围绕在你身边。

据传,上帝在创造蜈蚣时,没有给它造脚,所以它也可以爬得和蛇一样快速。有一天,它看到羚羊、梅花鹿和其他有脚的动物都跑得比它还快,心里很不高兴,便嫉妒地说:"哼!脚长得多,当然跑得快。"

于是,它向上帝祷告说:"上帝啊!我希望拥有比其他动物更多的脚。"上帝答应了蜈蚣的请求。他把好多好多脚放在蜈蚣面前,任凭它自由取用。

蜈蚣迫不及待地拿起这些脚,一只一只地往身体贴上去,从头一直贴到尾,直到再也没有地方可贴了,它才不舍地停止。它心满意足地看着满身是脚的自己,心中暗暗窃喜:"看吧,现在我可以像箭一样地飞出去了!"

但是,等它一开始要跑步时,才发觉这么多的脚,根本没有办法控制。它非得全神贯注,才能使一大堆脚不致互相绊跌而顺利地往前走,要不然,这些脚就会噼里啪啦地各走各的,这样一来,它走得比以前更慢了。

心中有魔,难成正果

心态决定高度,拥有消极心态的人遇事只会埋怨别人,而拥有平和心态的人总是能在问题中发现自己的不足,从而获取最终的胜利。

有这样一个故事,有个寺院的住持给一个新来的和尚立下了一个特别的规矩:每到年底,他都要面对住持说两个字。

第一年年底,新和尚对住持说:"床硬";

第二年年底,新和尚对住持说:"食劣";

第三年年底,新和尚没等住持提问,就说:"告辞。"

住持望着新和尚的背影自言自语地说:"心中有魔,难成正果。可惜!可惜!"

住持所说的魔应该就是新和尚的"心魔",这个心魔就是消极、抱怨。出家

人要修行,他却把心放在物质条件上,从来不说自己为寺院作了什么贡献,只想着寺院物质条件这么差,一点都对不起他。这样的人,抱怨成性,不肯在自己身上找原因,在一个地方待的时间越久抱怨也就越多。所以,身体有病可以吃药,心里"着魔",还需心药医啊!

我们可以看到,在这个浮躁的社会中,"不满"是最容易看到的现象,对同学不满,对老师不满,对家人不满,对朋友不满,对公司不满,对同事不满,对老板不满……当然了,也会对自己不满。

正因为有了这些不满,使每个人的生活充斥着焦虑、烦躁和不安,抑或愤恨。我们无法满足也无法理解,明明我是为别人好却没有得到别人的理解,为什么我的真心朋友视而不见?为什么老师总是与我一个人作对?为什么周围总有不怀好意的同学?诸如此类的问题还有很多,为什么我这个人这么倒霉,什么不好的事全都让我碰见?

这些感受也许很熟悉,我们为此抱怨,我们不满,我们愤怒,我们早已习惯了伤害和愤恨。久而久之,心中竟再难平和。

可是,愤恨和不满本来不是我们的本来面目,而平和、宽容才是一个正常的人应该具备的心态。其实,我们应该明白,人生本来就充满着苦难和残缺,也应该明白,人的心本来就无法满足。所以,气定神闲地接受这种残缺,进而运用这种残缺消除自己的消极心态,才是聪明人应该学会的。

当欲望产生时,再大的胃口都无法填满。然而,贪多的结果真快乐吗?真的是最好的吗?学习接纳自己、欣赏自己,才能使我们从欲念的无底深渊中得到释放与自由。

嫉妒害人又害己

嫉妒就像一个魔王一样,一旦让它纠缠上,美好的心灵也会在嫉妒的迫害下变得狰狞。生活中,我们不可能事事如意,也不可能事事得第一。那么,在纷纷扰扰的生活中,在处事待人上,能够拥有一个平和的心态是最为重要的。

1823年的一个不平静的夜晚,在维也纳的一家精神病院里,一个名叫安东尼奥·萨列里的老人自杀未遂。随后,他向一位神甫忏悔,讲述多年前自己嫉妒和暗害天才作曲家莫扎特的经过。

在30多年前,萨列里在约瑟夫二世的王宫里任宫廷首席乐师,当放荡不羁、玩世不恭而又拥有绝世才华的莫扎特来到维也纳后,他感到自己的位置受到了威胁,心里开始感到强烈的不平。

莫扎特的才华使萨列里惊叹,也使他陷入深深的绝望之中。心胸狭窄的萨

列里终于由嫉妒转为仇恨,他决心不惜一切代价毁灭掉这个强大而可怕的"对手"。

莫扎特在音乐方面的造诣超凡脱俗,但在生活中却是个不修边幅、行为恣肆的人。萨列里利用了莫扎特的这一性格特征,挑唆他与保守、刻板的维也纳主流音乐界斗争,最后,莫扎特被别人视为"异端"。

主流音乐界处处为莫扎特设置障碍,他的乐谱遭到大量删改,作品甚至无法在剧院上演,即使能够上演,也常常不超过一个星期,因此,他的经济收入开始骤减,生活日渐困窘。

这一切都在萨列里的阴谋掌控中,可萨列里依旧表现得非常关心莫扎特。他甚至收买了一个女仆,把她安插到莫扎特家做奸细,以了解莫扎特的家庭和创作情况。而天真的莫扎特竟然没有识破他的伪装,仍把他视为知己。

在这期间,莫扎特的父亲突然去世,这使莫扎特悲痛万分,精神上受到了很大刺激,身体状况也一落千丈。萨列里知道自己等待已久的机会终于来了,他要一举击垮莫扎特。

于是,他戴上莫扎特的父亲生前用过的假面道具,敲开了莫扎特的家门,要他谱写一篇《安魂曲》,莫扎特就在恐惧和疾病的双重折磨下夜以继日地工作。终于有一天,在演出进行到一半时,莫扎特由于体力不支而晕倒在地。在莫扎特的病床边,萨列里还逼他写《安魂曲》,病床上的莫扎特极度虚弱无法执笔,萨列里建议由他执笔而莫扎特口述。莫扎特的灵感像泉水般喷涌,萨列里甚至来不及记录。

曲子完成了,天才的生命之火也熄灭了,年仅35岁的莫扎特英年早逝。萨列里的阴谋得逞了,但是,他的灵魂却陷入了无比痛苦的折磨中而不能自拔,他自感莫扎特的冤魂日夜索命不休,他在忍受着道德与良心的煎熬,最后精神失常,被送进疯人院。

时光流逝,曾经显赫一时的萨列里渐渐被人遗忘,而莫扎特的作品却成为人类音乐殿堂里的瑰宝,被无数人称赞,在世间永远传唱……

一个被嫉妒心侵蚀的人,他的生活也一定不会幸福。一个因为嫉妒障碍别人,陷害别人的人,他的生活也一定会由于内疚而变得凄惨。就像上文故事中的主人公一样,他因为嫉妒害死了莫扎特。但是,他并没有从中收获幸福,反而他的后半生却由于自己犯下的罪行而后悔、自责,最终他为自己的错误行为付出了代价。

顺其自然才能开心

顺其自然看起来是一种消极的、不作为的态度,但是实际上,确实是一种高

明的处事方法。因为有太多的事情是我们无法预料和左右的,在一些自己无法左右的事情上,不妨采用这种顺其自然的处事态度,把心放的开明一些、豁达一些,这样会有更奇妙的效果。

在一座寺院里,草地上都是枯草。小和尚对师父说:"师父,快撒点草籽吧!这草地太难看了。"

师父说:"不用着急,什么时候有空了,我就去买一些草籽。什么时候都能撒,你急什么呢?随时!"

到了秋天的时候,师父把草籽买回来了,对小和尚说:"把草籽撒在地上吧!"

小和尚高兴地说:"草籽撒上了,就能长出绿油油的青草,地面就不会这么难看了!"

谁知,小和尚正在撒的时候起风了,他一边撒,草籽一边飘。"师父!不好了!许多草籽都被吹走了!"小和尚喊道。

师父说:"没关系,吹走的多半是空的,就算撒下去也发不了芽,还担心什么呢?随性!"

草籽终于撒上了,这时许多饥饿的麻雀飞来,在地上专挑饱满的草籽吃。小和尚看见了,惊慌地说:"不好了!草籽都被小鸟吃了!这下完了,明年这片肯定没有小草了!"

师父说:"没关系!草籽多,小鸟是吃不完的,放心吧!明年这里一定会有小草的。随意!"

天公不作美,那天夜里下了大雨,小和尚一直辗转不能入睡,心里暗暗担心草籽会被冲走。第二天早上,他早早地就跑出了禅房,发现地上的草籽果然不见了。于是他马上跑进师父的禅房,哭丧着脸说:"师父,昨夜一场大雨把地上的草籽都冲走了,怎么办呀?"

师父依旧不慌不忙地说:"别急,草籽被冲到哪里,它就在哪里发芽!随缘!"

不久,许多青翠的草苗果然破土而出,原来没有撒到草籽的一些角落里居然也长出了许多青翠的小苗。

小和尚兴高采烈地对师父说:"师父,太好了!我种的草都长出来了!"

师父点点头说:"随喜!"

师父的平常心看似随意、简单,事实上却是洞察了世间万象后的豁然开朗。相比之下,我们遇事总会起伏于焦躁、狂喜、傲慢、迷茫、沮丧、焦虑、恐惧甚至绝望之中。人生理应怀雄心壮志,但怀一颗平常心,有时却能把事做得更好。

俗话说:"无欲则刚。"一个心无滞碍的人,自然能发挥出全部潜力。如果一

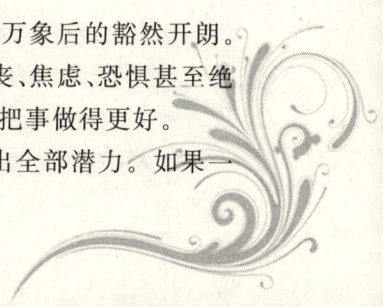

个人，真的能放下急功近利的浮躁，来顺应自然之道，并以关心、服务他人为己任，并能勤勤恳恳做好力所能及的事，还会在诡异多变的竞争中动辄患得患失吗？不会的。

生活中有太多的不确定，顺其自然就是此时最好的选择，它是在表达一种自信。因为，只有自信的人，才能做到从容不迫。唯有具备了超然物外的真心，才能做到对任何事不做计较、宠辱不惊。唯有这样的心态，才能有丰厚的回报。

培养平和心态的小方法

1. 明白平和心态的价值。任何一次成功都只是人生旅程中的一个驿站，它源于平实，归于平实，一个社会是否能够持久的安定，维持文化的尊严与品格，还是需要全社会都培养一种平和的心态。

2. 经常给自己的心灵洗洗澡。如果想让自己的生活稳定，想回归一种平和的心态，就应该这样做。要抛弃那些占据心灵空间的不良的东西，要吐故纳新，从而让自己的心理阴霾得到荡涤，获得一种快意无比的心理释放。

3. 对自己不要太过苛求。应该把目标和要求定在自己力所能及的范围内，这样就会容易实现它，而且自己的心情也很容易变得舒畅。

4. 对他人的期望不能太高。不要把自己的希望都寄托在他人身上，如果对方达不到自己的要求时，就一定会大失所望。

第6种品质　豁达——给人生添加完美色彩

比尔·盖茨曾说过："没有豁达就没有宽松。无论你取得多大的成功，无论你爬过多高的山，无论你有多少闲暇，无论你有多少美好的目标，没有宽容心，你仍然会遭受内心的痛苦。世界上最大的是海洋，比海洋更大的是天空，比天空更大的是人的胸怀。"我们一定要让自己拥有一个豁达的人生。

一个身经百战、英勇无比的将军，虽几经出生入死，却从未有过畏惧之心。因此，他深得人们的尊敬。解甲归田后，为了丰富自己的晚年生活，他以收藏古董为乐。

一天，他在把玩最心爱的一件古瓶时，不小心差点失手，吓出一身冷汗。情

绪稍定,将军疑惑地问自己:"为什么当年我几度与死神擦肩,却从无畏惧,现在为何会为一只花瓶吓出一身冷汗?"

思索之后,他突然有所悟,他悟通了——自己因为迷恋它,才会有忧患得失之心,才会紧张失色。而破了这种迷恋,就没有东西能伤害自己了。想到这里,他把古瓶摔碎在了地上。

吃亏才是真福

被世人誉为"扬州八怪"之一的郑板桥,留下两句四字名言,一句是"难得糊涂",另一句是"吃亏是福"。板桥先生的这两句名言算是尽人皆知了。

乍一看,吃亏怎么能和福气结合起来呢?本来就是相悖的嘛!细细想来,又有几个人肯吃亏,又有几个人真的认为"吃亏是福"呢?其实冷静思维,吃亏就是谦让,吃亏就是牺牲,吃亏就是成全。吃亏不是懦弱无能,也不是不思进取与世无争。敢于吃亏的人,绝非等闲之辈。吃亏是福,道出的是一种平和恬淡的生活态度,是一种以牺牲小处得大利益的处事智慧。

有一个人对这句"吃亏是福"深有感悟。这个人在年轻的时候,是个不肯吃亏的人。一旦吃了点亏,便会感到窝囊,非要争这口气,要是争不上便会耿耿于怀。

特别是有理的时候,更是绝不相让的,那咄咄逼人的模样,不要说是别人,就连父母都会让他三分。现在,他回忆起那些往事,感叹地说道:"也许是因为我不能够宽容别人,而别人也对我的要求越来越苛刻了。不愿意吃亏的我,反而吃了更多的亏。"

于是,他开始思索,究竟是什么原因导致生活中总有不如意的事情发生呢?为什么自己看起来总是不顺?有一天,他终于顿悟,是自己凡事争强好胜不肯吃亏的性格啊!搞得生活处处草木皆兵,乌烟瘴气,时间久了大家都知道他做什么都不能吃亏,谁还愿意跟这样的人交往呢?最后只能落个四面楚歌的境地。

幸运的是,当他明白这个道理之后,便开始努力地改变自己,从"不肯吃亏"到"也能吃点小亏",最后,到只要不是大是大非的问题,即使真理在握,也可以作点非原则性的让步。他想,办事情当然要讲理,但也要注意感情。最后,他终于真正地悟出了板桥先生"吃亏是福"的真谛。

从这个事例中,我们能体会到吃亏是福的真谛。有些事情看上去是吃亏了,但是却得到了人们更多的理解和尊重,在这过程中也培养了心灵的宽厚与大度,还陶冶了自己的情操。这不分明都是"福"吗?

佛教中有个笑口常开的弥勒佛,人称"大肚能容,容天下难容之事;慈颜常

笑,笑天下可笑之人。"其实任何一个有作为的人,都是在不断吃亏中成熟和成长起来的,并从而变得更加聪慧和睿智。要勇于吃亏,敢于吃亏,乐于吃亏,吃亏带来的好处就会慢慢显现出来了。

豁达是一种恩泽

一个哲人曾这样写道:"心灵若是堆满垃圾,心胸容易狭隘;心灵若是一尘不染,心胸则无限宽广。纯洁、真诚和宽容海涵般的心灵,是生命之歌中最曼妙迷人的旋律,是人生智慧之原上绽放的最美丽的花朵,是人们能够从你那里享受到的心灵里的一片艳阳天。"如果把这样的赞美之词,送给我国的书画大师启功,应该说是最恰当不过了。

启功的前半生充满了坎坷和艰辛,一岁丧父,母子二人便由祖父供养,十岁时祖父过世,家道中落,一贫如洗,再无钱读书,由于得到祖父门生极力相助,才勉强读到中学,尚没毕业,由于心性较强,便不愿再拖累别人,决心自谋生路。

经祖父的门生傅增湘先生介绍,认识辅仁大学校长陈垣,经陈垣介绍,两次工作皆因没有文凭而被炒,但他却没有绝望,一边靠卖字画为生,一边自学,最后终于在辅仁大学谋到一个教职。此后,在陈垣校长的耳提面命之下,取得长足进步。然而,命途多舛,1957年又被错划成右派分子,直到1979年才得以平反……

经过人生无数历练的启功,不但在艺术上取得了非凡的成就,而且也在心灵上步入了大彻大悟之境,生命中充满着一种"身心无挂碍,随处任方圆"的大气和洒脱。

启功成名之后,经常有人模仿他的笔墨在市面上出售。一次,他与几位好友走在大街上,路过一个专营名人字画的铺子,他们突发奇想,走到店里看看有没有启功的作品。果然,他们发现好几幅"启功"的字,连他的朋友都难以辨认到底是不是启功的真迹,就问到:"启老,这是你写的吗?"启功微微一笑赞道:"比我写得好,比我写得好!"众人一听,全都大笑起来。

说话之间,铺里进来一个人,看到众人讨论这幅仿冒的字,就问:"我有启功的真迹,有要的吗?"启功说:"拿来我看看。"那人把字幅递给他。

这时,启功的朋友问卖字幅的人:"你认识启功吗?"那人很自信说:"认识,启功是我的老师。"问者转问启功:"启老,你有这个学生吗?"作伪者一听,心中一慌,他知道撞到枪口上了,刹那间陷于尴尬恐慌的境地,他哀求道:"我实在是因为生活困难才出此下策,还望老先生高抬贵手。"

启功宽厚地笑道:"既然是为生计所迫,仿就仿吧,可不能模仿我的笔迹写

反动标语啊!"那人低着头说:"不敢! 不敢!"说罢,一溜烟地走了。

同来的人不解地问:"启老,你怎么让他走了?"启功幽默地说:"不让他走,还准备送人家上公安局啊? 人家用我的名字,是看得起我,再者,他一定是生活困难缺钱,他要是找我借,我不是也得借给他吗? 当年的文征明、唐寅等人,听说有人仿造他们的书画,不但不加辩驳,甚至还在赝品上题字,使穷朋友多卖几个钱。人家古人都那么大度,我何必那么小家子气呢?"启老的襟怀比之古人,可以说是有过之而无不及。

启功一生坎坷,深味人世艰辛和世态炎凉,但他却视金钱、荣誉以及地位如粪土,他豁达、从容的本性使得他能宠辱不惊。在他66岁的时候,正是他风头正健之时,那年生日时,好友及弟子为他送上了许多赞美之词,他心中甚感不安,便挥笔为自己写下了一篇《墓志铭》:

"中学生,副教授。博不精,专不透。名虽扬,实不够。高不成,低不就。瘫趋左,派曾右。面微圆,皮欠厚。妻已亡,并无后。丧犹新,病照旧。六十六,非不寿,八宝山,渐相凑。计平生,谥曰陋。身与名,一齐臭。"

行文诙谐幽默,实话实说,然而,其言情真意切,天地可鉴。大巧若拙,大智若愚,正是启老一生秉性的写照。

当然,豁达并非是无限度地容忍别人,豁达是一种谅解,一种淡然,却并不是教人软弱。豁达的人崇尚万事"得之,我幸;不得,我命。如此而已"。它是一种随遇而安、超凡脱俗的情感,是一种达观,一种洒脱,一份人生的成熟,一份人情的练达,细细想来更是对自己的恩惠。

让自己豁达起来

豁达的人有一种气度。只有豁达的人才能容世间难容的事。豁达会使我们随和,让我们把一些人看得很重的事情看得很轻。人生,往往就是因为想不开、看不破,所以烦恼重重。一间房子,没有门出去,长久关闭在里面,怎么会快乐呢?

有这样一个故事,故事中小姑娘的豁达是很多成年人都望而莫及的。那时伊阳还在上学,放学后就会到学校附近的便利店打工挣点零花钱。有一对小姐妹放学后一定会光顾她们的便利店。

这个姐姐的外表看起来十分文静,但脾气却异常火暴,每次到店里来,总会看见她严厉地对妹妹进行"机会教育",最常听见的有:"你是笨蛋吗? 这个快要到期了,还拿!"要不然就是"你白痴呀! 明明写买一送一,你还只拿一个"。更狠的还有:"你这头猪,金额超过了你不会算吗?"凡此种种,不一而足。

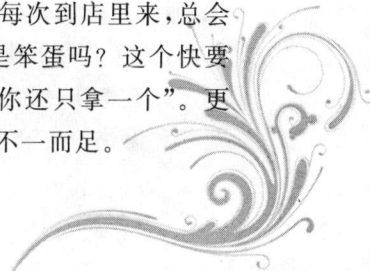

那个挨骂的妹妹,居然一声不吭地任由姐姐骂,还依然气定神闲地挑选她想要的东西,丝毫不受影响。

一天又到了放学时间,但令人意外的是,这天只有妹妹一个人来,伊阳见那个泼辣的姐姐不在,于是便和她聊起天来。"小妹妹,今天怎么只有你一个人呀?"她问。

"姐姐感冒了所以请假了。"妹妹朝伊阳一笑,样子相当可爱。

"我觉得你姐姐好凶啊!"伊阳试探着表示。

"还好了!不要理她就好了。"妹妹在卖场遛着,神情相当愉快。

"可是她每天都那样骂你,你不生气吗?"伊阳好奇地问。

"爱生气的人是她又不是我,而且被骂一下又不会痛。"妹妹嘟嘟嘴说。

"是吗?"伊阳嘴上答应着,心里感叹,小小年纪居然这么豁达,真是不可思议。

"姐姐,我要买这个。"妹妹拿着一枝冰棒到柜台结账了,伊阳一看正好是促销品,于是对她说:"妹妹,这个现在是买一送一哦!你可以再去拿一支。"

本以为她的反应一定和其他的小朋友一样,先是眼睛一亮然后满心欢喜,不料她却说:"可是我现在只想吃一支就好,另外一支就送给别人好了。"说完挥挥手便走了。

看着妹妹一蹦一跳地离去,伊阳忽然有很深的感触,这个小女孩太特别了,甚至在某些方面必须向她学习。挨骂,她可以不在意;更难得的是,她也不贪心。如果人人都能以这么简单、纯真的心来面对这世界,也许纷争与悲剧应该就可以终止了吧!

是啊,如果人把一切视为一种游戏,尽管也同样会满怀热情,尽心尽力地去投入,但我们真正欣赏的,只是做这件事的过程。结果怎样,对自身来说已经没有约束,游戏的乐趣在于过程之中。那么,人也就解脱了得失之心的困扰。

这么说,每个人都可以做到豁达,但每个人的豁达限度又是不同,那可不可以试着把自己的豁达限度扩大呢?

培养豁达品质的小方法

1.给自己听一些轻快、舒畅的音乐。这样一方面能给自己美的熏陶和享受,而且还能让自己的精神得到有效放松,所以,在紧张学习之余,不妨多听听音乐,让优美的乐曲来化解精神的疲惫。

2.经常让自己开怀大笑。这是消除精神紧张压力的最佳方法之一,同时也是一种愉快的发泄方式。所以,不妨试一下笑口常开的巨大力量。

3. 要勇敢地面对现实，一定不要害怕承认自己的能力有限。如果遇到了某些的确不能办到的事情时，一定要坦诚地说一声"不"，这比硬撑着要轻松得多。

4. 放大自己的人生格局。无论做什么事，心胸和境界都特别重要，每天不要只看到眼前和身边的琐事，否则就像置身于井底的青蛙，四周都是不可逾越的障碍。只有放大人生格局，才能真正达到豁达的境界。

第7种品质 谦逊——低姿态方能纳百川

老舍先生曾说，一个真正认识自己的人，就没法不谦虚，谦虚使人的心缩小，像个小石卵，虽然小而极结实，结实才真实。一个拥有谦虚品格的人，在面对生活的成功、荣誉时不会陷在沾沾自喜中不能自拔，在面对他人的指责时，也不会堕落气馁，懂得谦虚待人的人才能更好地总结自己的不足，积极地提高自己。

一次，著名艺术家梅兰芳在戏院演出他的拿手好戏《杀惜》，演到精彩处时，场内喝彩声不绝。这天，众人喝彩之时，只听一位老人喊道："不好！不好！"梅兰芳循声望去是一位衣着朴素的老人，他把这位老人记在心里，想当面拜访这位老人。

于是，戏一下场，梅兰芳就用专车把这位老先生接到住地，他恭恭敬敬地请教老人说："说吾孬者，吾师也。先生言我不好，必有高见，定请赐教，学生决心亡羊补牢。"老者没想到梅兰芳如此谦恭知礼，他认真地指出："惜姣上楼与下楼之台步，按'梨园'规定，应是上七下八，博士为何八上八下？"

梅兰芳一听，恍然大悟，深深感到是自己过失，他纳头便拜，称谢不止。以后，梅兰芳每在此地演出时，必请老者上座观看并请其指正。梅兰芳的谦虚大度，不仅仅使得自己的艺术造诣能更上层楼，而且他谦虚的态度，也让后人受益匪浅。

谦虚是一种美德

谦虚是一种美德，是一种难能可贵的品德。自古以来，我们的古人就为后代子孙留下了许多这方面的格言警句。如"虚心竹有低头叶，傲骨梅无仰面花"、"百尺竿头，还要更进一步"等等。

　　事实上也是如此，生命有限，知识无穷，也许我们在某一方面非常优秀，但是，任何一个人都不能说自己是个全能的人。所以，无论我们已经取得了什么样的成就，都不会是我们停止不前的理由。

　　东汉大将冯异，为人特别谦逊而且从不矜夸，走在路上和别的将领相遇，他也总是先驾车给别人让路。

　　他非常具有指挥才能，每次军队前进驻扎都有清楚的标记，军队中号令十分严明，军容整齐。每当驻扎的时候，从将都会坐在一起谈论自己的功劳，而冯异常常一个人在树下坐着。因此，军中官兵都称他为"大树将军"。因为他的谦虚有礼，他得到了很多将士的推崇。等到朝廷再次整编军队，军中很多人都说愿意跟随大树将军，光武帝因此很赞赏他。

　　可见，一个谦虚的人不但不会让别人小看，相反，一个懂得事事谦让，不居功自傲的人，必然会得到大家的赞扬和爱戴。由此我们看出，越是道德学问高的人，越是谦卑有礼。

　　相传我国唐朝著名诗人白居易每作好一首诗，总会先把它念给牧童或老妇人听，听取了他们的意见后再反复修改，直到他们听了拍手称好，才算定稿。

　　白居易从不因牧童和村妇的无知而轻视他们，因为，他懂得真正的文学作品，必须得到人民的承认，所以，他虚心求教于人民，这才使他的诗通俗易懂，在民间广为流传，为后人传诵。

　　而在现代的社会对谦虚有着不同的看法。随着改革步伐的推进，各式各样的新事物、新景象层出不穷。人们惊奇地发现，谦虚已经渐渐成了年轻人口中落后与老套的代名词。相反的，自信与竞争则成了社会的主导。

　　其实，自信没有错，但有人却曲解了自信的含义。要知道自信过了头就是自负、自傲、狂妄、目空一切。我们仔细想想，谦虚是过时了吗？现在竞争拼搏中不需要谦虚吗？

　　如果回答是"过时了"或者"不需要"，那证明我们还没有理解谦虚的真正含义。谦虚是一个人内在的精神和品质，谦虚并不是遇事畏缩退却，也不是一味地退让。

　　谦虚是指一个人在取得成就，获得成功的时候，他还能平静地看到自己的不足，接受他人的建议，然后进一步自我完善。可见，越是有智慧的人，越善于听取别人的意见。一个谦虚的人，总能从待人处事的谦虚态度中收获智慧，从而把事情做得更好。

　　所以说，谦虚是美德，是能够正视自我的一种表现。一个人只有真正地具有谦虚的这种品德，才能取得更大的进步！

有大者不可以盈

《易经》上说："有大者不可以盈。"意思是即使功劳比天大，官位比天高，也不能产生骄傲自满的情绪，要懂得谦虚。所以，即使是圣人也还要更加谦虚。

孔子是我国古代著名的大思想家、教育家，学识渊博，但从不自满。他周游列国时，一天，在去晋国的路上，孔子遇见一个7岁的小男孩拦路，小男孩要他回答两个问题才让路。第一个问题是：鹅的叫声为什么大？孔子答道：因为鹅的脖子长，所以叫声大。孩子问第二个问题：青蛙的脖子很短，为什么叫声也很大呢？这回，孔子无言以对。他惭愧地对身边的学生说，我不如他，他可以做我的老师啊！

孔子是圣人，他给我们做了最好的谦虚榜样。在他专长的领域之外，他保持了谦虚的心态，把自己放在最低的位置。

《养心遗规》说："人誉我谦，又增一美；自夸自败，又增一毁。"意思是说，别人称赞你，能够表示谦虚，等于增加了一种美德；如果自我吹嘘，就会归于失败，还会受到人家的诋毁。

英国诗人丁尼生曾说："真正的谦虚是最高的美德，也即一切美德之母。"越是道德情操高尚的人越懂得虚怀若谷的道理。一个人的胸怀如果能够做到像山如海一样，他便是人间的圣人了。

爱因斯坦是20世纪世界上最伟大的科学家之一，他的相对论以及他在物理学界的其他方面研究成果，留给我们的是一笔取之不尽、用之不完的财富。然而，就是像他这样，他还是在有生之年中不断地在学习、研究，活到老，学到老。

有一位年轻人去问爱因斯坦，说："您老可谓是物理学界的空前绝后了，何必还要孜孜不倦地学习呢？何不舒舒服服地休息呢？"

爱因斯坦没有立即回答这个问题，他找来一支笔、一张纸，在纸上画上一个大圆和一个小圆，对那位年轻人说："在目前情况下，在物理学这个领域里可能是我比你懂得略多一些。正如你所知的是这个小圆，我所知的是这个大圆，然而整个物理学知识是无边无际的。对于小圆，它的周长小，即与未知领域的接触面小，它感受到自己的未知少；而大圆与外界接触的这一周长大，所以更感到自己的未知东西多，会更加努力地去探索。"

有人说："人贵有谦虚，如果再有才华，那将是锦上添花。"由此可见谦虚的重要地位，谦虚第一，才华第二。宁愿要谦虚而舍才华，也不要舍谦虚而求才华。因为舍了谦虚，才华就会显得太过突兀而不能更好地发挥它应有的作用。

当然,如果一个人谦虚与才华兼而有之,那是最好不过的了。

做一个谦虚的人

谦虚的态度使得我们把自己置于学习的地位,这样的心态不仅能清楚地看到自己的缺点,也有助于我们发现他人的优点。《尚书》说:"满招损,谦受益。"毛泽东又说:"谦虚使人进步,骄傲使人落后。"这两句话都说明了谦虚对于成长的重要性。

古人曾说:"器虚则受,实则不受。"只有谦虚才能不断地接受新思想新知识而能不断进步,骄傲自满只能停步不前。我们应该永远记住,人就如分数,实际才能好比分子,对自己估价好比分母,分母愈大,那么分数的值愈小。

美国石油大王洛克菲勒就说:"当我从事的石油事业蒸蒸日上时,我晚上睡前总会拍拍自己的额角说'如今你的成就是微乎其微! 以后路途仍多险阻,若稍一失足,就会前功尽弃,勿让自满的意念侵吞你的脑袋,当心! 当心!'"从中,我们明白必须要谦虚,尤其是稍有成就时应格外小心,不要骄傲。正如苏联著名思想家别林斯基所说:"一切真正的和伟大的东西,都是淳朴而谦逊的。"

居里夫人之所以会获得世人的称赞,原因有两个,一是她卓越的成就,二是她谦虚谨慎的品格。她对荣誉有自己特殊的见解,这让很多喜欢居功自傲、浅尝辄止的人汗颜不已。也正因为受到她这种高尚品格的影响,居里夫人的女儿和女婿也踏进了科学研究的大门,并获得了诺贝尔奖,成为举世瞩目的两代人3次获得诺贝尔奖的家庭。

所以,谦虚是人类的一种优良品质,无数成功的案例已经证明,只有谦虚的人才能做出伟大的成就。要记住:谦虚使人受益一生。

有一天,大哲学家苏格拉底和弟子们聚在一起聊天。一位学生,趾高气扬地面向所有的同学炫耀他家的富有,因为他家在雅典附近拥有一望无边的肥沃土地。

正当这位学生口若悬河地向同学们大肆吹嘘的时候,一直在其身旁不动声色的苏格拉底拿出了一张世界地图,然后让这位同学给他指出亚细亚的位置。学生指着地图扬扬得意地回答说,这一大片都是。

苏格拉底说很好,然后又让他指出希腊的位置。这次,这位学生感觉比较困难了,他好不容易在地图上将希腊找出来。他自己感觉希腊和亚细亚相比真太小了。这时,苏格拉底又让他指出雅典的位置。这下可难坏了这位学生,过了老半天,他才指着地图上的一个小点给苏格拉底看,还说雅典简直太小了,根本就不值得一提。

最后,苏格拉底微笑着又让这位学生在地图上指出他家那片一望无边的肥沃土地的位置。这下,学生急得满头大汗,最后,当然还是找不到。因为他家那块一望无边的肥沃土地在地图上连个影子也没有。然后,他很尴尬又很觉悟地连连对苏格拉底说对不起,因为他找不到。

其实,任何人所拥有的一切,与广袤的大地相比,与浩瀚无际的宇宙相比,都不如沧海一粟,实在是微不足道。人其实没有本质上的区别,就像一句谚语中说的那样:"光滑的瓷器来自泥土,一旦破碎就归于泥土。"

从历史的长河来看,不管拥有什么、拥有多少、拥有多久,都只不过是拥有极其渺小的瞬间,所以一个人根本没有理由骄傲自满,青少年当然也更没有理由骄傲了。为了自己的未来,一定要做一个谦虚的人。

培养谦逊品质的小方法

1. 保持一颗谦卑的心。容易被别人接受的秘诀就是谦卑,任何人都不喜欢骄傲自大的人。保持谦卑之心的人可以永远把自己置于学习的地位,并有助于发现他人的优点,好好地和他人相处。无论何时何地,都要永远都应保持一颗谦卑之心。

2. 不说大话。说大话就是自夸,自夸就是自满自大的表现。一定不要讲大话,不要吹嘘自己。《犹太法典》告诫人们说:"即便是一个贤人,如果是他们过分炫耀自己的知识的话,那么他就是一个无知无耻的人。"

3. 不骄傲,不自满,要谦虚,要谨慎,这些才是最需要的,它会让自己认识差距,静下心来冷静分析,避免主观武断,止步不前。任何人都没有理由认为自己已经达到了最高境界而停步不前、趾高气扬。

4. 多阅读一些优秀人物的故事。要知道,天外有天,人外有人。我们自己所拥有的,所懂的,都永远微不足道。所以,我们没有一点理由骄傲。

第8种品质 乐观——添加人生成功营养素

人们同时打开窗户看夜空,有的人看到的是星光璀璨,有的人看到的是黑暗一片。持久的悲观情绪会使人生的路愈走愈窄,而乐观使人生的路愈走愈宽,所以,我们可以说,选择乐观的态度对待人生是一种智慧。

塞尔玛陪伴丈夫驻扎在一个沙漠的陆军基地里。丈夫奉命到沙漠里去演习，周围的人没有办法沟通，她非常难过，于是写信给父母，说要丢下一切回家去，她父亲的回信完全改变了她的生活，回信只有两句："两个人从牢中的铁窗望出去，一个看到泥土，一个却看到了星星。"

塞尔玛一再读这封信，觉得非常惭愧，决定要在沙漠里找到星星。她开始和当地人交朋友，对他们的纺织、陶器表示兴趣，他们就把最喜欢但舍不得卖给观光客人的纺织品和陶器送给了她……

塞尔玛发现原来难以忍受的环境变成了令人兴奋、流连忘返的奇景。她为发现新世界而兴奋不已，并为此写了一本名为《快乐的城堡》的书。她从自己造的牢房里看出去，终于看到了星星。

常怀一颗欢喜心

法国作家大仲马曾经充满激情地说："乐观是一首激昂优美的进行曲，时刻鼓舞着你勇猛前进。"生活中，乐观是每个人都需要具备的精神，因为只有乐观的人才能做到自信，只有自信的人才容易发现新事物，更容易战胜困难，达到成功的彼岸。

一位访美的中国女作家在纽约街头遇到一位卖花的老太太。老太太虽然穿着相当破旧，身体看上去也十分虚弱，脸上却是一副祥和高兴的神情。

女作家挑了一朵花说："你看起来很高兴啊！"

"为什么不呢？一切都这么美好！"老太太说。

"对烦恼，你倒真能看得开。"女作家随口说了一句。

老太太的回答却令女作家大吃一惊："耶稣是在星期五被绑上十字架的，那天是全世界最糟糕的一天，可是，3天后就是复活节了。所以，每当我遇到不幸时，就会等待3天，一切就恢复正常了。"

人们通常用两个方法来看待世界上的事物，一个是乐观的态度，另一个是悲观的态度。然而毫无疑问的是，乐观的心态是有益于生活的。

如果你选择了悲观的态度面对生活，那么你将时时忍受抑郁、痛苦的折磨。你的生活、学习，甚至健康都要因此付出代价，因为你的心田常常是阴暗多雨的。

假如，你选择了乐观，生活将会变得阳光灿烂。你不必担心变成乐观的奴隶，你可以自由地去选择是否快乐。这个世界上大概没有人愿意拒绝快乐的生活吧！

然而，在我们的生活中，有些人却缺少乐观的态度。容易被生活中的困难

吓退前进的脚步,总是被眼前的挫折蒙蔽双眼,有的学生一次考试失利便一蹶不振,几个星期甚至整个学期也无法恢复,甚至从此走进学习的低谷,徘徊不前。可是,这点挫折和一些有成就的人相比,可能太微不足道了。当我们学会思考,看看伟人们的所作所为,也许心中会有所感悟。

拿破仑在一次与敌军作战时,遭遇到前所未有的抵抗,队伍损失惨重,形势变得非常危险。拿破仑也因一时不慎掉入泥潭中,被弄得满身泥巴,狼狈不堪。

可此时的拿破仑却浑然不顾,内心只有一个信念,那就是无论如何也要打赢这场战斗。只听他大吼一声:"冲啊!"他手下的士兵看到他满身是泥的滑稽样,忍不住都哈哈大笑起来,但同时也被拿破仑的乐观自信所鼓舞。一时间,战士们一鼓作气、奋勇当先,终于取得了战斗的胜利。

一位著名政治家曾经说过,要想征服世界,首先要征服自己的悲观。在日常生活和学习过程中守住乐观的心境实在是一件不容易的事。其实,悲观是一种太过寻常的情绪,而乐观则是需要努力和智慧才能使自己保持人生处处充满生机的一种心境。

一味地沉入不如意的忧愁中,只能使不如意变得更不如意。"去留无意,闲看庭前花开花落;宠辱不惊,漫随天际云卷云舒。"既然悲观于事无补,还会破坏我们的心情,那何不用乐观的态度来对待人生,守住乐观的心境呢?

乐观才能有出路

诗人汪国真曾说:"悲观的人,先被自己打败,然后才被生活打败;乐观的人,先战胜自己,然后才战胜生活。"这是非常精辟的哲理。

美国有这样一对兄弟,一个非常悲观,而另外一个却出奇的乐观。有一天,父母把两个兄弟分别锁在了两间屋子里。其中,总是乐观的孩子在堆满马粪的那间屋子里,总是悲观的孩子在放满漂亮玩具的那间屋子里。

一小时后,他们的父母走进悲观孩子的屋子时,却发现他在哭泣。原来,他怕父母会责骂自己,因为他不小心弄坏了玩具。

当父母走进另一间屋子时,却发现孩子把散乱的马粪铲得干干净净。看到父母来了,他兴奋地叫了起来:"爸爸妈妈,这里有这么多马粪,附近肯定会有一匹漂亮的小马,快把小马牵出来吧!"

这个乐观的孩子就是后来的美国总统里根。他完成了从报童到好莱坞明星,再到州长,直至美国总统的人生历程。

这件事就像是两个不同性格的人同时遇见了玫瑰。一个人说:"这朵玫瑰真美,有这么多刺还能开得这么漂亮。"而另一个则说:"这朵花真讨厌,有这么

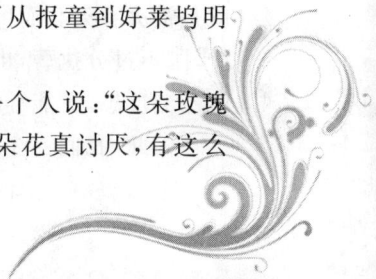

多难看的刺。"

其实,玫瑰没有问题,而由于乐观的人和悲观的人看问题的方向不同,就导致了事情结果不同。乐观的人总能在事物中寻找到有利于自己的一方面,从而让心情更加开心,快乐。而悲观的人,无论面对顺境还是逆境,都能从中看到失意的影子。

关于乐观,法国作家阿兰在论述"把快乐的智慧用于和烦恼做各种各样的斗争"时说:"烦恼是我们患的一种精神上的近视症,应该向远处看并保持积极乐观的心态,这样我们的脚步就会更加坚定,内心也就更加泰然。"

事实正是如此,乐观的人通常能看到事情比较有利的一面,然后,尽自己最大努力去做事,并期待着最有利的结果。乐观主义者认为,有利的、令人愉快的事情总是永久的、普遍的,他们能够促使好事发生,而一旦不利事件发生,他们也能视为是暂时的。

美国著名心理学家马丁·塞利格曼认为,乐观不但是迷人的性格特征,还有更神奇的功能,它能使人对生活中的许多困难产生心理免疫力。乐观的人不易患忧郁症,他们也更容易成功,身体也比悲观的人更健康。

而悲观主义者则认为,好事总是暂时的,坏事才是永远的。在解释坏事发生的原因时,他们不是责怪自己,就是诿过于别人。塞利格曼还认为,乐观与悲观的最大区别就是对有利和不利事件原因的解释。

悲观者通常有一个悲观的"解释事物的方式",即遇到挫折时,总会在心里对自己说:"生命就这么无奈,努力也是徒然。"由于常常运用这种悲观的方式解释事物,无意识中就丧失斗志,不思进取了。

在生命的长河中总免不了挫折,总会伴有各式各样的矛盾。如果能抱着乐观的态度对待,就不会惧怕挫折的打击,由于矛盾引起的困惑也会减弱,等到浮云飘过的时候,外面依然是蓝蓝的天、绿绿的山。

英国著名发明家贝尔,费尽大半生的财力建立了一个庞大的实验室。但是不幸的是,一场大火将他的实验室烧成了灰烬,所有的研究成果几乎付之一炬。大家都以为大火可能对贝尔造成重大的打击,但是他说:"大火烧去了所有的错误。感谢上帝!我又可以重新开始了。"没多久,新的实验室建起来了。时至今日,贝尔实验室已成为科学家的摇篮。

生活中经常有类似贝尔所遭受的大火,心态消极的人只会有一种命运,那就是被火吞灭。而像贝尔一样心态积极的人,遇到挫折时,总能客观全面地分析,既不过分执著,也不会不以为然;既不把责任全推给别人,也不妄自菲薄;既能深刻反思,更能继续努力,因为,他的目光总是向着明天。

因此,我们要注意培养自己积极的人生态度,养成遇事乐观的心态,特别是

当处于逆境的时候。要知道,悲观的心理暗示总能在未来变成现实,如果是乐观的期待,这种期待也会随着自己的努力而慢慢实现。

笑比哭好得多

人们常说,笑比哭好。可是,在极大的苦难和无助当中,还能坚持微笑的,则是真正的英雄。辛蒂是美国著名的医学家。她生了一种慢性病而不能流泪,只要一流泪,便会刺激背部,发生剧烈疼痛。后来,辛蒂住进了一间不含有任何毒物、完全以自然物质搭建而成的房子里。

居住在这间屋子里面的人需要由人工灌注氧气,并只能以传真与外界联络。即使是在这样的环境里,辛蒂也没有流泪,她选择了微笑。正是乐观和坚强让辛蒂在医学界取得了较高的成就。

德国学者威尔科克斯说:"当生活像一首歌那样轻快流畅时,笑逐颜开乃平常易事;而在一切事都不妙时仍能保持微笑的人,才活得更有价值。"能在事情不妙时仍能保持微笑,是一种乐观的精神。

有这样一个小女孩,她在灾难面前的选择让我们敬佩。非洲的一座火山爆发后,随之而来的泥石流狂泻而下,迅速流向坐落在山脚下不远处的一个小村庄。农舍、良田、树木,一切的一切都没有躲过被毁的劫难。

一位14岁小女孩在睡梦中被滚滚而来的泥石流惊醒了,流进屋内的泥石流已经上升到她的颈部。小女孩只露出双臂、颈部和头部。

及时赶来的营救人员围着她一筹莫展,因为对遍体鳞伤的她来讲,每一次拉扯无疑是一种更大的肉体伤害。此刻房屋早已倒塌,她的双亲也被泥石流夺去了生命,她是村里为数不多的幸存者之一。

当记者把摄像机对准她时,她始终没叫一个"疼"字,而是咬着牙微笑着,不停地向营救人员挥手致谢,两手臂做出表示胜利的"V"字型。她坚信政府派来的救援部队一定能救她。营救人员倾尽全力也没能从固若金汤的泥石流中救出她。而她始终微笑着、挥着手一点点地被泥石流所淹没。

在生命的最后一刻,她脸上没有一点痛苦失望的表情,反而洋溢着微笑,而且手臂一直保持着"V"字形状。所有在场的人都含泪目睹了那庄严而又悲惨的一幕,那一刻就像一个世纪那么漫长,世界静寂。

我们可以回想一下,当自己在生活、学习中总有这样那样的挫折和打击的时候,会是怎样的表情呢?是懊恼还是感激,是微笑抑或是怨恨哭泣呢?要知道,人生道路上总会有这样、那样不可预料的荆棘和坑网。这时候,决定你能走多远的因素中很重要的一环就是心态。

既然一个人的一生不可能不经历风雨挫折,就不要抱怨生活的苛刻了。不管生活是怎样对待我们,我们都不能忘记用微笑看待一切。微笑着,生命才能征服不期而遇的厄运;微笑着,生命才能将处于弱势的局面开拓、创新,才能赢得更好的未来。换个角度,把磨难统统当做对自己的历练吧!这样才能在困苦的逆境中把握方向,不屈奋斗,迎接苦难的挑战。

培养乐观品质的小方法

1.学会接受既定的现实。为了让自己的未来道路走得更好,一定要学会接受不可改变的现实,这是保证心态乐观向上的前提。这样,就能够乐观地、坦然地面对一切,就能做一个幸福的人。

2.试着让自己变得幽默。所谓的幽默感就是通过语言或肢体语言的表达方式,让与自己互动的对象感到愉快的言语或举止。幽默体现了一种豁达的人生态度和乐观积极的处世方式,同时,幽默也是一种生存的技巧。

3.不压抑自己的快乐。快乐是一种基本的情绪,人本性中就有快乐的成分。快乐的最重要来源是成就或创造的成果以及完成了有意义的活动。不要让父母替我们包办一些事情,否则,我们就无法在做事中得到乐趣。

4.丰富自己的精神生活。这样可以让自己把注意力转移到其他事情上来。一方面,可以广泛地阅读,在阅读中增加知识,升华思想。可以选择阅读伟人的故事、童话、小说等文学作品。另一方面,要多交几个真正的好朋友,从而在各种活动中体会到生活的乐趣,增强对生活的信心,培养乐观的性格。

第9种品质 自省——让心灵不断历练成长

古人云:"君子之过也,如日月之食焉。过也,人皆见之;更也,人皆仰之。"这句话的意思是:日食过后,太阳更加灿烂辉煌;月食复明,月亮更加皎洁明媚。君子的过错就像日食和月食,人人都看得见,但是改过之后,会得到人们更崇高的尊敬。"过而能改,善莫大焉!"走错了一步不要紧,重要的是要有自省的精神,又有改过的行动。冬天过后就是春天,改过之后才能得到进步。

夏朝时候,一个背叛的诸侯有扈氏率兵入侵。夏禹非常生气,派他的儿子

伯启迎战,结果伯启战败了。他的部下要求继续进攻,但被伯启拒绝了,他说:"不必了,我们地广兵多却打不过他,一定是我的德行不够,从今往后我要努力改正才是。"

从此以后,伯启每天很早便起床工作,粗茶淡饭,照顾百姓,任用有才干的人,尊敬有品德的人。过了一年,有扈氏知道了,不但不敢再来侵犯,反而自动投降了。

在自省中成就自我

一个人能够不断进步的秘诀,在于他是否能够不断地自我反省,发现自己的优点和缺点,并能够扬长避短,发挥自己的最大潜能。

我们在生活和学习中,如果知道自己在某一方面有缺点,应该勇敢地去面对,任何的推脱和逃避都给自己下一次埋下了隐患。要知道,错误不改正,永远都是自己的。

波司登已经成为了中国羽绒服第一品牌,波司登的老板高德康也变成了亿万富翁了,却仍然常常睡不着觉。他总是在反省自己,经常"晚上睡不着,想心事,常常半夜里醒过来一身冷汗"。

我们观察一些成功人士,当中只有极个别是天资极高的"神童"之外,并没有哪个成功者在智力上有什么出类拔萃之处,大多也就是如曾国藩所说的"中人之质"而已。

但是,他们都有一个共通之处,就是都非常善于学习,非常勇于进行自我反省。有一个年轻人,大学毕业后进入一家外企工作,公司要求新员工必须要从基层做起。同去的新人总是聚在一起抱怨:"这种工作还要我们来做,我看他们就是在打发我们,我才不干呢!"

对于别人的抱怨,这个年轻人从来不放在心上,不仅每天认真做好每一项工作,还经常帮助其他人干活。由于他态度端正,做事情就能得到领导的称赞。

更难能可贵的是,年轻人是个有心人,他有一本工作日记,每天都把自己一天的工作记下来,同时反省在这一天中还有什么处理的不恰当的问题。如果有疑问,他就虚心地请教老员工,大家也都很乐意去帮助他。

经过半年的磨练,年轻人掌握了基层的全部工作要领。他那种每天记录工作日记并反省自己的习惯还在保持。很快,他就被提拔为车间主任;又过了半年,他就成了部门的经理。而与他一起进去的其他员工,则还在基层抱怨着……

每个人都需要抱有自我反省、自我修正的态度,去实现自己美好的愿望。

一个不善于自我反省的人，不容易发觉自己的错误，则会一次又一次地犯同一个错误，不能很好地发挥自己的能力。

而大部分人在没有成功之前都要做一些平凡的事情，平凡的工作。如果只抱怨他人或环境，不把精力放在反省自己的身上，就不可能踏实地做事，离成功的距离也就越来越远。

凡是那些愿意把自己放在一个平凡的岗位上，以自我为改变的关键，不断反省、提高自己的人，成功就一定等着他。但是，如果你的缺点是通过旁人的指出才被自己发现，那也要恭喜你，你是一个幸运的人。因为我们常常看不到自己的短处，而你的缺点恰巧被别人发现而又能帮你指出，这是多么幸运的一件事啊！

所以，如果你是一个有智慧的人，你就会明白"忠言逆耳利于行"的道理，那些逆耳忠言常常能照亮我们不易察觉的另一面。

唐太宗李世民是个幸运的人，他有一面能照见自己缺点的"镜子"，这个人就是宰相魏征。借助这位忠臣的谏言，唐太宗改正了许多缺点，逐渐完善了治国之道，迎来了国家的空前繁荣。

这个辉煌业绩的取得，仅是魏征的敢于直言并不能达到，这也要归功于李世民的宽宏胸怀与自省精神。试想，如果他是一个不懂得反省的昏君，魏征可能早就人头落地了。正是因为李世民能够认真地检讨自己，反省自身，这才使得听上去很刺耳的意见变成了治国安邦的金玉良言，而李世民的人格也因此变得崇高。

自我反省是我们成长的一个秘诀，一个不会自我反省的人永远也长不大。我们通过反省及时修正错误，使得成长踏上了良性循环的道路，以确保不会由于对自己长时间的麻木、纵容而导致成长进入歧途或停滞不前。所以说，学会自我反省，就等于掌握了自我完善和健康成长的秘方。

自省让成长路更顺畅

善于自省是一种美德，不善于自省、自责，惯于责怪别人是不好的品行。"责己者可以成人之善，责人者适以长己之恶。"善于自省的人可以成全别人的仁善之举，相反，不善于自省的人则会发展自己的不良习气。

由此看来，善于还是不善于自省，成为区分"圣人"、"君子"与"小人"的一道分水岭，可见自省精神对于一个人发展的重要性了。

我们可以观察一下周围的人，凡是力求上进的人都是重视自省的人。曾子说："我每天对自己进行多次反省：检查自己替别人办事尽心竭力了吗？同朋友

交往诚心相待了吗？老师传授的知识用心学习了吗？"

一次，曾子对他的学生子襄讲什么是勇敢，就直接引用孔子的话，他说："你喜欢勇敢吗？我曾听孔子说过什么是最大的勇敢：自我反省，正义不在自己一方，即使对方是普通百姓，我也不恐吓他们；自我反省，正义在自己一方，即使对方有千军万马，我也勇往直前。"

不仅仅是中国的古人有勇于反省的习惯，犹太人也有这个好习惯，他们通常在周六长时间反省，即使在"二战"中遭受毁灭性打击的时候也是如此。因此，在战争过去以后他们立即崛起，成为世界上最有名的商人。而那些没有自省习惯的人，即使那扇通向成功的窗户摆在面前也会视而不见，甚至自己亲手把它关闭。

说到此处，不由得想起谢觉哉、吴玉章两位老共产党员敢于反省的感人故事。在1943年5月1日谢老60岁生日那天，他谢绝了一切亲朋好友祝寿，关起门来反省。

在《六十自讼》的日记中，谢老这样写道："'行年五十，当知四十九年之非'；那么行年六十，也应该设法弥补五十九年的缺点。"

吴玉章老人既是我党的学界泰斗，也是严格自省的楷模。他曾写过一篇《自省座右铭》："年过八一，寡过未能，东隅已失，桑榆未晚。必须痛改前非，力图挽救，戒骄戒躁，毋怠毋荒，谨铭。"两位老前辈高尚的反省精神，让人钦佩，更值得我们效仿。

但是，在我们的生活中，有多少人可以真正做到把自省当做自己的习惯和优秀品质呢？每个人都在忙碌中生活着，都被生活的琐事所困扰，在抱怨时间不足的同时又在浪费着时间。

自省是一个人得以认识自己、分析自己，并有效提高自己的最有利途径。但却没有多少人可以静下心来，拿出一张白纸，一支笔，总结一下生活中的成功和失败，寻找一下成功和失败的根本原因，反省一下自我。

反省，是对自己的行为思想做深刻检查和思考，修正人生道路的一种方法；反省，是一个人走向成功的基础，是一种美德。我们要学会自我反省，才能走向成功；只有牢记这一点，才能在成长之路上走得更加顺畅。

让自省去除心灵污垢

人人都知道抱怨不是一个好习惯，狡辩其实是为自己找借口。有人说，世界上最巧妙的辩解在自己的错误面前都是苍白的。那么，既然辩解毫无用处，何不勇敢一点适时地进行自我反省呢？

　　一个优秀的人，必定是一个具有反省精神的人，他会在追逐梦想的过程中不断反省自己的行为，也会虚心听取别人的意见，在别人的批评中吸取营养，使自己变得更完美。

　　关于著名作家狄更斯和巴尔扎克，有这样的故事。

　　狄更斯是英国著名小说家，他对自己有一个特殊的规定，那就是，没有经过认真推敲的内容，绝不轻易地读给公众听。每天，狄更斯会把写好的内容自己先读一遍，然后不断地进行改正，直到作品成熟后读给公众听。

　　与此相同的是，法国小说家巴尔扎克在写完小说后，总会花上很多时间修改，直到最后定稿。往往这一过程需要花费几个月甚至几年的时间。

　　正是这种不断推翻自我、修正自我的态度，使这两位作家取得了非凡的成就。他们善于从自身找原因，并超越了自我。由此可见，一个懂得自我反省的人，才能取得最终的胜利。

　　反省其实是一种学习能力。青少年的成长过程是一个不断摸索的过程，也就难免在此过程中不断地犯错误。反省，正是认识错误、改正错误的前提。对青少年来说，反省的过程就是学习的过程。

　　在现代社会中，是否具备自我反省的能力和精神，决定了我们能不能认识到自己所犯的错误，能不能改正所犯的错误，是否能够不断地学到新东西。

　　一般地说，人们在犯了错误，受到批评的时候，比较容易引起惊觉。但在成功和荣誉面前，大部分人就会飘飘然，不知所以了，这时学会自省也是很重要的。提倡反省的目的是为了防微杜渐，把过错消灭在萌芽状态。

　　所以，一个人要想进步，必须每天反省。反省好像镜子，可以看到自己的本来面目；反省，好像清水，可以洗净内心的烦恼污垢。人人都在自我否定与肯定中慢慢学会成长，这是任何人都无法忽略的一步。

　　俗话说："浪子回头金不换，亡羊补牢未为迟。"自省是人生的道路上一盏照亮心灵的航标灯。对于我们来说，不一定非要等到错误已经犯下，并遭受到惩罚才想到反省和改过，要学习古人"吾日三省吾身"，才能做到防患于未然。

　　德国诗人海涅曾说："反省是一面镜子，它可以将我们的错误清清楚楚地照出来，使我们有改正的机会。"一个人能够不断地进步的秘诀，关键在于他以追求完善地态度去做事，能够不断地反省。这样才能找到自己的缺点，不断地改正缺点，取得一个又一个进步。

培养自省品质的小方法

　　1.给自己一个安静的时间，安静地坐着。青少年的心情，就像是夏天五六

月的天气,说变就变。只有给自己一段静默的时间才能听到自己的需要,才能体会到内心深处的呼唤。

2.不要总是着急发表意见。古人云:"圣人深居以避患,静默以待时。"意思是当我们选择沉静的时候,才可以知道平常的讲话也许太过急躁,很多话不经过大脑就讲出来,行事也容易冲动,所以处世也容易冒失。静默的好处就在于可以减少自己犯错误的概率。

3.虚心的态度是自省和进步的先决条件。不能虚心地接受别人的批评,不能从中汲取对自己有益的东西,就不可能取得更大的进步。因为一个人所犯的错误首先会被别人看到,在别人的眼中,问题会体现得更加透彻、客观。

4.拿出一个本子,记下一天中让你尴尬和焦虑的事。记下让自己头疼的事情不是对自己的折磨,而是对自己的提醒,提醒自己还有什么地方可以提高。

第10种品质　知耻——近乎勇的人生真智慧

孔老夫子曾说:"知耻近乎勇。"一个人只有知道自己的不足,并因此产生羞愧的感觉,才能奋发图强,勇往直前。羞耻心是一种基础的道德情感,也是一个人行为品德的内在因素。一个人有了羞耻心,对错误事物才有抵抗能力,才能矫正和预防不良的行为品德。由此看来,小到个人修养,大至民族气节,知耻心都是一笔宝贵的财富。

公元前496年,吴王阖闾派兵攻打越国,不料被越国击败,阖闾不幸伤重身亡。两年后,阖闾的儿子夫差率兵击败越国,这一次越国战败了,越王勾践被押送到吴国做奴隶。勾践忍辱负重地伺候吴王,三年后,夫差对他消除戒心,并把他送回越国。

其实,勾践自始至终都有自己的想法,他表面上对吴王服从,但暗中训练精兵,伺机反击吴国。艰苦能锻炼意志,安逸会消磨意志。勾践深知这一点,他害怕自己会贪图眼前的安逸,消磨雪耻的意志,所以他为自己安排艰苦的生活环境。他晚上睡觉不用褥子,只铺些柴草,又在屋里挂了一只苦胆,他不时地会尝尝苦胆的味道,为的就是不忘过去的耻辱。这就是成语"卧薪尝胆"的出处。

不仅如此,勾践为了恢复生产,还与王后同人民一起参与劳动,在越人同心协力之下越国终于强大起来。最后,勾践找到时机,一举亡了吴国。

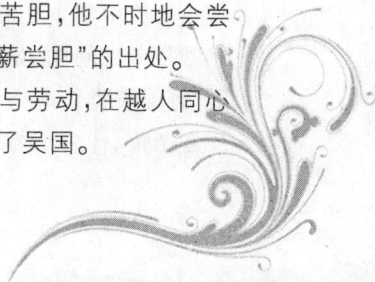

知荣辱走正途

2006年3月4日,中共中央总书记胡锦涛在看望政协委员时强调,要引导广大干部群众特别是青少年树立社会主义荣辱观,坚持以热爱祖国为荣,以危害祖国为耻;以服务人民为荣,以背离人民为耻;以崇尚科学为荣,以愚昧无知为耻;以辛勤劳动为荣,以好逸恶劳为耻;以团结互助为荣,以损人利己为耻;以诚实守信为荣,以见利忘义为耻;以遵纪守法为荣,以违法乱纪为耻;以艰苦奋斗为荣,以骄奢淫逸为耻。这也就是"八荣八耻"。

荣辱观并不是新时代的产物,在古代就已经有之,而荣辱心也是人皆有之。恩格斯曾说:"每个社会集团都有他自己的荣辱观。"总书记提出了社会主义荣辱观教育的问题,给人们指引了方向,规范了人们对荣誉、耻辱的根本看法和态度。知道了每一"荣",每一"耻"都关系着坚持什么、反对什么,倡导什么、抵制什么,这都关系到了是非、善恶、美丑的界限。

在社会上构建"八荣八耻"的道德体系,关系到国家的前途和人民的幸福。可是,我们千万不要以为知荣辱只是大人们的事情,在家庭里树立"八荣八耻"的行为准则和家风,也必然关系到家庭里每个人的命运,关系到每一个青少年的健康成长与发展。

一个人要想活得快乐、活得成功首先要适应社会,荣辱观则回答了一个人应该与社会有什么样的关系,应该对国家、对人民持什么态度的问题。其次,有正确的荣辱观,我们也会对人与人之间的关系更加明确,我们就会明白,要与他人建立一种和谐的团结的关系,要包容他人。不仅如此,明确了现代的荣辱观,还能了解人和自然之间的关系。比如说,当我们面对流浪猫时应该有什么态度,看到动物被宰杀了又是什么态度……这些都反映了人与自然之间的关系。

反之,如果我们不知道荣辱,也就不知道什么是对的,什么是错的。首先,我们无法适应社会,也不会包容他人,更为严重的是,我们甚至会缺乏对自我的认知。仔细思维就会发现,我们做的每一件事、说的每一句话都反映了荣辱观;我们生活的每一个日常的环节,也都渗透着荣辱观。

也许有人会问,究竟什么是荣辱观呢?其实,荣辱观就是一种价值观。是一个人觉得什么光荣什么可耻,什么是好什么是坏的一种价值判断。

一位中学生在看完戏剧《白毛女》后对爸爸说:"其实,白毛女完全可以换一种思路考虑问题,她可以先嫁给黄世仁呀!等到赚了钱把她爸爸的病给治好了,再跟黄世仁离婚,那多好啊!"实际上,这位中学生的观念就涉及到了究竟什么是光荣、什么是可耻的问题。

爸爸对于孩子的观点感到惊讶，在他的思想中，一个人不可以为了钱财就放弃尊严嫁给富人。可是，现在有些人，也包括孩子在内，觉得这样做也未尝不可，反正有钱就行了。

我们青少年如果不能树立正确的荣辱观，就会对事物作出错误的判断，就不知道什么事值得骄傲，什么事应该感到羞愧和耻辱，因为他对于事物对错的判断完全是扭曲的。比如白毛女，她宁可选择到深山隐居也不愿为了有吃有喝的好生活屈服于地主，不愿丧失自己的人格，这就是她的价值观，也是她的荣辱观。

如果一个孩子从小就开始非常向往有钱的生活，贪图享受，以不劳而获为荣，希望天上掉下一个装满了金钱的大袋子，能让他不劳动就舒舒服服地过日子，这无疑是非常可怕的。要知道，如果他得不到这些东西，他就非常有可能走上邪路。

所以，荣辱观对我们青少年的人生发展的影响是非常大的，它甚至关系到我们长大了成为一个什么样的人。不管是过去，现在还是未来，我们每一个人都应该树立正确的荣辱观，在这一观念的指导下学会做人，做一个对社会负责、对祖国人民有贡献的好人。

知荣更要知耻

古希腊哲学家德谟克利特说："对可耻的行为的追悔是对生命的拯救。"羞耻心是一个人意识到自己的言行，品质与社会道德准则，行为规范不相符合时而产生的一种愧疚，难为情等的心理体验。一个人如果常常存有羞耻心，就会有利于自己的道德信念和道德行为的形成，并有助于整个社会道德水准的提高。

羞耻心是一种自我监督，自我检查的力量。一个人的羞耻心，也是建立文明社会，提高民族素质的需要，是立国的根本。

在古代，羞耻心是衡量一个人品质优劣的标准之一。亚圣孟子曾经说过："无羞恶之心，非人也。"羞恶之心，就是羞耻心和憎恶感，这句话的意思是，一个人如果没有了羞耻心和憎恶感，他就不是一个人格健全的人。孟子还说："耻之于人大矣"，"人不可以无耻，无耻之耻，无耻矣。"就是说，人不可以不知耻，假如一个人不知道世间还有羞耻的事，他将会变得麻木不仁、肆无忌惮，就会什么事都能做得出来。

宋朝有一个宰相名叫薛奎，他为人刚正坚毅，端庄厚重，尤其善于鉴别人才，因此得到了众人的敬仰。在他还是个平民的时候，就和普通人大不相同了，

非常有抱负。在仁宗皇帝当政期间,他被封为宰相。

薛奎有一个理想,就是要把天下的人都教化成才,使人民都能守规矩,不做非法的事。可是,事情并不是像他想的一样。往往遇到了不能满他心意的事情,他就回到家里躺着,并连连叹息,脸上还带着愁容。他感到很惭愧,甚至连饭都吃不下了。家里的人对他说:"何必要弄到这个样子呢?"薛奎说道:"我很惭愧,我比不上古时候的人,能够教化人民,恐怕后世的人要讥笑我呀!"

其实,薛奎已经做得很好了,照我们看来,他大可不必为了别人的过失而惩罚自己。但是,这正是这位良相的可贵之处,他的反省之心和羞愧之心,是值得我们学习的。

通过这个故事,反观我们日常生活中的种种际遇,就会发现,我们对于生活中的很多事情已经慢慢变得麻木,甚至都不知道羞耻是怎么一回事了。对我们每一位青少年来说,这都是非常不应该的。

仅拿考试作弊这件事来说,有位中学生说,在他刚开始上小学的时候,是绝对不敢作弊的。一旦哪位同学作弊被老师和同学们知道,这个人会很长时间情绪很低落,甚至抬不起头来。可是,随着年龄的增长,他和周围的一些同学对作弊的态度经历了由不齿且不敢到容忍再到尝试,最后到无所谓的几个阶段。实际上,这种对考试作弊态度的微妙变化,其中一个很重要的原因就是羞耻心的逐渐丧失。

难道仅仅是作弊这一件事吗?在城市的街头,偶尔会看见一些成年男子在墙角小便,难道他们不知道这样做是有损公共道德,会让其他路人对其嗤之以鼻的吗?难道他们不知道这样的行为会给一座城市抹黑吗?其实,凡是心智健全的人都应该明白这些道理,可他们为什么仍然会这样做呢?最大的原因就是他们已经习以为常,已经不以之为耻了。

不仅如此,在现实生活中,我们是否也会对十字街头的红绿灯"熟视无睹"?是否会趁着汽车稀少的空当,不顾交通规则大胆地闯红灯。"红灯停、绿灯行"的交通规则依旧存在,处罚措施也有,可是,我们中的一部分人就是视而不见,这是因为他们并没有意识到违反规则是可耻的事。

在人人都青睐荣誉的今天,我们是否可以冷静地思考一下:自己的言行是否已经不合规范,自己在日常生活中是否每一件事都做到了问心无愧?

"耻"字已经在人们常用字中消失了多年,"羞耻"一词似乎已经被很多人所遗忘。事实上,我们仅仅喊出了"爱学习,多行善"的口号还远远不够,只有知道什么是耻辱、羞耻,才能真正明白该怎样修身。

在重视荣誉感的同时,我们也要确立正确的羞耻观,不但犯罪的事不能做,错误的事不能做,连同会蒙羞的事也不能做。如果以荣为耻,以耻为荣,荣耻不

分就更不可以了。知耻，正是人的健康社会性的一个非常重要组成部分。如果人人都能知荣耻，并拒绝做令人羞耻的事，那么，社会和我们的小团体必将形成推动人们奋发向上、文明正义的强大的内在动力。

知耻近乎勇

孔子曾说："好学近乎智，力行近乎仁，知耻近乎勇。""智仁勇"是古人所推崇的理想人格，是一个品行高尚的人所具备的三种美德。而要达到理想人格的君子，必须从好学、力行、知耻三方面入手。其中，"勇"是"仁者"所具备的品质。要达到"勇"之先决条件，是要明是非、辨善恶，即所谓"知耻"方能"近乎勇"。

我们看到，一个知道什么是羞耻的人，就能拒绝羞耻事，不做羞耻事，一个人如果能做到什么恶事都不做，就是最勇敢的人了。如果一个人能够再接再厉，众善奉行，就是真的勇者了。

东汉时候，有一个叫王烈的人，字彦方。他的乡里有个偷牛的人，一次，那人去偷牛，被牛主人捉到了。那户人家想要惩罚他一下，没料到偷牛的人说："我偷了你的牛，你怎么惩罚我都可以，我是甘心愿意的。可是，我请求你千万不要给王彦方知道了。"

王烈听到这件事后，就派了一个人去感谢那个偷牛的人，并且送给他一匹布。人们都很不理解地问王烈："这是什么原因呢？"王烈说道："这个小偷害怕我知道了他的过失，这就说明他还有羞耻心。既然对于自己所做的恶事还有羞耻心，说明他还能够改邪归正。所以，我用了这个方法去激励他。"

后来，有一个人不小心把一把宝剑遗失在路上。以前那个偷牛的人见到路上的这把宝剑，没有把它占为己有，而是小心地在路边看守着。再后来，这个偷牛的人，慢慢变成了一个乐于助人、拾金不昧的好人。

一个人要是没有羞耻之心，就会失去了自我约束，就会干些坏事，从而对社会造成危害。有羞耻之心，才会自觉地约束自己的行为，才会加强道德修养，有错能自觉改正。从这个意义上说，做人就要从"知耻"开始。

当一个人明白什么是耻辱之后，最重要的就是要努力去改正自身的缺点，让自己朝着良性的方向发展。在这个世界上没有无缘无故的失败，就像没有无缘无故的胜利一样。输了没关系，但重要的是知道哪里做错了。

秦穆公曾经三次败于晋军，但他誓不服输，养精蓄锐，发愤图强，终于打败晋军，威震诸侯；岳飞不忘"靖康之耻"，率军转战疆场，精忠报国，屡立战功，最终名扬千古；蒲松龄屡试落第，受尽了嘲笑，但他终不失志，励精图治，完成巨著《聊斋》，世代留芳……

"知耻而后勇"是一种毫不气馁、奋发进取、迎难而上的精神状态。苏联著名作家奥斯特洛夫斯基在《钢铁是怎样炼成的》书中写道:"人的一生可能燃烧,也可能腐朽。我不能腐朽,我渴望燃烧起来。"面对耻辱,如果能有这种气魄,就一定能做洗刷耻辱的勇者。

培养知耻品质的小方法

1.提高明辨是非、善恶的能力。有时候,我们对于是善恶不能分辨清楚,自己做错了事,还自以为是,更不觉得羞耻。所以,一个人要知耻,首先要有清晰的是非观才是。正确的是非观念不是一天可以养成的,我们要学会倾听老师和长辈的教诲,建立正确的价值观。此外,古圣先贤留下的教诲也是我们确立正确价值观的"法宝",一些教人做人做事的优秀典籍要经常读诵,比如《弟子规》、《三字经》、《孝经》等等。

2.做个有自尊心的人。自尊心与羞耻心是道德情感中相辅相成的两个方面,没有羞耻心,必然没有自尊心;同样,没有自尊心,也谈不上有羞耻心。有些人虽然明明知道有些事不能做,却不顾别人的劝阻和大众的鄙视而一意孤行,这种漠视他人感受和道德规范的事情在现代社会中比比皆是。

其实,一个自尊自爱的人,会为做不道德的事而感到羞耻。所以,我们要学会培养自己的自尊心,可以通过参加各种集体活动,来增强自己的集体荣誉感、自豪感。在集体中感受团体的和谐,能增进彼此之间的理解和尊重。久而久之,必然会得到他人的尊重,也会学会尊重自己。

3.知错就改,要发勇心。有些人虽然知道不应该做错事,可是,就是管不住自己的毛病习气,去做一些让自己和父母、老师蒙羞的事。究其原因,还是改过的心不勇猛。遇到这种情况,一定要痛下决心,对坏习惯"一举歼灭",最好做到不留后患。不要觉得改正缺点很难就不去改,要知道,"千里之堤,溃于蚁穴"。一个小缺点会慢慢演变成人生路上的大障碍,一定要发勇猛心,努力改正才是。

第11种品质 节俭——让人生路走得更顺利

我们要知道,钱一定要花得有意义,真正做到物有所值。我们现在怎样花钱,将会直接影响到我们将来管理金钱的能力和习惯。如果我们能够养成节俭的美德,就意味着我们具备了控制自己欲望的能力,也意味着我们已经有了独立的意

识。所以,我们应该了解生活中勤俭美德的重要性,要从小培养勤俭节约的好品质。

英格瓦·坎普拉德是世界知名企业瑞典宜家(IKEA)的创始人,他曾经一度超过比尔·盖茨成为世界首富。但他的生活却俭朴得难以置信:坐驾是一辆已经驾驶了 15 年的轿车,乘飞机出行总是坐经济舱。

有一位记者向他证实是否真的驾驶一辆破旧的沃尔沃汽车时,坎普拉德说:"它还很新呀,才用了 15 年。"

"人们说,我很小气,但我不介意他们怎么说。我为能遵守我们公司的规章制度而自豪。"坎普拉德这样做的部分原因是激发宜家在全球的 9 万名员工重视节俭的美德。宜家员工总是被要求办公用纸必须正反面都要利用起来。

勤俭才能持家

三国时期的蜀国贤相诸葛孔明在《诫子书》中写道:"静以修身,俭以养德。"勤俭总是相连的,所以,我们要学会爱惜东西,节约粮食,同时也要学会自己的事情自己干,尽自己所能帮助家人料理家务。

明朝朱柏庐在其《治家格言》中说:"一粥一饭,当思来处不易;半丝半缕,恒念物力维艰。"意思是说,一碗粥、一碗饭,应当想到得来是不容易的;一丝一线,应常想到,这些东西生产出来是很艰难的。这句话在告诫我们要勤俭节约,不要铺张浪费。

朱柏庐谆谆教诲下一代,要从小事做起,养成勤俭节约的良好习惯。他认为,千万不要把日常的事物看轻了,要知道父母谋衣求食的艰难,桩桩件件都来之不易。它包含着饮水思源、不要忘本的意思。我们应该把这样的名句永远镌刻于脑际。

"当用则万金不惜,不当用则一文不费。"华人首富李嘉诚对此理解最深,他曾说:"要我马上拿出 1 个亿,我面不改色。但谁在地上丢 1 分钱,我会立即捡起来。"

很多人认为勤俭的观念已经陈腐不堪,也正是在这种观念驱使下,"勤俭"一词也渐渐被一部分人遗忘了。其实这是非常不应该的,因为社会经济正在一片喧嚣声中高速发展着,要知道,社会经济越发展,勤俭的社会功能就越来越大。勤俭持家在新时代的今天并不过时,而且勤俭节约还是社会主义现代化建设的需要,是国家和民族精神与力量的象征。

如果每个人每天节约 1 分钱,中国 13 亿人就能节约 1300 万元,一年就能

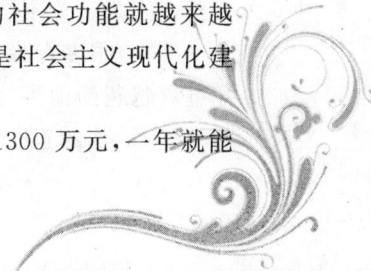

节约大约 50 亿元,就能建起 5000 所希望学校,就能让近千万个失学的孩子重返校园。由此可见,倡导勤俭节约对于泱泱大国该有多么重要!

艰苦奋斗、勤俭节约的精神是中华民族的传统美德,是我国人民的传家宝,历来为国人所提倡,我们每一位有志气的青少年都要静下心来,仔细咀嚼民族的这些传统精神"盛宴",把这一传统美德发扬光大。

其实,勤俭也是世界性的传统道德准则,每年 10 月 31 日是世界勤俭日,勤俭已经为世界所"瞩目",成为了一个国际性的主题!

日本人正在崇尚"清贫思想",他们在用我国古代《菜根谭》上的格言管理企业。法国人也在更新观念,以俭朴为荣,政府倡导全民勤俭过日子。西方一些发达国家开始提倡"简单生活",因为他们发现了简单生活所带来的快乐和享受。勤俭已成为一些经济发达国家的新时尚。

美国人巴菲特被称为"有史以来最伟大的投资家",他的生活准则就是"简单、传统和节俭"。他穿的西服是旧的,钱包是旧的,开的汽车也是旧的。但是他却获得了常人难以企及的成功。

沃尔玛的创始人萨姆·沃尔顿规定,所有的沃尔玛员工都必须遵守节俭的经营规则。沃尔玛从来不在豪华商业区设立分店,广告上的投入也少得可怜,用于办公场所的费用更比同等规模的企业少 3/4。正是因为沃尔玛执著于节俭经营的理念,这家零售业航母才得以在全球市场上所向披靡。

我们应该明白,勤俭并不是小气,而是"世界通用"的一种美德,是一种做人的素质。所以,要从小养成勤俭节约的习惯,做个懂得勤俭持家的人。

远离奢侈浪费

唐朝著名诗人李商隐说:"历览前贤国与家,成由勤俭败由奢。"意思是,尽看前朝旧事,成功来自勤俭节约,而奢侈浪费最终会导致国破家亡。李商隐虽是婉约派诗人,但这句诗并不"婉约",一句话概括了节俭对于国与家的重大意义。

奢侈浪费则历来被世人所不齿。北宋时期杰出史学家司马光在《训俭示廉》中说:"侈则多欲,多欲则贪慕富贵,枉道速祸。"意思是说,一个人奢侈浪费就会产生很多种不好的欲望,而这种欲望多半会导致贪图享受,追求豪华,这样必然会因为行为不合正道而灾祸临头。

现在,很多青少年都已经养成了高消费的习惯。在儿童节,一位 14 岁的少年缠着爸爸给他买礼物,无奈之下,他的爸爸花了 700 多元为他买了一辆遥控车。事后,他的爸爸说:"现在的孩子,真拿他们没办法,一到节日就要买礼物,

而且要贵的,买便宜货他说在同学面前没面子。"实际上,这位少年在一种虚荣心的指引下,盲目攀比,没有树立起一种健康的消费观念。

目前,尽管我们的生活水平在不断提高,但在学生时代,我们作为一个不能自食其力的消费者,要学会计划用钱,一定要避免消费行为中的盲目性。

其实,盲目消费会给父母造成经济和心理的双重压力,也是对家庭不负责任。青少年一旦养成与家庭经济条件不相符合的消费观念,不仅会助长自己的虚荣心,而且会直接影响自己未来的生活。养成乱花钱的坏习惯也不利于自己身心发展和学习进步。

避免产生互相盲目攀比的思想意识。盲目攀比通常是以"自我"和"虚荣"为基础的,追求的是"别人有的我要有,别人没有的我也要有",以显示我和你有"公平"的待遇,甚至我好过你,以此来获得心理满足。

我们一定要尽量避免谈论诸如"谁穿的名牌多","谁用的是进口货"等话题,也不要因为自己家庭经济状况不好,而感觉自己"寒酸"、"土气"、"脸上无光"等。如果自己因这些"不平衡"而迷失自我,要求父母花大气力维持自己的高消费,这无疑是非常错误的。

我们应该经常想一想,要和别人比什么?怎样比?其实,即便是那些家里有条件高消费的人,在物质上的过度优越对他也未必就是好事。因为如果他的生活方式不正确或不健康,与优越的物质条件相伴的,常常就是贪图享乐,过分追求物质享受,奢华骄纵,不思进取,也经不起挫折和失败的考验。

所以,无论如何,我们都应该远离奢侈浪费,这是对我们自己负责,也是对我们的父母负责,更是对社会负责。

一定要学会节俭

一本名叫《节俭精神》的书中这样写道:"节俭不仅仅是美德,更是一种成功的资本,一种核心竞争力。在微利时代,只有节俭的企业有生存发展的机会。"节俭是一个人的重要品质,同样,在今天这个时代,我们只有懂得节俭,才能建设好家庭,才能创造一番事业,才能获得一生的成功。

有这样一个真实的故事:老王的儿子13岁,讲究吃穿玩乐,平时要零花钱时,10元、20元都不看一眼,对家里的物品也毫无爱惜之心。儿子的现状让老王深思,家庭每月总收入还不到1000元,日子过得紧巴巴的,儿子这样大手花钱,日后如何能侍候得了这个"小皇帝"?

妻子提议开一个家庭会议。会上妻子建议家庭成员人人轮流理财,做到计划开支、节约开支。老王马上表示同意,儿子则疑惑地问怎么理财。老王告诉

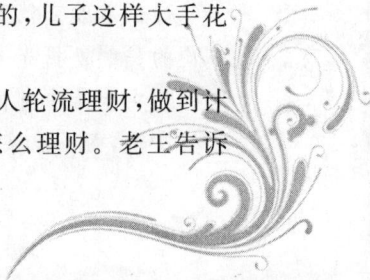

他就是把家里的钱管好。儿子听说要管钱，非常高兴。老王告诉他管钱就是根据每月收入情况，进行计划开支，做到支出合理又还有结余。

第一个月由老王妻子理财。当月，她安排得井井有条，每日三餐有荤有素，一家三口每人添置了一件新衣服。月底结账，总共开支634元，结余130元。老王佩服妻子的理财能力，儿子也表示要向妈妈学习。

到了儿子理财的那个月，儿子开始天天买鸡鸭鱼肉，大手大脚地花钱，不到10天，就用了400多元。在老王的提醒下，儿子后来每天只买白菜萝卜，儿子尽管吃不惯这么差的菜，但也说不出来什么。当月儿子理财共开支760元，结余20元。儿子不好意思地对妈妈说："这个月我没理好财，下次一定虚心向妈妈学习。"妈妈鼓励他要认真地做好计划开支，不能时而过紧，时而过松，要做到细水长流。

那年暑假，他们一家三口到北京旅游。老王决定将旅游理财的任务交给儿子。儿子买票时，考虑再三，买了硬座票。他说这样三人往返车票可以省下500多元。买盒饭一律买了5元的，还说自己不能搞特殊。游玩时，天气炎热，儿子不买矿泉水，而是买大碗茶，这样每人次可以省2.5元。看到儿子一天天长大懂事，老王两口子打心里高兴。这次旅行由于儿子处处精打细算，比预计少开支近千元。

不得不承认，少年的爸爸妈妈是明智的。他的明智在于通过让孩子持家，让孩子真真切切地体验到了做好一个家庭"财政大臣"的重要性，并且在体验中学会了怎样节俭。当然，通过"财政大臣"新体验，少年也就真正理解了那句老话——"不当家不知柴米贵"的道理。

世界首富比尔·盖茨曾说："我只是这笔财富的看管人，我需要找到最合适的方式来使用它。"这也是他对金钱最真实的看法。其实，在现实生活中，我们也要注意抓住机会去市场买菜、交水电费、电话费、上网费等，这样我们就会知道家里的钱是怎样花出去的。

另外，我们也应该在父母那里了解一下怎样才算合理必要的开支，理解金钱的价值，培养自己热爱金钱的良好品格，从而有效纠正自己乱花钱的坏习惯。

培养节俭品质的小方法

1.试着改变消费观念，树立节俭的意识。只有这样，才会时时提醒自己把节俭的美德发扬光大，才会让自己的福分在节俭中增长。

2.在生活中身体力行节俭。如果去比较远的地方购物或活动时，一定要乘坐公交车，而不能乘坐出租车；可以在超市或商场购买一些打折的生活必需商

品,当然也可以利用商家的购物优惠券购买;可以尝试在网上购物,一般来说,大型的购物网站商品都打一定的折扣,比如当当网、卓越网等。

3. 懂得珍惜物品,不浪费。要懂得所吃、所穿、所用的都来之不易,都是人们用汗水和心血创造出来的。随意浪费就是不珍惜劳动果实、不尊重劳动的表现。

4. 经常参加劳动,体会劳动的艰辛。如果有条件,可以去参观工厂、农村的生产劳动过程,参观书籍、报刊的印制过程。一旦我们懂得了这些,就会养成节俭的品质。

第12种品质 自律——让自己从优秀到卓越

古罗马著名学者纳索米曾说:"人越伟大,越能自律。不能自律的人,就是人生的失败者。"不可否认,自律是一种优秀的品质,也是一种能力、一种技能。一个高素质的文明人,行为一定会自觉符合社会规范。所以,我们必须学会自律,只有这样,我们才能发展自己,才能在未来的人生道路上所向披靡。

十月革命后,人民委员会设在斯莫尔尼宫。有一天,新战士洛班诺夫在站岗。到斯莫尔尼宫来的人很多,有工人,有士兵,有农民,还有学生。洛班诺夫认真地检查了他们的通行证。

人民委员会主席列宁来了。他一边走,一边在考虑什么问题。"同志,您的通行证?"洛班诺夫拦住了他。"噢,通行证,我就拿。"列宁急忙把手伸进衣兜里拿通行证。

列宁把通行证交给洛班诺夫。洛班诺夫接过来一看,是列宁同志,他非常不安,举手行礼说:"列宁同志,请原谅,我耽误了你的时间。"

列宁握住这位年轻战士的手,高兴地说:"你做得很对,小伙子!你对工作很负责任。谢谢!我们就需要这样认真负责的好战士。革命纪律是每个人都应该遵守的,我也不能例外。"

自律是美德的基石

所谓自律,就是自我控制、自我约束和自我修养,是通过社会化和继续社会

化的教育过程,让人们树立正确的世界观和人生观,自觉地运用各种社会规范来指导、约束和检点自己的行为。自律与人的思想觉悟程度有密切的关系,能自律的人是自己行为的主人,反之则是自己行为的奴隶。

自律是一种技能,它是基于对法规有明确认识的一种自觉行为,能帮一个人保持进取心,以积极的心态和饱满的精神去追求理想。因为,一个人只有先学会控制自己的思想,才能够有效控制自己的行为。

法国军事家拿破仑曾说:"不能控制自己的人永远是弱者。"印度圣雄甘地曾说:"缺乏自制的人,很容易滑入失败的深渊。"苏联文学家高尔基则说:"哪怕是对于自己小小的克制,也会使人变得更加坚强。"这些都是非常精辟的论断。

有人说:"人最难战胜的是自己。"这话的意思是说,一个人成功的最大障碍不是来源于外界,而是自身,除了力所不能及的事情做不好之外,自身能做的事做不好或者干脆不做,那是自身的问题,是自制力的问题。

美国学者伯里斯道认为:"坚信你是自己的创造者,是你思想习惯的主人。一旦你这样做了,你就成为不可战胜的人。没一个人能打败一个意志坚定的人,甚至死神在这样的意志面前也束手无策。"美国哲学家詹姆士这样建议道:"你应该在每一两天做一些你不想做的事。"当一个人逼迫自己做一些不情愿做的事情时,他的自律力就在不断地提高。

英国哲学家培根说:"在获得胜利之后而能克制自己的人,就获得了双重的胜利。"这是自律的最高境界,这就要求一个人必须做到心态平和,不得意忘形。

现代著名作家茅盾先生写作不为名,也不为利。1958年,天津百花文艺出版社把茅盾在《文艺报》上连载的《夜读偶记》排印出版。书印出后,按规定给他寄去上千元稿费。茅盾接到后,心中很不安,马上回信说,人民文学出版社将来还要出版这本书,他只收一份稿酬,于是如数退回了。

1980年春天,《浙江日报》新开辟了"可爱的故乡"专栏,请茅盾同志为这一专栏题了字,并约请他写了一篇文章《可爱的故乡》。文章在报上发表后,报社给他寄去50元稿费。他叫儿媳小曼写了封信,退回了40元。信中说,他的稿子不长,只收稿费10元。超出应得的报酬以外的钱,他坚决不收。这足见茅盾先生非常可贵的自律品德。

自律是一切美德的基石,它甚至被认为是品格的精髓。英国大剧作家莎士比亚正是基于人类品质中的这一美德而把人类界定为"瞻前顾后"的动物。自律是人类与纯粹动物的根本区别之一。事实上,不能进行自我控制,就不会有真正的人,也不会有成功的人。

严于律己做榜样

现代社会正在快速发展,自律已经成为了一种能力和素质。有自我约束能力的人懂得控制自己的情绪,保持良好的人际关系,也懂得有所为与有所不为;而缺少自我约束能力的人,很容易受各种主客观因素干扰,难以在某一方面做出杰出的成绩,更难实现自己的目标。

在北京举行的国际心理学大会上,澳大利亚专家莫尼卡·屈斯克利博士进行了测试一项儿童自制力的实验。

屈斯克利博士在所有参加测试的孩子面前放了两盘巧克力,一盘多一盘少。如果孩子能够忍耐15分钟,他就可以吃到多的那盘,反之则只能得到少的那盘。结果,超过80%的孩子只忍耐了几分钟就按铃呼唤实验人员要求得到巧克力。莫尼卡·屈斯克利博士说,通过这个实验,说明大部分儿童耐不住眼前的诱惑,自制力较弱。

所以,我们青少年应该注意培养自己的自律品质,增强自己的自控力,为将来更好的发展做好充分的准备。

伟大的周恩来总理是一个纪律性非常强的人,他总是严格要求自己。有一年夏天,周总理想在北戴河文化馆图书室借一些世界地图和书籍。按照图书馆规定,这些书是不外借的。于是,周总理就冒着大雨到图书馆去查阅。

当管理员看到总理的衣裤都淋湿了的时候,就觉得非常不好意思,认为自己应该把书送到总理那里去。周总理安慰她说:"你们图书馆管理得很好,应该有规章制度,没有制度就不好管理了,无论什么人都应该遵守规章制度。"

中国科学院原副院长、卓越的气象学家竺可桢,严于律己,公私分明。新中国成立后,根据工作需要,国家给他配了一辆吉姆轿车。他却总是每月买两张月票,一张是公共汽车月票,一张是北海公园月票。除了接送外宾、开会或有急事用小车外,他上下班都从北海公园步行穿过,一来可留心观察物候,二来可锻炼身体。凡是办私事,如去医院、上街等,他一律不用公家汽车,更不允许家属、孩子坐他的车。

1966年以后,他要求减薪1/3,组织上没有同意,他就把每月工资的1/3另外存起来。临终前,他留下遗嘱,将8年中积下的这笔钱,全部作党费上缴,充分表现了一个共产党员的高尚情操。

这些人都做到了自律,都给我们做出了很好的榜样。

一个人能达到自律的要求后,在其他原则方面必然也会有所进步。自律要求自我认识以及对自己能力有一个正确的评估。自律就像一条管道,而一个人

为达成目标所必须表现出来的所有个人力量,都会流经这个管道。大多数的人都是先行动,再思考行动的后果,自律则要求相反的程序:人们将学习"谋定而后动"。

自律无疑是一个人达成目标的保证,但自律的本质是与内心的斗争,所以显得非常艰难,尤其是年轻人更易冲动、很难真正地控制自己。只有那些能战胜自己的惰性以及坏情绪,将自律上升成自身的一种技能的人,才有可能做好自我管理,成就自己的卓越人生。

学做一个自律的人

自律在一个人成就事业的过程中是必不可少的一大因素,可助其一臂之力。如果缺乏自律,没有人能在生命过程中、在性格的完善和获得成就的道路上取得任何有价值的进步。相反,一个人如果能够支配自我,控制住自己的情感、欲望和恐惧心理,那么他会比国王更伟大、更幸福。

美国科学家富兰克林年轻的时候,有一次,一位朋友对他说:"你真是无可救药,你已经打击了每一位与你有不同意见的人。你的意见太尖刻了,没有人能够承受得了。你的朋友发觉,如果你不在场,他们会自在得多。你知道得太多了,没有人能再教你什么。"

朋友的一番话让富兰克林下定决心改掉自己的缺点。他说:"我立下规矩,决不正面反对别人的意见,也不准自己太武断。我要在自己的语言措辞上多加注意,不说'当然'、'无疑'等词语,要改用'我想'、'我觉得'或'我想象'。"为了养成良好的美德,富兰克林还给自己列出了美德表和自我检查表。

他在自传里写道:"我的目的是养成所有这些美德的习惯。我认为最好还是不要立刻全面地去尝试,以致分散注意力,最好还是在一个时期内集中精力掌握其中的一种美德。当我掌握了那种美德以后,接着就开始注意另外一种,这样下去,直到我掌握了13种为止。因为先获得的一些美德有利于其他美德的培养,所以我就按照这个主张把它们按次序排列起来。"

富兰克林把这13种美德排列如下:

(1)节制:食不过饱,饮酒不醉。

(2)寡言:言必于人于己有益,避免无益的聊天。

(3)生活秩序:每样东西应有一定的安放地方。每件日常事务当有一定的时间去做。

(4)决心:当做必做,决心要做的事应坚持不懈。

(5)俭朴:用钱必须于人或于己有益,换言之,切戒浪费。

(6)勤勉:不浪费时间,每时每刻做有用的事,戒掉一切不必要的行动。

(7)诚恳:不欺骗人,思想要纯洁公正,说话也要如此。

(8)公正:不做损人利己的事,不要忘记履行对人有益而又是你应尽的义务。

(9)适度:避免极端。人若给你应得的处罚,你当容忍之。

(10)清洁:身体、衣服和住所力求清洁。

(11)镇静:勿因小事或普通不可避免的事而惊慌失措。

(12)贞节:除非为了健康或生育后代,切戒放纵自己,伤害身体或损害自己或他人的安宁及名誉。

(13)谦虚:仿效耶稣和苏格拉底。

富兰克林认为,要养成美德,就需要对自己的行为进行必要的检查,他在自传里写道:

"按照毕达哥拉斯在他的《金诗篇》里所提出的意见,我认为每日必须检查,因此我想出下面的方法来进行考查:

"我做了一个小册子,把每一种美德分配到一页。每一页用红墨水画成7行,一星期的每一天占一行,每一行上注明代表星期几的一个字母。我用红线把这些直线画成13条横格。在每一横格的头上注明每一美德的第一个字母。在这横格的适当直行中,我可以记上一个小小的黑点,代表在检查当天该项美德时所发现的过失。"

不可否认,正是因为这种自律的精神,富兰克林才在科学领域取得了巨大的成就。

自律是刚毅本质的表现,也是性格的灵魂。正因为如此,自律能够造就一个天才,而自我放纵却能毁灭十个天才。真正的成功人士都是把才能置于自律之下的。所以,我们每一位青少年都应该立志做一个自律的人。

培养自律品质的小方法

1.学会自我纠偏。在生活中,很多青少年常会出现一些偏差,甚至养成一些不良习惯。但一个善于自律的人,可以通过自制力的作用,对不良行为进行自我纠正。纠正的办法主要是实施自我强化。只有从点滴开始,坚持不懈,才能使自己逐步自律,并能得到不断巩固与发展。

2.建立"可"、"否"观念。我们应该懂得什么可以做、什么不可以做,要事先在脑海中有一个判断是非好坏的标准,按照这个标准,我们才能认识到自己的行为是否正确,才能学会控制自我。

3.控制自己的行为。这一点是非常重要的。我们如果不能控制自己的行为,就会盲目行事,很难做好与自己的发展密切相关的事情。要注重把对自己外在的约束力转化为内心的自我控制的能力。

4.制订自律时间表,这也是学会自律的一个好方法。我们应该写下一个能够更好利用时间的计划表,坚持按照它来执行。所有涉及规则和计划表的事情可能听起来都很难坚持,但当我们可以根据时间表控制自己的行为时就会觉得容易多了。我们要清楚,制订时间表的目的在于促使自律目标的实现。当然只有时间表还不能使自律得以实现,还需要有行动。

第二章　智慧做事篇

做事先做人，人做好了，才可以做事。
做人与做事，密不可分，相辅相成，
将共同成就孩子人生的成功。
做事的品质在孩子当前和未来的生活、
事业中会发挥巨大的力量，
这也是孩子成就自己的关键。
联合国教科文组织的一份题为
《教育：财富蕴藏其中》的报告中指出，
学会做事是21世纪教育的四个支柱之一。
所以，在这个现代知识经济社会中，
一定要培养自己良好的做事品质，
学会有智慧地做事，
以适应现代世界日新月异的变化。

第13种品质 热忱——让人生变得富有激情

有人说,热忱就是一种热情,一种对人的热情、对学习的热情、对工作的热情,还有对生命的热情。拥有热忱,可以让我们做出很多原本可能做不到的事。我们应该以一颗热忱的心去学习,去做事,这样,我们就会比较主动、热情地看待眼前每一个可能的机会,就会触动更多的热情。

IBM(国际商用机器公司)是当今世界上最大的计算机制造公司,它的成功秘籍就是为顾客创造良好的售后服务条件。为了让全体员工保持极大的工作热情,长期以来,该公司专门挑选了一批优秀的技术骨干,负责解决顾客的问题和疑难,而且向顾客许诺:服务必须在顾客提出要求后的 24 小时之内完成。

有一次,一家使用 IBM 计算机的公司打来长途电话,请求该公司立即派人前去修理出现故障的计算机。可是,这家用户地处偏远的山区,靠一般的交通工具至少需要花两天的时间才能到达。

为了及时帮顾客排忧解难,维护公司的良好声誉,经过短时间的研究之后,该公司的维修人员毅然上了直升飞机,及时赶到了用户家里,而且对用户表示歉意,满怀热情地为用户排除了故障,使这家客户十分感动。优质的产品和工作人员极大的工作热情,使 IBM 在世界计算机销售领域中独占鳌头。

生命不可缺少热忱

热忱可以让人们的决心更坚定,也可以让人们的意志更加坚强!它给思想以力量,促使人们立刻行动,直到把可能变成现实。源源不断的热忱可以让一个人永葆青春,让他的心中永远充满阳光。

法国文学家巴尔扎克曾这样说:"热忱是普遍的人性。没有了热忱,就没有了宗教、历史、浪漫和艺术。"可见,热忱一旦充满心胸,人们就会有百倍于身体的力量投入到人生的演出之中。

热忱可以让最愚蠢的人变得聪明起来,正如印度诗人泰戈尔所说:"热忱,这是鼓满船帆的风。风有时候会把船帆吹断,但没有风,帆船就不能航行。"所以,如果我们想要掌控人生的航船,就要懂得享受热情的海风,点燃热忱的心灯。

　　1907年,法兰克·派特刚转入职业棒球界不久,就遭到了有生以来最大的打击,因为他被开除了。他的动作无力,所以球队的经理有意要开除他。球队的经理对他说:"你这样慢吞吞的,哪像是在球场混了20年的?法兰克,离开这里之后,无论你到哪里做任何事,如果不提起精神来,你将永远不会有出路。"

　　本来,法兰克的月薪是175美元,离开原来的球队后,他参加了亚特兰斯克球队,月薪减为25美元。薪水这么少,法兰克做事当然没有热情,但他决心努力试一试。待了大约10天之后,一位名叫丁尼·密亨的老队员把法兰克介绍到新凡去。

　　在新凡的第一天,法兰克的一生有了一个重要的转变。因为在那个地方没有人知道他过去的情形,法兰克就决心变成新英格兰最具热忱的球员。为了实现这点,当然必须采取行动才行。

　　法兰克一上场,就好像全身带电。他强力地投出高速球,使接球的人双手都麻木了。有一次,法兰克以强烈的气势冲入三垒。那位三垒手吓呆了,球漏接,法兰克就盗垒成功了。当时气温高达39℃,法兰克在球场奔来跑去,很有可能因为中暑而倒下去,但他在过人的热忱支持下,挺了过来。这种热忱所带来的结果,真令人吃惊。

　　第二天早晨,法兰克读报的时候,简直兴奋极了。因为报上说:"那位新加进来的派特,无疑是一个霹雳球,全队的人受到他的影响,都充满了活力。他们不但赢了,而且是本季最精彩的一场比赛。"

　　因为热忱的态度,法兰克的月薪由25美元提高为185美元,是原来的7倍多。在以后的2年里,法兰克一直担任三垒手,薪水加到30倍之多。为什么呢?法兰克自己说:"这是因为一股热忱,没有别的原因。"

　　后来,法兰克的手臂受了伤,他不得不放弃打棒球。接着,他到菲特列人寿保险公司当保险业务员,整整一年多都没有什么成绩,他因此很苦闷。但后来,他又变得热忱起来,就像当年打棒球那样。

　　再后来,他是人寿保险界的大红人。不但有人请他撰稿,还有人请他演讲自己的经验。他说:"我从事推销已经15年了。我见到许多人,由于对工作抱着热忱的态度,使他们的收入成倍地增加起来。我也见到另一些人,由于缺乏热忱而走投无路。我深信唯有热忱的态度,才是成功推销的最重要因素。"

　　由此可见,热忱对一个人能产生如此惊人的效果。其实,热忱对我们也有同样的功效。毋庸置疑,热忱的态度,是做事必需的条件。只要我们具备热忱这个优秀品质,就能获得人生和事业的成功。

热忱助人迈向成功

　　一个人成功的因素很多,而热忱是其中的重要因素之一。热忱是出自于一个人内心的兴奋,散布、充满到整个的人。英文中的"热忱"这个词是由两个希腊字根组成的,一个是"内",一个是"神"。实际上,一个热忱的人,等于是有神在他的内心里,也就是说,热忱就是一个人内心的神。

　　热忱的报偿必然是积极的行动、成功和快乐幸福。这可以从体育比赛中看出来。美式足球史上最伟大的教练之一是温士·龙哈迪。皮尔博士在他的《热忱——它能为你做什么》这本书中,讲了这么一个故事:

　　"龙哈迪到达绿湾的时候,他面对着的是一支屡遭败绩而失去斗志的球队。他站在他们前面,静静地看着他们,过了一段很长的时间之后,他以沉静但是很有力量的声音说:'各位,我们就要有一支伟大的球队了,我们要战无不胜,听到了没有?你们要学习阻挡,你们要学习奔跑,你们要学习拦截。你们要胜过你们对抗的球队,听到了没有?'

　　"'如何做到呢?'他继续说,'你们要相信我,你们要热衷我的方法。一切的秘诀就在这里(他敲着自己的印堂)。从此以后,我要你们只想三件事:你的家、你的宗教和绿湾包装者队,就按照这个次序——让热忱充满你们全身!'

　　"队员都从他们的椅子上坐正。'我走出会议室,'之后,他写下他的感觉,'觉得雄心万丈。'那一年中他打赢了7场胜利——球员还是去年的球员,但是去年却败了10场。第二年他们赢得区冠军,第三年更赢得了世界冠军。怎么会呢?原因不只是球员的辛苦学习、技巧和对运动的喜爱,还有热忱。"

　　皮尔继续写着:"发生在绿湾包装者队身上的情形,也可以发生在教室、公司、国家或一个人身上。头脑想什么,结果就会是什么。一个人真的充满了热忱,你就可以从他的眼神里,从他勤快、感动人心而受人喜爱的为人中看得出来,你也可以从他的步伐中看得出来,你还可以从他全身的活力看得出来。热忱可以改变一个人对他人、对工作以及对全世界的态度。热忱使得一个人更加喜爱人生。"

　　佛瑞德瑞克·魏廉生是纽约中央铁路公司前总经理,他说过这样的话:"我愈老愈更加确定热忱是成功的秘诀。成功的人和失败的人在技术、能力和智慧上的差别通常并不很大,但是如果两个人各方面都差不多,具有热忱的人将更能得偿所愿。一个人能力不足,但是具有热忱,通常必会胜过能力高强,但是欠缺热忱的人。"

　　成功学大师卡耐基的办公桌上、家里的镜子上都摆了一块牌子,上面都写

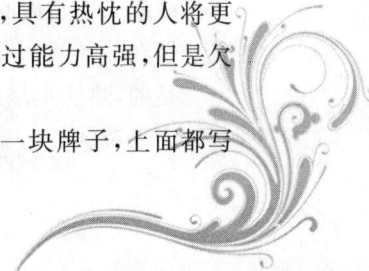

着同样的座右铭:你有信仰就年轻,疑惑就年老;有自信就年轻,畏惧就年老;有希望就年轻,绝望就年老;岁月使你皮肤起皱,但是失去了热忱,就损伤了灵魂。

不可否认,热忱是内心里的光辉,就是一种炙热的、精神的特质深深存在于一个人的内心。如果没有热忱,不论一个人有什么能力,他都发挥不出来。

热忱是一种力量

成功学大师拿破仑·希尔告诉我们,热忱是一种意识状态,能够鼓舞和激励一个人对手中的工作采取行动。不仅如此,它还具有感染性,不只对其他热心人士产生重大影响,所有和它有过接触的人也将受到影响。

做一个形象的比喻,热忱和人类的关系,就好像是蒸汽和火车头的关系。也就是说,热忱是行动的主要推动力,热忱也是做事的最重要的因素,有着巨大的推动力。

俄亥俄州克里夫兰市的史坦·诺瓦克下班回到家里,发现他的小儿子提姆正在猛踢客厅的墙壁,而且又哭又叫。因为提姆第二天就要上幼儿园了,可他不愿意去,就这样子以示抗议。

按照史坦平时的作风,他一定会把孩子赶回自己的卧室去,让孩子一个人在里面,并且告诉孩子:"你最好还是听话去上幼儿园。"但是,他知道,这种做法并不能使孩子欢欢喜喜地去幼儿园,于是,史坦决定运用刚学到的知识:热忱是一种重要的力量。

他坐下来想:"如果我是提姆的话,我怎么样才会乐意去上幼儿园?"接着,他和太太列出提姆在幼儿园里可能会做的所有趣事,如画画、唱歌、交新朋友等等。

然后,他们就开始行动,史坦对这次行动作了生动的描绘:"我们都在饭厅桌子上画起画来,我太太、另一个儿子鲍布和我自己,都觉得很有趣。没有多久,提姆就来偷看我们究竟在做什么事,接着表示他也要画。'不行,你得先上幼儿园去学怎样画。'我以我所能鼓起的全部热忱,以他能够听懂的话,说出他在幼儿园中可能会得到的乐趣。

"第二天早晨,我一起床就下楼,却发现提姆坐在客厅的椅子上睡觉。'你怎么睡在这里呢?'我问。'我等着去上幼儿园,我不要迟到。'我们全家的热忱已经鼓起了提姆内心里对上幼儿园的渴望,而这一点是讨论或威胁、责骂都不可能做到的。"

是的,热忱是战胜困难的强大力量,它使我们保持清醒,使全身所有的神经都处于兴奋状态,去进行我们内心渴望的事。热忱不能容忍任何阻碍实现目标

的干扰。

　　亨德尔是位著名音乐家,在年幼时,家人不准他去碰乐器,不让他去上学,哪怕是学习一个音符。但这一切是没有用的,因为他在半夜里悄悄地跑到秘密的阁楼里去弹钢琴。另一位音乐大师莫扎特在孩提时代,每天要做大量的苦工,但是到了晚上他就偷偷地去教堂聆听风琴演奏,将他的全部身心都融入在音乐之中。伟大的作曲家巴赫年幼时只能在月光底下抄写学习的东西,连点一支蜡烛的要求也被蛮横地拒绝了。当那些手抄的资料被没收后,他依然没有灰心丧气。同样,皮鞭和责骂反而使儿童时代充满热忱的奥利·布尔更专注地投入到他的小提琴曲中去。

　　这就是热忱的巨大力量。热忱就是所有伟大成就的取得过程中最具有活力的因素,它的本质就是一种积极向上的力量。是的,离开了热忱,就无法做出伟大的创造;离开了热忱,任何人都算不了什么;离开了热忱,成功就是一件很遥远的事情。当然,有了热忱,每个人都不可以小视。

培养热忱品质的小方法

　　1.经常对自己说鼓舞的话。在做一件事情前,先给自己来一段精神讲话,或者说一些鼓舞的话。不要小看这几句话,它们有着极强的力量,一定会让自己变得热忱起来。

　　2.做事要充满兴趣和激情。一个人是否热心,是否有兴趣,都会很自然地在与他人相处的过程中表现出来,没有办法隐瞒,他人也很容易看出来,这样就不易于事情的完成。

　　3.说话要自信。这样的人都会受到欢迎。当我们说话很有活力时,自己也会变得很有活力。要知道,只有时时刻刻活泼有力才能成功。

　　4.用希望来激励自己。希望具有激发人产生动机并付诸行动的魔力,只要我们具有某种希望,而且确实相信它,就能激发起行动,把它变成现实。一个充满希望并有坚定信心的人肯定就是一个极端热忱的人。

第14种品质　惜时——每天比别人多一小时

　　　　列宁曾说:"浪费别人的时间就是谋财害命,浪费自己的时间就是慢性自杀。"所以,我们一定要学会珍惜时间。惜时,是一个奇妙的词,有智慧的人会把惜时当做自己终生的

习惯，因为，惜时可以延长我们有限的生命，让生命变得更有价值。

凡尔纳是法国著名的科普作家。他每天早上 5:00 起床，一直伏案写作到晚上 8:00。在这 15 小时中，他只在吃饭时休息一下。每次吃饭时，他总是搓搓酸胀的手，很快填饱肚子，又拿起笔继续写作。妻子关切地问："你已经写了很多书了，怎么还抓得那么紧？"凡尔纳笑着说："莎士比亚说：'放弃时间的人，时间也会放弃他。'我哪能不抓紧呢？"

在 40 多年的写作生涯中，凡尔纳做了上万册的笔记，写了 104 部科幻小说，近 800 万字，这是多么惊人的数字！很多人感到惊异，就悄悄地向凡尔纳的妻子打听凡尔纳取得惊人成就的秘诀。凡尔纳的妻子坦然地说："秘密嘛，就是他从不放弃时间。"

永远珍惜时间

时间犹如流水，每个人都无法挽留，当然更不能挽回。时间一分一秒不停止地流逝，留下那一串串历史的脚印。勤劳者能从时间中获取累累硕果，懒惰者只能在时间中生出一头白发，最终两手空空。

古今中外，有太多名垂青史的伟人懂得惜时。惜时，顾名思义，就是珍惜时间。惜时，就是懂得利用有限的时间去做有价值的事。

北宋政治家司马光就是一个善于管理时间的典型代表。他的枕头是用圆木做的，他读书困倦时就枕着圆木睡觉，只要一翻身，枕木就会滚动，他就会被惊醒。司马光就是用这种方法来强制自己，挤出时间刻苦读书写作，他前后用了 19 年的时间写出了 300 多万字的《资治通鉴》。无独有偶，我国著名地质学家李四光先生在野外进行地质勘察时，经常用石头做枕头睡觉，一旦被石头硌醒，马上又开始工作。当然，他们的做法在今天看来还有待商榷，但他们的惜时精神应该值得认真学习。

英国化学家卡文迪什遇上陪客聊天，总觉得时间过得太长、太慢，眼睛常常盯着天花板，脑海中仍然思索着自己研究中的问题。送走客人后，他便立刻飞一般地跑回实验室。

进化论的奠基人达尔文从剑桥大学毕业时还是个无名小卒，接着他参加了环球考察。在"贝格尔"号轮船上，他珍惜每一天的时间，进行了大量的考察，搜集了足够研究 50 年的标本。在别人闲聊时，他坚持写航海日记，还与国内的科学界朋友保持书信联系，其中不少信件很快就被作为学术论文发表。

当达尔文踏上阔别 5 年的国土时,惊讶地发现自己已经被称为海洋生物学专家。有人问他:"你一生怎么能做那么多的事?"他回答说:"我从来不认为半小时是微不足道的一段时间。"这是多么发人深思的回答啊!

奥地利著名作曲家舒伯特在餐馆里吃饭时,就是利用这点时间,拿起桌上的菜单,在空白处写出了一首优美动听的世界名曲《云雀》。

著名作家朱自清在他的名篇《匆匆》中写道:"洗手的时候,日子从水盆里过去;吃饭的时候,日子从饭碗里过去;默默时,便从凝然的双眼前过去;我觉察他去得匆匆了,伸出手遮挽着时,他又从遮挽的手边过去;天黑时,我躺在床上,他便伶伶俐俐地从我身上跨过,从我脚边飞去了。等我睁开眼和太阳再见,这算又溜走了一日。"朱自清所说的"他",就是今天的分分秒秒,稍不注意,"他"就会悄然流逝。是的,时间总是在匆匆地流逝,抓得住就是黄金,抓不住就是流水。

可以说,这些人都是珍惜时间的典范。许多人之所以成功,除了他们的才华和运气之外,在很大程度上也应归功于他们的惜时观念。正因为如此,他们才完美地运用了这笔每个人都有的财富,精彩地度过了人生中的每一天。

所以,我们每一位青少年在学习和生活中,重视时间,就要如同重视生命一样,学会了珍惜时间,利用时间,管理时间,这样,我们就等于学会了珍惜自己的生命。

要合理安排时间

时间对我们的重要性不言而喻。英国大剧作家莎士比亚曾说:"放弃时间的人,时间也会放弃他。"歌德则说:"善于利用时间的人,永远找得到充实的时间。"事实确实如此,良好的时间观念是一个人成功的前提条件之一。

我们一定要合理安排自己每天的时间,要坚持养成有规律的作息习惯,良好的作息习惯是树立珍惜时间观念的前提。要安排好什么时间起床,洗漱时间多长,早餐时间要多少,放学后先做什么,然后做什么,几点睡觉等,一切活动都可以做出合理的安排。只有把作息时间固定下来,形成习惯,我们才能对时间有一个明确的认识,才能养成良好的时间观念。

德国哲学家康德在哥尼斯堡大学任教期间,也是遵循严格的生活规律,每天晚上 8:00 睡觉,清晨 5:00 起床,他在 30 年时间里一直严格按照这一时间活动,准确无误,以至于他每天早上外出散步时,当地的居民甚至都以他出门的时刻为标准来校对时间。

富兰克林是美国著名的政治家、美国《独立宣言》的起草人之一。有人曾经问他:"您怎么能够做那么多的事情呢?而上帝也没有多给您一点时间呀!"

"你看一看我的时间表就知道了。"富兰克林回答。那么,富兰克林是怎样合理安排时间的呢?

5:00 起床,规划一天的事务,并自问:"我这一天要做好什么事?"

8:00～11:00,14:00～17:00,工作。

12:00～13:00,阅读、吃午饭。

18:00～21:00,吃晚饭、谈话、娱乐、回顾一天的工作,并自问:"我今天做好了什么事?"

朋友劝富兰克林说:"天天如此,是不是过于……"

"你热爱生命吗?"富兰克林摆摆手,打断了朋友的谈话,说,"那么,别浪费时间,因为时间是组成生命的材料。"

其实,很多科学家、发明家、文学家等伟大人物的最成功之处就在于运用时间的合理性,他们都是合理安排时间的高手。

苏联的昆虫学家柳比歇夫是检查时间运用状况的高手,他运用的方法叫做"时间统计法"。从 26 岁开始,柳比歇夫就把平时的研究、阅读、写作、开会、讲课、散步、说话等各项工作所占用的时间都一一记录下来。这个"时间统计法"整整持续了 56 年的时间,一直到他 82 岁从没间断过统计。

时间统计的目的是检查自己是否能够有效利用时间,从而让自己能够合理安排时间,进而珍惜时间。

柳比歇夫每天对自己记录下来的时间运用情况进行小结,每月进行一次大结,每年再进行一次总结。在总结的过程当中,柳比歇夫能够及时发现自己的时间用到什么地方了等。这帮助柳比歇夫十分清楚地认识到了自己各项工作的开展情况。这种时间统计法让柳比歇夫有充足的时间写出了 70 多部学术著作以及许多论文。

大科学家爱因斯坦认为,人与人之间的最大区别就在于怎样利用时间。其实,也就是如何合理安排时间。

我们应该知道,时间安排要有张有弛。不要把时间全部都安排在学习上,连星期天也不出去玩,要做到劳逸结合,以利于身心健康发展。只有通盘考虑,合理安排,才能真正忙而不乱。

做个惜时的人

时间是最宝贵的,它是无法用金钱买的,常言道:"一寸光阴一寸金,寸金难买寸光阴。"只有珍惜时间,充分利用时间,才能干出一番大事业。珍惜时间也就增加了做事成功的概率,一定要牢记这个道理。

　　法国思想家伏尔泰曾出过一个意味深长的谜语："世界上哪样东西最长又是最短的，最快又是最慢的，最能分割又是最广大的，最不受重视又是最值得惋惜的？没有它，什么事情都做不成，它使一切的东西归于消灭，使一切伟大的东西生命不绝。"这是什么呢？

　　这就是时间。

　　伏尔泰是这样解释的："最长的莫过于时间，因为它永无穷尽；最短的也莫过于时间，因为我们所有的计划都来不及完成。在等待的人，时间是最慢的；在作乐的人，时间对他是最快的。它可以扩展到无穷大，也可以分割到无穷小；当时谁都不加重视，过后谁都表示惋惜；没有它，什么事都做不成；不值得后世纪念的，它都令人忘却；伟大的，它都使它们永垂不朽。"

　　德国著名文学家歌德一生勤奋写作，作品极为丰富，有剧本、诗歌、小说，也有游记，他一生留下的作品共有 140 多部，其中包括世界文学瑰宝——长达12111 行的诗剧《浮士德》。

　　歌德为什么能取得如此惊人的成就？非常重要的一个原因就在于他一生非常珍惜时间，把时间看做是自己的最大财产。

　　在一首诗中，他这样写道："我的产业多么美，多么广，多么宽！时间是我的财产，我的田地是时间。"歌德是这样说的，也是这样做的。他一生中把每一个钟头当 60 分钟用，视时间为生命，从不浪费一分一秒，直到 1832 年 2 月 20 日，这位将近 84 岁的老人在临终前还伏案专心写作。

　　美国著名管理大师彼得·德鲁克说："不能管理时间，便什么也不能管理。时间是世界上最短缺的资源，除非严加管理，否则就会一事无成。"其实，每个人都要懂得利用有限的时间去做有价值的事，也就是要去做一个惜时的人。

　　然而，很多青少年并不懂得珍惜时间与自己的关系，总是觉得自己时间很多，宁愿把时间浪费在网吧里和小说上，或者无聊的争吵上面，白白浪费了时间。

　　我们要真正懂得，时间是不会倒流的，等到真正懂得时间宝贵的那一天，想到自己该会的没有会，该做的也没有做，那时悔恨可能也已经无济于事了。

　　所以，每一位青少年应当从现在开始培养自己珍惜时间的好习惯，积极掌握知识，练就本领，为自己将来走向社会打下良好的基础。千万不要为了一时的轻松而延误了自己成长的好年华，那将是非常遗憾的事情。

培养惜时品质的小方法

1. 正确认识时间的价值。英国著名物理学家惠特罗曾说："把时间观念置

于重要的位置之上,这是现代文明的特征之一。"要培养自己惜时的品质,就一定要正确认识时间的价值。首先,时间最宝贵;其次,光阴似飞箭;再次,时间很公平;最后,时间很神圣。

2.做一个详细时间表。根据自己的活动需要,给自己制订一份详细的时间表,把每个时间段要做的事都安排好,这样,就会发现不仅预计的目标会按期完成,还会有剩余时间可以利用。

3.集中精力做事。养成做事情聚精会神的习惯,尽量避免外界干扰,在很短的时间就能完成大量的任务,不至于手忙脚乱。

4.按照事情的轻重缓急程度做事。根据内心的价值标准,判断众多事情的轻重缓急程度,合理安排事情的先后顺序,一一完成。

5.学会利用零碎时间。用零碎的时间来学习整块的东西,做到点滴积累,系统提高。获取高深的知识,没有捷径可走,只能靠平时一点一滴地积累,才能实现梦想。

6.不做浪费时间的事。在生活中,有很多事情我们是不愿意去做的,但却因为抹不开情面而勉为其难,于是浪费了宝贵的时间。所以,我们要明白,日常生活中有些事情是我们必须做的,有些则是不必做的,有些则是可做可不做的。有些时候,我们要学会拒绝,养成珍惜有限时间的习惯。

第15种品质 自信——决定人生成功的动力

自信不是孤芳自赏,不是得意忘形,更不是毫无根据地自以为是和盲目乐观。自信就是相信自己,就是激励自己奋发进取的一种心理素质,就是以高昂的斗志迎接生活挑战的一种乐观情绪。大凡自信的人都能摆脱烦恼,战胜自己,从一次次胜利和成功的喜悦中肯定自己,不断地创造生命的亮点,成就人生的辉煌。

一位叫林德曼的精神病学博士独自一人驾着一叶小舟驶进了波涛汹涌的大西洋,他在进行历史上从未有过的一项心理学试验,并准备把付出自己的生命作为代价。

林德曼博士认为,一个人只要对自己抱有足够的信心,就能让自己保持精神和身体健康。当时,德国举国上下都注视着他独自驾舟横渡大西洋的悲壮冒险。在此之前,已经有100多位勇士相继驾舟横渡大西洋而惨遭失败,无人生

还。但林德曼博士却坚持认为，这些死难者并不是失败在体力上的，而是失败在了精神上。他们在精神崩溃和极度的恐怖中结束了自己的一切。为了验证自己的观点，林德曼博士不顾亲友们的反对，亲自进行了试验。

在航行中，林德曼博士遇到了难以想象的困难，并多次濒临死亡的边缘，甚至他的眼前都出现了幻觉，运动感也处在麻木的状态，当时，他真体会到了绝望的感觉。但只要这个念头一升起，他就马上大声自责："你这个懦夫，难道你想重蹈覆辙，葬身此地吗？不，我一定能成功！"一种生的希望始终支持着林德曼博士，最后他终于成功了。

在回顾成功的体会时，林德曼博士说："我从内心深处相信自己一定会成功，而这个信念在艰难中一直与我自身融为一体，自信充满了我身体的每一个细胞。"

信心的力量是惊人的

美国著名成功学大师拿破仑·希尔说："信心的力量是惊人的，相信自己，那么，一切困难都将不会是困难的。因为自信心是一种积极的心理品质，是促使人向上奋进的内部动力，是一个人取得成功而必备的、重要的心理素质。"

自信是一个人事业成功的阶梯和不断前进的动力，正如法国著名思想家卢梭所说："自信力对于事业简直是一个奇迹。有了它，你的才干就可以取之不尽，用之不竭；一个没有自信的人，无论他有多大的才能，也不会抓住一个机会。"

不可否认，在许多伟人身上都有超凡的自信心，也正是在这种自信心的驱动下，他们敢于对自己提出更高的要求，并在失败中看到了成功的希望，并鼓励自己不断努力，从而获得最终的成功。

基恩博士是美国著名的心理医生，他常常对人讲这样一个故事：

很多年前，有几个白人小孩在一个公园里正玩得高兴。就在那时，一位卖氢气球的老人推着小车进了公园。白人小孩一窝蜂地跑了过去，每人买了一个，然后放飞。随后，他们兴高采烈地追逐着那些在天空中的飘舞的色彩艳丽的氢气球。

与此同时，一个黑人小孩正蹲在公园的一个角落，只是羡慕地看着白人小孩在嬉笑，而不敢和他们一起玩，因为那些孩子都是白人，而他却是黑人。他没有信心与白人小孩一起玩。

很快，白人小孩高兴地打闹着、嬉笑着跑到别的地方去玩了。当他们的身影消失后，黑人小孩才怯生生地走到卖氢气球的老人的车旁，用略带恳求的语

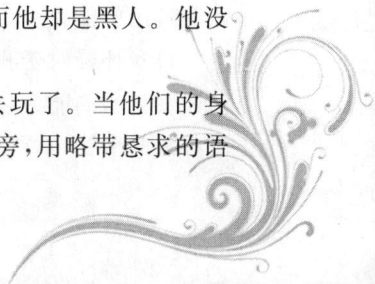

气问道:"您可以卖给我一个气球吗?"

老人用慈祥的目光打量了一下他,温和地说:"当然可以。你要一个什么颜色的?"

那个黑人小孩鼓起勇气说:"我要一个黑色的。"

老人满脸沧桑,他用惊诧的目光看着小男孩,然后给他拿了一个黑色的氢气球。黑人小孩开心地拿过气球,然后小手一松,黑气球就在微风中冉冉升起,在蓝天白云的映衬下,黑色的气球成了一道别样的风景。

老人一边眯着眼睛看着气球升起,一边用手轻轻地拍了拍黑人小孩的后脑勺,亲切地说:"孩子,你要记住,气球之所以能够升起,是因为气球内充满了氢气,而不是因为它的颜色和形状。对一个人来讲,成败也不是因为种族和出身,最为关键的是心中有没有自信!"

黑人小孩似乎明白了什么,他点点头,高兴地走了。其实,那个黑人小孩便是基恩博士自己。

基恩博士正是从卖氢气球的老人那里获得了自信,最终成就了自己。可见,一个人只有满怀自信,才能真正沉浸在生活之中,并最终实现自己的意志。

美国作家爱默生说:"自信是成功的第一秘诀。"所以,如果想让自己获得成功,就应该树立强大的自信心。只有这样,我们才能脚踏实地、锲而不舍地奋斗拼搏,扎扎实实地做好每一件事,从而走向成功之路。

不要怀疑自己的能力

一个人如果怀疑自己的能力,就等于在自己的大脑中种下了失败的种子。成功的果实不可能来自于这种失败的种子,就好像玫瑰不可能来自长满野草的土地一样。

当一个人怀疑自己是否有能力战胜贫穷,过上富裕的生活时,就会想到可能自己会一直贫穷,那么,他的潜意识里就会形成这种贫穷思想的烙印。因此,他就会让自己处于越来越不利的地位。也就是说,他的自我怀疑的思想和心态使得他本来能做成的事情也做不成了。

有人说,在今天这个时代,如果希望把自己的人生经营好,第一项必备的绝技就是不要自我怀疑,而是相信自己的能力。所以,我们每一位青少年都不要怀疑自己的能力。

自我怀疑对于我们来说,都会对自身的发展产生很大的负面影响。如果我们怀疑自己的能力,就会在任何事情面前表现出害羞、柔弱和恐惧的心理,不敢面对新的事物,不敢主动与人交往,从而会失去很多学习和锻炼的机会,影响自

身的发展。而且,长此以往,会让自己产生"无能"的感觉,产生自卑等不良心理,甚至可能破罐破摔,那将是很可怕的。相反,如果我们相信自己的能力,就会乐观进取,做事主动积极,愿意接受挑战,就会成就自己一生的伟大。

在美国一个关于推销的培训课上,主讲教师是梅里尔先生对推销员齐格说:"你有许多能力,你可以成为一个非常不起的人,甚至成为一个全国优胜者。我绝对相信,如果你真正投入工作,一定能冲破一切困难并最终获得成功。你根本就不需要怀疑自己的能力。"

说实话,齐格在细细品味了这些话后,他惊呆了。这其实与齐格当时的处境有关,一旦理解了他的处境,才有可能意识到这些话对他产生的巨大影响。

齐格回忆,当他还是个小男孩时,因为长得很小,即使在穿得最多的时候体重也没超过 120 磅。上学后,他在运动方面一点都不活跃。另外,他胆子也很小。他说自己是一个从小镇中出来的小人物,最大的希望就是回到小镇上过一年赚 5000 美元的生活,他的自我意识仅限于此。而现在却突然有一个他尊敬的人对他说"你能成为一个了不起的人",可想而知,他是多么地激动不已!

值得庆幸的是,齐格最终相信了梅里尔先生,他开始把自己当成优胜者,并且真正像一个优胜者一样思考、行动。于是,他真的就是一个优胜者了。在那家有着 7000 多名推销员的公司中,销售成绩列第 2 位。第二年,他成为全州报酬最高的经理之一,再后来他就成为了全国最年轻的地区主管人。

后来,齐格说:"梅里尔先生并没有讲授很多的推销技巧,但从那以后,我真的就不怀疑自己的能力了……"

不可否认,现在有的青少年因为从小生活的环境不好,或是过分关心外界的环境因素,时时处处表现得小心翼翼,以至于怀疑自己的能力,贬低自己的价值,甚至是轻易否定自己。如果不及时作出改变的话,就很难获得未来的成功。因为,一个连自己都不能认可自己的人,别人也不会认为他有价值。

自信成就美好未来

自信是一个人成功的基石,是一个人对自身力量的认识和充分估计,也是青少年成长过程中的精神核心;自信是一种良好的心理品质,也是一个人应对挫折,克服困难,自强不息,获取成功的内在驱动力。

事实证明,拥有自信就意味着已经成功了一半。因为拥有充分自信心的人往往具有不屈不挠、奋发向上的精神,所以他会比一般人更易获得各方面的成功。也就是说,拥有自信等于掌握了开启智慧大门的钥匙。

美国一位著名的推销员,他的名字叫乔治·赫伯特。之所以著名,是因为

他成功地把一把斧子推销给了小布什总统。布鲁金斯学会得知这一令人兴奋的消息后，把刻有"最伟大推销员"的一只金靴子赠予了乔治·赫伯特。这是自1975年以来，该学会的一名学员成功地把一台微型录音机卖给当时的尼克松总统后，又一名学员登上如此高的位置。

布鲁金斯学会创建于1927年，以培养世界上最杰出的推销员而著称于世。该学会有一个传统，在每期学员毕业时，都会设计一道实习题让学生去完成，而这道实习题的高明之处在于它最能体现推销员的能力。

在克林顿执政期间，该学会就出了这么一个题目：请把一条三角裤推销给现任总统。8年间，有无数个学员为此绞尽脑汁，可是，最终直到克林顿卸任，他们还是无功而返。后来，布鲁金斯学会把题目换成：请把一把斧子推销给小布什总统。

考虑到前8年的失败与教训，很多学员对此知难而退。这些学员认为现在的总统什么都不缺少，退一万步来说，即使缺少的话，也根本不需要他亲自购买；再退一万步来说，即使他亲自购买，也不会正赶上你去推销的时候。

然而，令人吃惊的是，乔治·赫伯特没有知难而退，反而是迎难而上，最后他成功了。在接受一位记者采访的时候，他是这样解释的："我认为，把一把斧子卖给小布什总统并不是不可能的，而是完全有可能的。要知道，小布什总统在得克萨斯州有一处农场，里面长着许多树。然后，我给小布什总统写了一封信，我在信中说：

'有一次，我有幸参观您的农场，发现里面长着许多矢菊树，很多都已经死掉，木质已经变得非常松软。我想，您一定需要一把小斧头，但是从您现在的体质来看，这种小斧头显然太轻了，因此您仍然需要一把不太锋利的老斧头。而现在，我这儿正好有这样一把老斧头，它是我的祖父留给我的，很适合砍伐那些枯树。如果您有兴趣的话，请按这封信所留的信箱，给予回复……'最后，小布什总统就给我汇来了15美元。"

乔治·赫伯特成功后，受到了布鲁金斯学会的表彰。在表彰他的时候，该学会负责人这样说："金靴子奖已经空置了26年，这期间，布鲁金斯学会培养了数以万计的百万富翁，但是遗憾的是，这只金靴子并没有授予他们。原因很简单，因为学会一直在寻找一个人，寻找一个不因有人说某一目标不能实现而放弃，也不因某件事情难以办到而失去自信的人。而今天，学会找到了，他就是……"

乔治·赫伯特的故事在世界各大网站公布之后，很多读者纷纷搜索布鲁金斯学会。他们也发现了该学会的网页上的这样一句格言："不是因为有些事情难以办到，我们才失去了自信；而是因为我们失去了自信，有些事情才显得难以

办到。"

正如布鲁金斯学会的格言说的那样,一些事情本来没有那么难,就是因为我们的心中没有自信而产生畏惧心理,以至于不敢去尝试,事情才显得那么难以完成。

我们应该明白,在这个世界上,我们每个人都是独一无二的奇迹,都是自然界最伟大的造化。所以只有正确认识自己的价值,对自己充满自信,不断发挥自身的潜力,才能将我们生存的意义充分体现出来。

培养自信品质的小方法

1. 中肯地分析自己。通过耐心细致又合情理的分析,我们要明白一个道理:也许别人在某些方面比我们行,但我们完全可能在另一些方面比他行。

2. 多参加集体活动。在参加集体活动的过程中,就可以有机会为集体贡献一份自己的力量,在活动中感受到乐趣。除了积极参加学校组织的集体活动之外,我们还可以参加一些社区组织的有益的集体活动,诸如打扫卫生、栽种小树等。

3. 结交几个知心朋友。这可以让自己摆脱羞怯情绪,可以冲淡我们心中深藏的自卑,体味到友谊和合作的美妙,增强自信心。

4. 发挥自己的长处。人各有所长,各有所短。我们在做事的时候,一定要注意发挥自己的长处,如果老拿自己的短处与别人的长处比,那会很容易挫伤自己的信心。

第16种品质　坚毅——超越自我的激励力量

英国小说家查尔斯·狄更斯曾经说:"顽强的毅力可以征服世界上任何一座高山。"是的,一个人是可以做到他想做到的一切的,需要的只是坚忍不拔的毅力和持久不懈的努力。所以说,依靠自己的毅力,我们可以征服看似不可攀登的"高山",可以穿越艰难险阻的"沙漠",每一次的成功激励着我们正视自己的力量,激励着我们坚持到底,勇敢追求。

欧拉是18世纪最伟大的数学家,他的惊人成就并不是偶然的。欧拉可以在任何不良的环境中工作,经常抱着孩子在膝上完成论文,也不顾较大的孩子

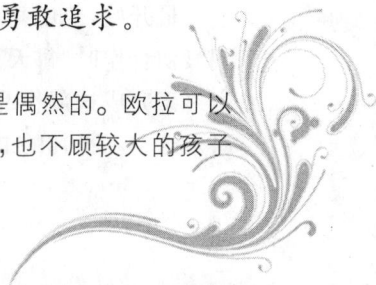

在旁边喧哗。在28岁时，欧拉不幸一只眼睛失明，30年后，他的另一只眼睛也失明了。

在欧拉双目失明以后，也从来没有停止过数学研究。他以惊人的毅力和坚忍不拔的精神继续工作着，在他双目失明至逝世的17年间，还口述著作了几本书和400篇左右的论文。

瑞士的埃米尔·费尔曼是这样评价欧拉的："欧拉不仅是历史上最有成就的数学家，而且也是历来最博学的人之一……就其声望而言，堪与伽利略、牛顿和爱因斯坦齐名。"如果欧拉因为眼睛失明而放弃了理想，自己一定会不甘心，这靠的就是毅力，是不懈的追求。

不可以低估毅力

毅力，是指我们面对某一个决心要完成的任务时，所表现出来的精神力量。而这种力量，在逆境的时候表现得尤为强烈。正如美国作家爱默生说过的那样，毅力是"鼓舞士气、振奋人心的冲劲"。如果我们拥有强大的毅力支撑，那么，我们全身的力量都可以在它的"召唤"下集合起来，为实现我们的目标而奋斗。

在人生的道路上，难免会遇到困难和挫折。在向成功之巅攀登的过程中，只有战胜了困难、战胜自己，才会变得坚强起来。老子曾说："胜人者力，自胜者强。"成功等于智慧加顽强的毅力，逆境和挫折对于一个真正的强者来说，就是锤炼意志的熔炉。

有这样一个真实的故事：1995年，法国一名记者博迪心脏病突然发作，最后导致四肢瘫痪，而且完全丧失了说话的能力。全身的器官中，只有左眼还可以活动。但值得庆幸的是，他的头脑还清醒。这时，他还是决心完成并出版自己在病倒前就开始构思的作品。

出版商得知这一情况后，派了一个笔录员来做他的助手。博迪失去了语言沟通能力，只有左眼还能眨，所以，就只有通过眨左眼与笔录员来沟通。博迪一个字接一个字母向笔录员背出他的腹稿，然后由笔录员抄录出来。笔录员把常用字母读出来，让博迪来选择，如果博迪眨一次眼，就说明字母是正确的。如果是眨两次，则表示字母不对。

最开始，他们并不习惯这样的沟通方式，所以产生了不少障碍和问题。他们最初合作时，每天只能录一页，后来慢慢加到3页，几个月之后，他们历经艰辛终于完成这部作品。据粗略估计，为了写这本书，博迪共眨了20多万次左眼。这本不平凡的书已经出版，共有150页，它的名字叫《潜水衣与蝴蝶》。

在我们身边,聪明的人并不少,可成功者总是寥寥无几。很多聪明人之所以不能成功,就是因为他在已经具备了不少可以帮助他走向成功的条件时,还在期待能有更多一点成功的捷径展现在他面前;而能成功的人,首先就在于,他从不苛求条件,而是用自己坚强的毅力创造条件——就算他只剩了一只眼睛可以眨。

人的一生总是朝着自己的目标前进,但在前进的过程中,往往不可能一帆风顺,总会有"崎岖不平"的地方。一个有着坚强毅力的人,就相当于有了一把拥有无穷力量的宝剑一般,能够"披荆斩棘",奋勇向前。

我们回忆一下自己的生活,曾几何时信誓旦旦地规划着自己的学习计划:每天早起读一小时英语,临睡前读几页散文,为保证身体健康向自己提出每天必须锻炼一小时等。但每次不过都是维持了几天热度,一个重要原因就是我们缺乏打持久战的毅力。

想一想,如果爱迪生由于自己一两次的失败,就不再继续做实验,那么,我们所在的世界将会怎样? 又比如,文坛巨匠莎士比亚,如果因为第一部作品的失败而隐退的话,怎么会有《哈姆雷特》的问世?

由此,我们可以得出一个结论:没有计划不是最可怕的,暂时的失败也不是最可怕的,最可怕的是没有毅力,对于一个没有毅力的人来说,再远大的理想也只是一场梦而已。

作为当代青少年,我们应该真正去锻炼我们的毅力,用我们自己的力量给成长和未来发展创造一个更加有利的环境。

成功来自坚毅

儒家代表人物之一荀子说:"锲而舍之,朽木不折,锲而不舍,金石可镂。"成功来自毅力,没有毅力,他将一事无成。古往今来的大量史实,也足以证明毅力的力量。

我国最早的大诗人屈原,知识渊博,诗文也很好,经常为民着想,为楚怀王重用。在这个过程中,他虽然遭到众臣的反对被楚怀王发配汉北,但是他并没有放弃,同样以惊人的毅力忍受着痛苦。楚怀王死在秦国的囚禁中,楚襄王即位,还把屈原流放至江南。楚国被秦灭亡,屈原以死表达自己忠于祖国的热切心情。据《史记》记载,屈原著有《离骚》、《九歌》、《天问》等不朽传世作品。

唐朝著名诗人李白小时候从不认真读书,经常是把书本一扔就出去玩。一天,李白碰到一个白发苍苍的老婆婆正拿着一根大铁棒在石头上磨,觉得好奇问她做什么,老婆婆告诉他要磨成绣花针。老婆婆还告诉李白说:"只要功夫

深，铁杵磨成针！"李白深受感动，从此就用功读书，终于成为文豪。

南宋著名政治家、文学家文天祥面对敌人的软语和酷刑，始终紧咬牙关，没有半点屈服的意思，留下了"人生自古谁无死，留取丹心照汗青"的千古名句。他的史册里，没有高官爵位，只有对国家的赤胆忠心，为国效忠是他的人生的信条。文天祥，一个民族英雄，用生命演绎了毅力的完美与崇高。

明朝有位著名的药物学家名叫李时珍。他的父亲是医生，他从小常跟随父亲到山里采药，然后回家炮制。1531年，13岁的李时珍考中了秀才，不过后来他没有考中举人。然后，李时珍开始钻研医学，为贫民治病，就这样，子承父业。1551年，李时珍已经是一位很有名的医生了。

在行医的过程中，李时珍发现前人所作的药典《本草》并不完全可靠，因为药典上分类不清、药效不准，甚至还有一些迷信和错误。李时珍决定编写一部新的药典。1552年，李时珍开始集中全力编写《本草纲目》。

为了编写新的药典，李时珍翻阅了800余家的医学著作和其他古代书籍，结合自己平时搜集的资料，对编写的药典进行3次重大修改。经过近27年的努力，1578年，李时珍终于完成了不朽的巨著《本草纲目》。《本草纲目》对收载的药物重新作了分类。欧洲的植物分类学家直到1741年才提出类似的分类法，比李时珍整整晚了163年。

李时珍以他毕生的精力，总结了几千年来中国人民用药的经验，编写了药学巨著《本草纲目》，把中国古代医药学推向高峰，最终成为中国古代最伟大的药物学家。后来《本草纲目》在日本几经翻印，广泛发行。英、法、德等国也都有译本，还有拉丁文译本。从17世纪起，《本草纲目》流传世界各地，成为近代药物研究者必须参考的重要文献。

这就是锲而不舍、持之以恒的坚强毅力的伟大力量。

梁启超说："天下古今成败之林，若是其莽然不一途也。要其何以成？何以败？曰：'有毅力者成，反是者败。'"意思是说，古今中外成败的种种事情，是如此的情况繁多、道路不一。那么，决定他们成败的是什么？是毅力，有毅力的人成功，没有毅力的人失败。由此可见，毅力与一个人的成功与否有着直接的关系。

对我们青少年来说，坚强的毅力是一种能力，是其他很多能力的基础。毅力坚强，面对任何事情都不会屈服，而会努力奋发，就会迈向光明的人生大道。

非凡毅力促成才

有人说："这个世界上不缺少高智商的人，而是缺少的是有毅力的人。"其

实，获得巨大成就的往往不是什么拥有高智商的人，而是那些有毅力的人。毅力，可以让人走向成功；毅力，是成才者必须具备的重要品质之一，是成才和成事的内在动力。

南方某省 17 岁的高考状元李同学在接受记者采访时指出，成功的秘籍就是智力和毅力。他说："其实我觉得学习中最重要的两个条件是智力和毅力，我觉得自己是个聪明的学生，但只靠聪明，学习成绩肯定是好不了的。聪明可能只能让我考 800 多分，但毅力带领我达到 900 分。"智力固然重要，但如果没有毅力的话，同样不会取得很好的成绩。

张海迪，5 岁就患脊髓病，胸以下全部瘫痪。从那时起，张海迪开始了她独到的人生——毅力生命之旅。在她的日记中，有这样一段深情的话语：我不能碌碌无为地活着，活着就要学习，就要多为群众做些事情。既然是颗流星，就要把光留给人们，把一切奉献给人民。

在残酷的命运挑战面前，张海迪没有沮丧和沉沦，她以顽强的毅力与疾病作斗争，经受了严峻的考验。她虽然没有机会走进校门，却靠自学完成了小学、中学全部课程，还自学了大学英语、日语、德语和世界语，并攻读了大学和硕士研究生的课程。

1983 年，张海迪开始从事文学创作，她先后创作和翻译的作品超过 100 万字。其中《轮椅上的梦》在日本和韩国出版，而《生命的追问》还获得了全国"五个一工程"图书奖。

为了对社会作出更大的贡献，张海迪先后自学了十几种医学专著，同时向有经验的医生请教，学会了针灸等医术，为群众无偿治疗达 1 万多人次。

后来，《中国青年报》发表《是颗流星，就要把光留给人间》，张海迪名噪中华，获得两个美誉，一个是"八十年代新雷锋"，一个是"当代保尔"。

1991 年，张海迪接受医生诊断，得知鼻部患有黑色素癌。于是，她经历了生命中第 6 次大手术。手术过程是痛苦的，但张海迪却未流过一滴眼泪。手术后，张海迪身体状况差到了极点，但她依然坚持就读吉林大学哲学系，攻读研究生课程。两年后，获得学位，成为中国第一位坐着轮椅的哲学硕士。

张海迪以自身的勇气证实了生命的力量，正像她自己所说："像所有矢志不渝的人一样，我把艰苦的探询本身当做真正的幸福。"她以克服自身障碍的精神为残疾人进入知识的海洋开拓了一条道路。

张海迪曾三次应邀出访过日本、韩国，举办演讲音乐会，她的毅力人生也鼓舞着不同民族的人民。1995 年，她曾作为中国政府代表团成员参加了第四次世界妇女大会。1997 年被日本 NHK 电视台评为世界五大杰出残疾人。2000 年被国务院授予"全国劳动模范"称号；2001 年被新华社《环球》杂志评为"环球 20

位最具影响力的世纪女性"。

如果没有毅力坚持下去的话，张海迪终究是不能成功的，这是成败的规律。正如孟子所说："有为者譬若掘井，掘井九仞而不及泉，犹为弃井也。"但是，张海迪成功了，她的成功靠的是什么？是信念，是理想，是不懈的追求，是毫不动摇的坚强的毅力！

培养坚毅品质的小方法

1. 不怕苦，不怕累。要知道，社会竞争决不仅仅是知识和智能的较量，更多的是毅力的较量。没有吃苦的精神和能力，是不可能在激烈的竞争中获胜的。所以我们要到艰苦的环境中去吃点苦。这样，在遇到困难时才能有毅力坚持下去。

2. 要下定决心。为了达到目标，有些时候，甚至可以采取一些手段来逼迫自己挑战自己的毅力极限。在设定了要完成的事情后，也可以请别人来监督我们。

3. 加强体育锻炼。积极参加体育锻炼不仅可增强体质，还可增加心理承受能力。在体育锻炼的过程中，我们会懂得终点目标需要坚持，在坚持的同时也培养了耐力和毅力。跑步，特别是长跑，是培养毅力品质的最好的活动。

4. 积极地做事。培养毅力的另一个有效方法就是积极去做事情，不要消极等待。这样做不仅可以提高做事积极性，还能最大限度地体会获得的喜悦。

第17种品质　理智——成功路上的强大助力

人生需要理智。一个理智的人，懂得审时度势，扬长避短，即使面对羞辱也能够保持冷静，而不会一触即跳或走向极端，让自己在愤怒中迷失方向，在错误的道路上越走越远；相反，一个人如果失去了理智，就很少考虑自身的条件，就会凭着一时冲动去行动，到头来一事无成，这样的人应该及早做好准备接受打击和惩罚。

第二次大战期间，一位空军飞行员独自驾驶一架战斗机。他的任务是轰炸、扫射东京湾。他驾驶战斗机从航空母舰起飞后，一直保持高空飞行。快到目的地时，就以俯冲的姿态滑落到距离目的地300英尺的上空。

82

　　然而，正当他俯冲时，被敌军的战斗机发现了，敌军向他进行了猛烈的攻击。他的飞机左翼被敌军击中，顿时翻转过来，并急速下坠。他就是在突然间，发现海洋竟然在自己的头顶！一时间他开始惊慌失措，这时他突然想起教官一再叮咛的话："在紧急状况中一定要理智，千万不可以轻举妄动。"就因为这句话，他静静等候，并在飞机拉起来的最佳时机和位置将飞机拉起。最后，果然幸运地脱险了。

　　事后，这名飞行员说："假如我没有听从教官的话，顺从本能的求生反应，未待最佳时机就胡乱操作了，必定会使飞机更快下坠而葬身大海。"他还一再强调说，"直到现在，教官的教导我依旧记忆犹新：遇事一定要理智，只有理智才会有转机。"

不值得为小事生气

　　从前，有一个人因为一件小事与邻居争吵了起来，争论得面红耳赤，谁也不肯让谁。最后，那个人气呼呼地跑去找牧师，牧师是当地最有智慧、最公道的人。

　　"牧师，您来帮我们评评理吧！我的邻居简直是不可理喻！他竟然……"那个人怒气冲冲，一见到牧师就开始抱怨和指责他的邻居，正当他要大肆指责邻居不对时，被牧师打断了。

　　牧师说："对不起，正巧我现在有些急事，麻烦你先回去，明天再说吧！"

　　第二天一大早，那个人又愤愤不平地来了，不过，他显然没有昨天那么生气了。"今天，您一定要帮我评出个是非对错，他简直是……"那个人又开始数落起邻居的劣行。

　　牧师不快不慢地说："你的怒气还是没有消除，等你心平气和后再说吧！正好我的事情现在还没有办好。"

　　就这样，一连好几天，那个人都没有来找牧师了。牧师在前往布道的路上遇到了那个人，他正在农田里忙碌着，心情显然平静了许多。牧师问道："现在，你还需要我来评理吗？"说完，他微笑地看着对方。

　　那个人羞愧地笑了笑，说："我已经心平气和了！现在想来也不是什么大事，根本不值得生气的。"

　　牧师仍然不快不慢地说："这就对了，我不急于和你说这件事情就是想给你时间消消气啊！记住：不要在气头上说话或行动。"

　　是的，为小事生气的确是不值得的。因为怒气有时候会自己溜走，只要稍稍耐心地等一下，不必急着发作，否则就会惹出更多的怒气，甚至会付出更大的

代价。

有一位脾气非常暴躁的男孩,常常因为一点小事而发脾气。他的父亲为了帮助他控制情绪和行为,想出了一个办法。

这天,父亲把男孩叫到一面墙壁的面前,对男孩说:"孩子,爸爸知道你脾气不太好,这也不是你希望的。但是,骂人、脾气不好会影响到别人。这样吧,从今天开始,你感到自己要发火的时候,就在这面墙壁上按一个图钉。"然后,父亲给了小男孩一盒图钉。

就在当天,男孩竟然在墙壁上按下了30多个图钉……一星期后,墙壁上已经被男孩按上了许多图钉。一天晚上,父亲指着墙壁对男孩说:"孩子,你看到自己的坏脾气了吗?"男孩不好意思地低下了头。父亲说:"从现在开始,每当你能够控制自己脾气的时候,你就把你按在墙上的那些图钉拔下一根。"

第一天,男孩坚持不住还是发了火。第二天,男孩居然真的没发火。这样,一天一天过去了,墙上的图钉越拔越少。最后,男孩告诉父亲,他终于把墙上所有的图钉都拔出来了。父亲听了孩子的话,拍着孩子的肩膀说:"好孩子,你做得很好。来,跟我来。"

接着,父亲又把孩子带到了墙壁前,对男孩说:"孩子,现在你已经学会了控制自己的脾气,这非常好。你看看,以前你发脾气的图钉虽然被你拔掉了,但是,被图钉扎的洞还在。这面墙永远也不可能恢复到从前的样子了,你发脾气时所说的那些话就像这些洞一样,给别人留下了疤痕。所以说,你每次发完脾气之后,不管是给他人还是给自己都将带来不可磨灭的伤害。其实,你只要学会控制一下自己,这些事情都是可以避免的啊!"

男孩惭愧地笑了笑。从此以后,男孩几乎不再发脾气了。

当然,当一个人接近沸腾的血液在他的心中奔涌的时候,控制自己的言行是一件非常困难的事情!尽管如此,作为当代青少年,也应该更清楚地认识一点:如果一个人一旦成为情绪的奴隶,那将是多么的可悲!这就意味着他不再是自己的主人,自己无法完全控制和主宰自己。

英国著名哲学家培根曾说:"无论你怎样地表示愤怒,都不要做出任何无法挽回的事来。"既然这样,那我们就应该努力保持情绪上无坚不摧的状态,努力控制自己行为,不为小事而生气、愤怒。

别让愤怒害了自己

不可否认,愤怒可以让一件原本很好的事情变得很糟糕,也能让一个原本能够过幸福日子的人变成穷光蛋。事实上,愤怒就有这么大的力量。因为愤怒

是一种很难控制的情绪，正是因为难以控制，所以才非常容易酿成大祸。

有一个单身汉，因为很穷，就住在用茅草搭建的房子里。但在他勤劳的耕种下，日子渐渐有了好转，油盐酱醋茶之类的生活必需品也慢慢齐备了。但是，令他非常恼火的是，草房子的老鼠也一天天多了起来。白天，老鼠到处乱窜；晚上，老鼠乱叫不断。

单身汉满肚子的怨气，又没有什么办法可以改变。一天，他喝了一点酒，就躺在床上想睡觉。这时候，老鼠闹得更凶了，好像就在故意惹他生气一样。单身汉这次真的愤怒了，一把火就把房子点着了，大火很快就房子烧了个精光。这下，老鼠是没有了，可他的家业也不见了。

可以说，这是一个好气又好笑的故事。在怒气的支配下，他竟然忘记了自己原本要保留一些东西，结果把所有的东西都烧掉了。单身汉望着已经化为灰烬的房子，似乎又在心中生起了一团无名火，不过，这次他却没有什么可烧的了。

因为愤怒，人就会变得冲动行事，当然，这是愚人的做法。相反，一个聪明的人总会在愤怒来临时尽力控制住自己的言行举止，避免害人又害己。

对我们青少年来说，当遇到不如意的事情或遭遇突发事件时，往往会表现出情绪不稳定，或者是大喜大悲，或者是做事不考虑后果，容易冲动发怒。所以，我们应该尽早知道情绪是怎么回事，情绪的体验是什么，应该怎样去正确释放自己的情绪等。

艾森豪威尔是美国第 34 任总统，在他 10 岁时，父母让他的两个哥哥在圣诞节前去远足，却坚决不同意他去。艾森豪威尔感到十分愤怒，难以控制自己的情绪，他冲到屋外，捏紧拳头在苹果树上猛击。他一面哭，一面打，双拳血肉模糊都没感觉到。最后，艾森豪威尔被父亲拖回家中，但是，父亲并没有呵斥他。

这时，母亲进来给他涂上止痛药，并给他扎上绷带，但是，母亲也没有安慰他。又愤恨又恼怒的艾森豪威尔倒在床上大哭了一小时。直到他平静后，母亲才进来对他说："能控制自己情绪的人要比能拿下一座城市的人更伟大。发怒是自我毁伤，是毫无用处的，需要好好克服。"

母亲的告诫深深地印在了艾森豪威尔的心中。在 76 岁时，艾森豪威尔写道："我一直回想起那一次谈话，把它看做是我一生中最珍贵的时刻之一。"

可见，我们只有学会控制自己的情绪，才能逐步纠正发火、愤怒、冲动等不良习惯。当然，学会控制情绪，也应该找到适当的宣泄方法。

比如，我们可以把不高兴、不愉快的事告诉父母或朋友，以缓解心中的压抑和不快；不要轻易流露出自己的情绪，激动时应该默念"一、二、三"；可以试着自

我隔离,来让自己心情平静下来;培养自己乐观的性格和幽默感,等等。

学会做一个理智的人

只有做一个理智的人,才能心平气和地化解一切矛盾。尽管我们在人生路上会遇到许多不如意的事情,磕磕绊绊也少不了,是心平气和地去化解还是怒火冲天地去对待?往往一件小事就能决定今后的命运如何。

1915年,小洛克菲勒还是美国科罗拉多州一个不起眼的人物。当时,发生了美国工业史上最激烈的罢工,并且持续了两年之久。愤怒的矿工要求科罗拉多燃料钢铁公司提高薪水。小洛克菲勒正负责管理这家公司。

由于群情激愤,公司的财产遭受破坏,军队前来镇压,因而造成了流血事件。可以说当时的情况是民怨沸腾。小洛克菲勒后来却赢得了罢工工人的信服。他是怎么做的呢?

小洛克菲勒花了好几个星期结交工人朋友,并向罢工者代表们发表了一次充满人情味的演讲。那次演讲可以称之为不朽,它不但平息了众怒,还为他自己赢得了很多赞誉。他的演讲始终是一种诚恳和商量的口气:

"今天是我一生中值得纪念的日子,这是我第一次有幸和这家伟大公司的劳工代表、职员和公司的行政管理人员齐聚一堂。我可以告诉大家,我很荣幸到这儿来,而且有生之年将不会忘记这场聚会。

"这场聚会如果在两星期以前召开,我对这里的大多数人一定还很陌生,我只认得几张面孔。上星期我有机会到南区煤矿所有的工棚去看了一遍,并且和各位代表有过个别的谈话,除了不在场的代表外,我都见过了;我拜访过你们的家庭,见过你们的家人,今天我们都以朋友的身份见面,不再是陌生人,我们之间已经有了友善互爱的精神,我很高兴有此机会和大家一起讨论有关我们共同的利益问题。

"这次聚会本来是由厂方职员和劳工代表共同参加,承蒙大家的好意,我才能站在这里。因为我既不是员工代表,也不是劳工代表,然而我深深觉得,我跟你们的关系格外亲密,从某种意义上来说,我也代表了资方和劳工。"

毋庸置疑,这是一次出色而感人的演说,这是化敌为友的最恰当表现形式。可以试想,如果小洛克菲勒不理智,采用的是另一种强硬的态度,与矿工们争得面红耳赤,用不堪入耳的话辱骂他们,或用话暗示错在他们,用各种理由证明矿工的不是,那会是什么结果呢?相信,那肯定只会招来更多的怨恨和暴行。

可见,只有理智的人才能控制自己的情绪,才能有智慧处理各种棘手的问题。

作为当代的有志青少年,一定会选择心平气和,一定会选择理智。只有理智,才能自制,而自制是一个人内在的力量,也是衡量一个人是否强大的准则。一个只有能够控制自己,才能成就大事。要勇敢地当好自己的卫兵,只有自己才能把好人生的大门。世界上最难攀越的山是自己,征服了自己就征服了一切。

培养理智品质的小方法

1.保持冷静宽容的心态。当我们被烦恼、愤怒、绝望等负面情绪包围时,要以一颗包容的心来看待问题,要多从自身寻找问题,检查自己是否在用消极和主观的态度评价所发生的事情。

2.在愤怒的开始就要抑制怒气。一般来说,怒气在刚开始时是最微弱的,也是最容易控制的。所以,不要把希望寄托在发火之后的修复关系上,把自己的恶行消灭在“摇篮”里,是最明智的选择。

3.松弛训练必不可少。可以通过平时的呼吸训练、肌肉放松训练等,有意识地控制和调节自身的整个心理状态。这样可以缓解在突发状况之下的紧张程度,对控制情绪十分有益。

4.转移怒气。可以通过离开事发现场、短暂的休息等来转移怒气,这也是最大限度减少发怒带来负面影响的方法。

5.善于用幽默来化解矛盾。生活中,我们如果能用幽默态度来面对他人,面对生活,甚至面对不公和挑衅,则是一种乐观,更是一种智慧。

第18种品质　耐心——成功人生的素质保证

耐心是成功的磨刀石,一个人如果学会了耐心等待时机,那他离成功也就不远了;耐心是一种能力,耐心可以让人保持冷静,并能理智地思考;耐心是一种品质,即使在面临压力时,一个人也还能善待他人;耐心能够让人在思想放松时保持克制,容忍以前所不能容忍的事情,平静地等待自然的结果;耐心是人生的一大助力,是成功人生的素质保证。

齐白石老先生是中国近代画坛的一代宗师。齐老不仅擅长书画,还在篆刻方面有极高的造诣,但他也并不是天生精通这门艺术,而是经过了非常刻苦的

磨炼和不懈的努力，才把篆刻艺术练就到出神入化的境界。

年轻的时候，齐白石就特别喜爱篆刻，但他总是对自己的篆刻技术不满意。他向一位老篆刻艺人虚心求教，老篆刻家对他说："你去挑一担础石回家，要刻了磨，磨了刻，等到这一担石头都变成了泥浆，那时你的印就刻好了。"

于是，齐白石就按照老篆刻师的意思做了。他挑了一担础石来，一边刻，一边磨，一边拿古代篆刻艺术品来对照琢磨，就这样一直夜以继日地刻着。刻了磨平，磨平了再刻，十分耐心。手上不知起了多少血泡，日复一日，年复一年，础石也越来越少，而地上淤积的泥浆却越来越厚。最后，一担础石终于统统都被"化石为泥"了。

正是因为自己的耐心，坚硬的础石才有机会磨砺了齐白石的意志，而且让他的篆刻艺术也在磨炼中不断地长进，他刻的印雄健、洗练，独树一帜。渐渐地，他的篆刻艺术达到了炉火纯青的境界。

耐心是成功的基础

古希腊大哲学家柏拉图曾说："耐心是一切聪明才智的基础。"是的，在通往成功的道路上，即使我们遇到了暂时不可逾越的坎坷和挫折，也应该保持耐心，不放弃最后的努力。只要有一丝希望，我们就应当去试试。在困难的时候，要耐心一点，咬紧牙关再坚持一下，也许前面就是"柳暗花明"的精彩世界。

有人曾说过，人生有两杯水，一杯是苦水，一杯是甜水，只是不同的人喝甜水与喝苦水的顺序不同。那些成功的人都是先喝苦水，再喝甜水；而一般的人都是先喝甜水，再喝苦水。成功的人之所以会成功，是因为他拥有十分强的耐心，从而在面对挫折时会告诉自己："暂时的失败不会是定局，只要再耐心一点，成功很快就会来到。"

一位大学本科毕业的女孩去应聘一家外贸公司的经理秘书。但是，公司却给她安排了一个行政文员的职位。女孩想了一下，觉得只要自己耐心做好文员的工作，一样会有不错的发展。于是，她就答应了。

女孩的工作很简单，就是负责接待客人和复印、打印等一些小事。同事们总是把需要复印和打印的一些文件一股脑儿地堆在女孩的桌子上，然后告诉她哪些需要复印、哪些需要打印、每种各需要多少份。女孩总是十分耐心地记录着各种要求，然后仔细地完成。

有好几次，女孩的耐心检查为公司避免了不少损失。因此，四个月后，女孩真的被提拔为经理秘书了。女孩是这样对人说的："我的工作虽然简单，但是只要有超凡的耐心，就会取得成功。"

耐心是成功的关键因素之一。在心理学上，耐心属于意志品质的一个方面，也就是耐力。它与意志品质的其他方面，如主动性、自制力、心理承受力等有一定的关系。

童第周是著名的生物学家，他的父亲为了让他从小就明白耐心的重要性，让他能够安心学习和做事，特意给他题了"滴水穿石"的条幅，以此来告诫童第周："世界上没有穿不透的顽石，只有没有耐心的人。"

他的父亲去世后，大哥安排童第周到宁波师范预科学校读书。只读了一个学期后，童第周就提出要考当时全省著名的效实中学。哥哥对他说："效实中学是用英语讲课的，你的英语根本不行，肯定考不上的。"童第周却认为"滴水能够穿石"，只要自己耐心学习，就一定能够考上。

为了准备考试，童第周坚持自学英语，每天除了吃饭以外，很少离开书房。终于，他考上了效实中学。在中学里，童第周又用滴水穿石的精神，让自己的成绩从刚入学的很差的成绩上升到了全班第一。

能取得这样的成绩，就是因为童第周对耐心学习有深刻的理解。后来，童第周又以优异的成绩考入了复旦大学，成为复旦的高才生。毕业以后，他又到比利时布鲁塞尔的比京大学留学。1934 年获博士学位，这一年他才 32 岁。

英国哲学家培根曾说："无论何人，若是失去耐心，就是失去灵魂。"没有灵魂的人是不可能取得人生成功的，可见，耐心对于成功起着巨大的作用。

成就大业离不开耐心

对一个人来说，耐心被认为是衡量心理素质优劣、心理健康与否的标准之一。耐心不仅对我们在学习上有帮助，而且对我们今后的人生道路也有很大的影响。也就是说，如果我们想成就一番大业，就一定要有耐心。

遗憾的是，今天有太多的青少年都不够有耐心。他们一旦想到了或者听到了什么令自己感兴趣的事，就会要求父母立即予以兑现。否则，就会不停地纠缠和吵闹，直到父母或他人满足他们的要求为止。对小孩子来说，可能这还情有可原，可对我们青少年来说，的确是有些不应该。事情成功都有个过程，具有耐心品质的人，才能赢得最后的胜利。

很久以前，在荷兰的一个小镇上来了一位青年农民，他只有初中文化。他的差事就是给镇政府看大门。在业余时间，这个青年不下棋打牌，也不喝酒聊天，而是选择了打磨镜片。虽然磨镜片又费时又费工，可他却乐此不疲。

就这样，他在枯燥和乏味中磨了 60 年！在这 60 年中，他一直是做看门的工作，一直是磨镜片，甚至从没有出过这个小镇，然而正是他的耐心和锲而不

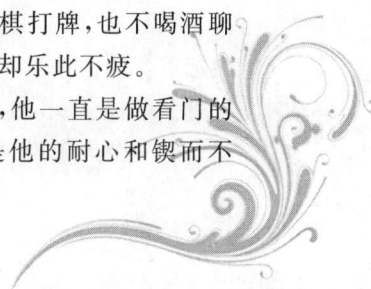

舍，他磨出的复合镜片的放大倍数竟然超过了当地的专业技师。

凭借着自己磨研的镜片，他发明了显微镜，揭开了当时科技还不曾知晓的微生物世界的面纱。结果，这让他名声大震，被授予巴黎科学院的院士。英国女王访问荷兰时，还专程到小镇去拜访过他。他就是荷兰的著名科学家列文虎克。

列文虎克从没有接受过高等教育，之所以他能够取得成功，道理很简单，就是因为他选择了自己的方向后，用耐心和毅力几十年如一日地走下去。这正应了爱因斯坦的那句话："耐心和恒心总会得到报酬的。"

这是一个营销报告会的现场，在舞台正中央的位置上，吊着一个巨大的铁球，舞台上放了几种大小不同的铁锤。一位老者介绍了目的：用铁锤把大铁球敲打动起来。

很快，有两位年轻人抡起大铁锤砸向大铁球。但是，大铁球却无动于衷，一点儿动的迹象都没有。没敲几下，两位年轻人就累得大汗淋漓、气喘吁吁。

当人们认为再怎么敲打也无济于事时，那位老者拿起了一把小铁锤，对准大铁球敲打起来。敲一下，停一下，敲敲停停，非常有节奏。人们都感到十分奇怪，用铁锤都不能把大铁球敲打动起来，难道用小铁锤能做到？

时间慢慢地过去了，10分钟、20分钟、30分钟……台下的人们开始失去耐心，开始躁动起来，还有不少人开始离开会场。但是，那位老者却仍然在那里一锤又一锤地敲打铁球，态度依然全神贯注。

大约40分钟后，前排的一位观众突然大叫起来："球动了！"人们果然发现，在小锤的不断敲打下，大铁球开始摆动起来，而且摆动的幅度不小，连吊球的架子都发出了声响。这声响虽然不大，但却震撼了每一位观众的心。

最后，老者开口了，他只说了一句话："在成功的道路上，你有没有耐心去等待成功的降临？如果不能，你只好用一生的耐心去面对失败了。"

在今天这个社会中，有许多人都在苦苦寻觅着成功背后的制胜玄机，如果我们浏览一下这么多年来成功者的制胜路径，终于可以发现一个常被人忽略的秘密，那就是耐心，这是人们用来赢得成功的真正引擎。

凡事不可以急躁

现实社会中，很多人没有耐心，反而非常急躁，急着想要"得手"，则极有可能把重要的优势拱手让给那些愿意等待的对手。不可否认，有耐心的人才能够成就大事，成大事的人都是有耐心而不急躁的人。

对一个人来说，急躁是非常有害的。急躁会削弱人们的免疫系统，会刺激

肠胃,使人体的血压升高,增加心脏的负担,并破坏自身和他人的关系。

当今社会是紧张快速的,如果我们因此而变得急躁、迷乱,失去耐心的积累与等待,妄想一蹴而就的话,那么我们得到的多半是失败。所以,我们应该抛掉急躁,振作起来,耐心地积累,默默地奋斗!我们要知道,机会不会光顾没有准备的人,同样也不会光顾那些没有耐心的人。

一位著名的长跑教练到某地寻找新苗子,有个男孩子引起了他的兴趣,他叫男孩子当天下午给他打电话。下午,教练一直守在电话旁。电话铃响了,可是响了5下就不响了。不久,电话铃又响了,可是响了4下又不响了……

第5次的时候,电话铃只响了一下,教练就把电话拿起来了。他一听,果然是那个男孩打来的。教练问:"前面几次电话是不是你打的呢?"男孩说:"是。"

于是,教练决定不招这个男孩了。他这样说:"电话铃一般是响15下之后才断的,可是那个男孩连播了5次电话,前4次都是半途而废,然后再重拨,这充分表明,他非常急躁,很没有耐心。"

原来,前几次电话都是教练故意不接的,他之所以这样做,就是想考察一下对方是否急躁,有多大的耐性,因为耐性对一个长跑运动员来说是非常重要的。

实际上,成功需要的不是急躁,而是最后的那一点耐心。当一个人决定放弃的时候,也正是离成功最近的时候,这是人生不变的定理。有人说:"人生就好像一条狭长漆黑的小巷,我们都穿行其中,而且都不知道巷子的长度。只有走到了巷子的出口才为成功。走在这样一条寂寞的小巷里,必须要有足够的信心和耐心。毫无疑问,离巷子出口最近的地方就是我们熬不下去而准备回头的地方。"

当我们为某个目的奋斗了一段时间后而没有结果的时候,如果因为急躁,就会变得没有信心和耐心而最终放弃,这样就等于以前的努力都白费了。

美国著名教育家帕克·帕尔默教授在《教学勇气》一书中写道:"想象你自己的教室里。你问了一个框架很好的问题,随之而来的是一片沉寂,你就等啊等。你知道你应该再等等,不要急,但是你的心在敲击着,下沉着,最终你觉得无助而失控。于是你怀着焦虑、愤怒以及专断等复杂感情回答了自己的问题,而这些情绪只会使事情变得更糟……"

其实,这说的就是急躁,就是没有足够的耐心。而这只会因为自己沉不住气而让自己正在做的事情半途而废。

凡事一定不可以急躁,一定要耐心。我们要知道,耐心是一种心灵的力量,是一种对人、对事业、对科学、对世界乃至宇宙的爱的力量。就让我们耐心一些,耐心是一种成熟的标志。

培养耐心品质的小方法

1.明白耐心的重要性。我们青少年一定要明白,耐心是成功的基础和秘诀,成就一番大事业离不开耐心。

2.要学会等待。很多时候,对一件事情持急躁或着急的态度是不可取的,我们必须要学会等待,才能在平静中获得自己应该得到的东西。

3.从身边的小事来培养。在日常生活中,任何小事情都可以用来培养我们的耐心。例如,洗碗、擦桌子、收拾房间等。刚开始,我们会漫不经心地边做边想玩,这时我们可以告诫自己:要用心去做,直到把碗洗干净、饭桌擦干净、房间收拾整洁。

4.开阔自己的胸怀。开阔胸怀后,就会不计较他人的态度,对自己的行为也会勇敢承担责任,从而任劳任怨,耐心行事。

第19种品质 勇气——人生压力之下的美德

英国前首相丘吉尔曾说:"勇气是人类最重要的一种特质,倘若有了勇气,人类其他的特质自然也就具备了。"是的,勇气,是一种精神,让人不怕困难,一往无前地去夺取胜利;勇气,是一种品质,让人不畏挫折,坚定不移地追求成功的人生。要知道,胜利永远属于有勇气的人,而失败总是等待着心灵屠弱的人。

屠格涅夫是俄国著名作家,他从小就酷爱读书,尤其爱读诗歌和寓言,他在这方面有较好的鉴赏能力,而且能直率地谈出自己的观点。

屠格涅夫的母亲性格比较暴躁,经常体罚自己的孩子。有一次,寓言作家伊凡·伊凡诺维奇·得米特里耶夫到屠格涅夫家做客。屠格涅夫的母亲对那位作家说:"欢迎您啊! 告诉您吧,我的儿子读过您的寓言。"

说完,她就叫屠格涅夫当场朗诵得米特里耶夫的寓言。屠格涅夫认真地朗诵了一首。因为他朗诵得十分生动,母亲也很高兴,就要他再朗诵一首。

屠格涅夫看看母亲,然后对得米特里耶夫说:"先生,您的寓言很好,但是,伊凡·安德烈耶维奇·克雷洛夫的寓言更好。我更爱朗诵他的。"得米特里耶夫听了之后,大笑了起来。不过,屠格涅夫母亲听了却不高兴。

客人走了以后，母亲狠狠地揍了屠格涅夫一顿，并问他挨打的原因是什么。屠格涅夫很不服气地说："克雷洛夫的寓言就是更好嘛！我为什么不能说实话呢？"可见，屠格涅夫是十分有勇气的。

勇气给人力量

关于勇气，意大利著名诗人但丁曾说："我崇拜勇气、坚忍和信心，因为它们一直助我应付我在尘世生活中所遇到的困境。"苏联著名作家奥斯特洛夫斯基曾说："勇敢产生在斗争中，勇气是在每天对困难的顽强抵抗中养成的。我们青年的箴言就是勇敢、顽强、坚定，就是排除一切障碍。"

勇气能给人以力量，一个人一旦有了勇气，就能战胜自己，赢得真正意义上的胜利。在奥运会的历史上，有很多感人的故事：

一位从大洋洲一个小国上来的运动员，他刚刚学会游泳才一个月，而且，他还没有学会在水中换气。但是，在奥运发令枪响的一刹那，他勇敢地跳进了游泳池。虽然他是最后一个到达终点的选手，不过，看台上的观众还是给了他最热烈的掌声，因为在观众的眼中，他才是值得人们尊敬的英雄。

还有一位参加马拉松比赛的运动员，在比赛的过程中，她的腿受伤了。天黑了，其他运动员早已经到了终点，结束了比赛。但是，这位运动员依然还在坚持着。三个半小时过去了，在离终点还有 300 米的时候，她开始停下来庆祝，那一刻，无数人为她感动和落泪。

中国女足被誉为"铿锵玫瑰"，一次，中国女足在奥运会决赛中遇到了老对手美国队，在此之前，美国队在世界杯上战胜了中国队，而这一次，命运女神再次眷顾了美国队。尽管女足姑娘们尽了最大的努力，但他们还是输了，队员们都流下了眼泪。虽然她们没有站在最高领奖台上，但"铿锵玫瑰"的勇气和精神却高高地飘扬在了奥林匹克赛场的上空。

在美国篮球场上有"滑翔机"之称的克莱德·德雷克斯勒曾经说："打球就像人生，输赢并不是比赛的全部。重要的是，面对挑战，你有勇气站出来。"是的，对每个人来说，获胜是固然是很好的，但输赢并不是人生的全部；失败固然令人痛苦，但失去勇气比失去比赛更令人痛苦。

我们在人生当中肯定会遇到各种挑战，当挑战又一次来临时，一定不要慌张，也不要丧失希望，无论成败与否，关键是我们要有勇气站出来，有勇气去迎接挑战！

当年，刘邦做了皇帝以后，摆起了圣上的威风。有一次他身体有点不舒服，就传旨说谁也不许去见他。一连好些天，刘邦都身居深宫不见大臣。文武百官

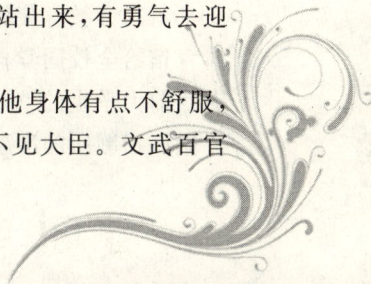

为朝中大事焦急万分,但是谁也不敢冒死进宫见驾。

樊哙一直随着刘邦打江山,他见刘邦闭宫不出,更是非常恼火。于是,他就一头闯进宫中,一直闯到了皇帝的床前。然后,他高声批评刘邦:"夺天下时何等英雄气概,如今天下到手反而精神不振,有病不见大臣,置国事于不顾,整日和太监待在深宫。可不要忘记当年秦始皇病死时,宦官赵高矫诏杀害公子与文武大臣祸乱天下的历史教训啊!"

刘邦听完樊哙的数落后,立即翻身起床,召见群臣,商议国事。

可见,勇气的力量是不可以低估的。我们应该欣赏勇气,欣赏翅膀折断后仍要飞翔的勇气,更欣赏没有翅膀却向往蓝天的勇气。在欣赏勇气的同时,我们也应该让自己具备这样的勇气。一旦我们具备勇气,就可以成为钢铁战士,在自己的人生道路上无往而不胜。

成功离不开勇气

丘吉尔曾说:"勇气很有理由被当做人类德性之首,因为这种德性保证了所有其余德行。"是的,这种德行可以让一个获得成功,换言之,赢得成功离不开勇气的助力。

从前有一个国王,他想委任一名官员担任一个非常重要的职务。于是,他就召集了许多聪明机智、文武双全的官员,想看看他们到底谁能够胜任这个职务。

国王对他们说:"我有个问题,想看看谁能够解决它。"国王带着这些官员来到了一座大门前———一座谁也没有见过的巨大的门。国王说:"你们看到的这扇大门,不但是最大的,而且是最重要的,你们中有谁能把它打开?"

许多大臣见到大门后都纷纷摇头摆手;有的走近看看,有的却无动于衷;只有一位大臣走到大门处,抓住一条沉重的链子一拉,巨大的门一下子就打开了。

国王说:"恭喜你,你将要在朝廷中担任一个要职。"

实际上,大门并没有完全关死,一条细小的缝隙就隐藏在严密的假象之中,任何人只要仔细地观察,再加上有勇气去试一下,就能够把门打开。所以说,我们每一位青少年都不要局限在自己所听到的和看到的上面,一定要有勇气去试一试。这样,我们才不会与机会失之交臂。

新东方教育集团创始人、中国"留学教父"俞敏洪受西华大学之邀,在该校体育馆给全校同学作了一场名为"激情成就梦想"的演讲。在演讲中,俞敏洪针对目前大学生的就业现状,建议大学生在找工作时,应有"从基层做起的勇气,要做好扫厕所的准备"。

"清华大学的高才生进入公司第一步必须从打扫厕所开始做起,如果一个高才生打扫厕所做得都很好的话,那他干其他工作一定不成问题。"俞敏洪说毕业生找工作,不应该有太多的抱怨,无论是什么工作,都要有从基层做起的勇气,而且要认真对待工作的每一天。

李开复曾说:"人生最遗憾的莫过于轻易放弃了不该放弃的东西,或者是固执地坚持了不该坚持的。所以,要有勇气来改变可以改变的事情,有胸怀来接受不可改变的事情,有智慧来分辨两者的不同。"

从他们的言谈中,足以看出勇气的重要。不可否认,勇气是智慧和力量的化身,能够让一个人获得成功。古罗马奴隶起义的领袖斯巴达克能领导角斗士和奴隶起义,靠的是勇气;西汉史学家司马迁能写出《史记》,凭的也是勇气;元太祖成吉思汗能征服天下,用的还是勇气;莱特兄弟能够发明飞机,是因为他们有创新的勇气;袁隆平之所以会成为杂交水稻之父,是因为他有突破的勇气……

有人曾说:"勇气既是一支无坚不摧的矛,又是一块无尖不挡的盾。"是的,一个人如果有了勇气,就有了一种毫无畏惧的气魄;有了勇气,就有力量去冲破一切艰难险阻;有了勇气,就能够无畏地与厄运抗争。

一句话,勇气是克难求进的法宝,我们每个人都应该拥有这个法宝。

培养自己的勇气

我国著名文学家鲁迅先生曾说:"伟大的心胸,应该表现出这样的气概——用笑脸来迎接悲惨的厄运,用百倍的勇气来应付一切的不幸。"可见,一个人只要拥有敢于挑战厄运的勇气,他就一定能够粉碎任何不幸。

事实证明,大凡事业上的成功者,都是有勇气面对挑战的人。英国有这样一句谚语:"失去勇气的人,生命已死了一半。"所以说,勇气对一个人的人生发展来说是非常重要的。

1991年,一个名叫堪贝尔的女子徒步穿越非洲,她不但战胜了森林和沙漠,更通过了400英里的旷地。当有人问她为什么能做到令人难以想象的壮举时,她回答说:"因为我说过我能。"接着问她对谁说过这句话,她的回答是:"向自己说过。"

由此看来,真正的力量不是来自于外界,而是来自于自我,来自于内心的那份直面挑战的勇气,而这正是我们要让自己具备的。

加拿大有一座钢架桥因工程师设计错误而倒塌,这位工程师的母校——某工程学院便出资买下了全部废钢材,用其中的一部分制成戒指,名之为"耻辱戒

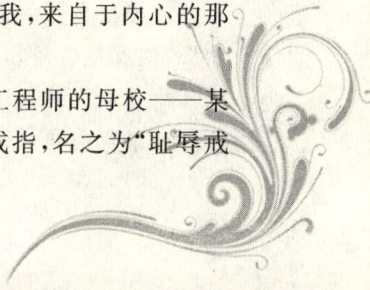

指"，发给学院的每一位学生。

是的，桥的倒塌揭示了设计者的罪过，而这又何尝不是对其母校极大的玷污呢？然而，圣洁的殿堂终究没有选择去掩饰瑕疵，而是通过一枚小小的戒指让所有的后来者明白——前车之鉴，后事之师。毋庸置疑，这一枚枚"耻辱戒指"折射出的勇气是无限光辉的。

1930年的一天，没有上过大学的年轻的华罗庚看到一篇数学论文，作者是当时的权威人士、大学教授、数学家——苏家驹。华罗庚反复读了几遍，觉得论文有问题。他就迅速拿起笔来，经过缜密推理和运算，竟然得到了与苏教授的论文完全相反的结论。经过反复验算，他最后认定自己的结论是正确的。于是，他发表了论文，在数学界引起了强烈的反响。

华罗庚十分可贵的地方，就在于他在权威面前，不但不迷信权威，而且有勇气向权威发起挑战。

每个人的内心中常常存在着需求勇气的欲望。一个人无论多么坚强，都需要勇气、力量和希望。我们青少年也不例外，缺乏面对挑战的勇气就会导致对任何事都不会有足够的热情。

试想，如果我们处于逆境之中，那么我们的内心一定需要勇气，只有勇气才能突破逆境对我们的挑战。所以，我们如果在其他方面都具备的条件下，又具有敢于直面挑战的勇气，我们的成功率就会比一般青少年高得多。

让自己具备敢于面对挑战的勇气是非常必要的，这能让我们迅速从困难和逆境造成的不良情绪中振作起来，从而朝着自己既定的目标不断前进，直到实现目标，创造人生巨大的财富。

培养勇气品质的小方法

1.敢于正视困难，挑战自己。我们不要沉湎在过去，也不要憧憬于未来，而是要脚踏实地，着眼于今天。要知道，坐着等"完美时刻"到来的想法是行不通的，行得通的只有正视困难，正视挫折，敢于挑战自己。

2.不怕犯错误，敢于去做事，即使是遭遇到了暂时的失败也不怕。同时，也要不断寻求挑战激励自己，提防自己沉醉于已取得的成绩，只把好的成绩作为迎接下次挑战的出发点。

3.建立良好的自我期许。有关研究表明，一个人心里如果能够设想和相信什么，他就能够用积极的心态去获得什么；如果他把自己想象成什么人，将来他就真的会成为什么人。决不能低估消极心态的排斥力量，它能阻止人生的幸运。如果我们相信自己能读得快、记得快，我们就可以那么快。

4.没有"不可能"的事。这个世界上没有不可能的事情,只是暂时还没有找到方法而已。不要把"不可能"三个字挂在嘴边,因为一旦这样,就找到了不积极主动的借口,就不会再去做出自己应有的努力激励自我。要学会尝试,学会努力,学会不轻易放弃,只有这样,我们才能发现那些所谓的"不可能"都会实现,才会拥有敢于面对挑战的勇气。

第20种品质　责任——成功必备的人格品质

责任感是一种习惯行为,是衡量一个人成熟与否的重要标准;责任感是一种很重要的品质,是做一个优秀的人所必需的;责任感是健全人格的基础,是能力的催化剂;责任感是一个人安身立命的基础,当他具有了某些能力时,就要对相应的事情负责。一个充满责任感、勇于承担责任的人,会因为这份承担而让生命更有分量。

在20世纪初,一位美籍意大利移民曾经为人类精神历史写下了灿烂光辉的一笔。他叫弗兰克,经过艰苦的努力,他积蓄了一笔钱,然后开办了一家小银行。但是,一次银行抢劫却导致了他不平凡的经历。

弗兰克破产了,储户失去了存款。当他拖着妻子和四个孩子从头开始的时候,他决定偿还那笔天文数字一般的存款。所有的人都在劝他:"你为什么要这样做呢?这件事你是没有责任的。"但他回答:"是的,在法律上也许我没有责任,但在道义上,我是有责任的,我应该还钱。"

偿还的代价是39年的艰苦生活,当他寄出最后一笔"债务"时,他轻声叹道:"现在,我终于无债一身轻了。"弗兰克用一生的辛酸和汗水完成了他的责任,而给世界留下了一笔真正的财富。

责任让人变得出色

责任感是一个人至关重要的人格品质,对于日后立足于社会、获得事业上的成功以及家庭幸福都有巨大的帮助。俄国作家列夫·托尔斯泰说:"一个人若是没有热情,他将一事无成,而热情的基点正是责任感。"

一个人应该为自己所承担的责任感到骄傲,因为有责任感的人已经向别人证明,他比别人更突出,比别人更强,他值得信赖。一个人承担的责任越大,证

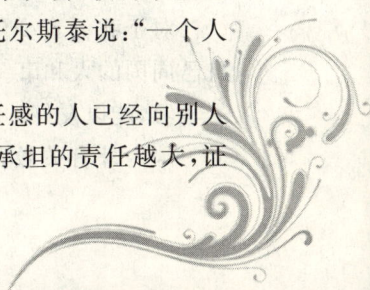

明他的价值就越大。所以,我们应该为自己所承担的一切感到自豪。

有人曾说:"如果想证明自己,最好的方式就是去承担责任,如果你能担当起来,你不仅向自己证明了自己存在的价值,你还向社会证明你能行,你很出色。"

齐瓦勃出生在美国的乡村,他几乎没有受过什么像样的学校教育。一个偶然的机会,齐瓦勃来到一个建筑工地打工,这个建筑工地归钢铁大王卡内基所有。从踏进建筑工地的那一天起,齐瓦勃就有一种责任感,他要做同事中最优秀的人,要为公司贡献自己最大的力量。

正是有这样一种责任感,所以当别人在抱怨干活儿多挣钱少而消极怠工的时候,齐瓦勃仍旧非常敬业,他独自热火朝天地干着,并在工作当中默默地积累着建筑经验,利用工作之余的时间自学着建筑知识。

一天晚上,工友们都在闲聊,只有齐瓦勃一个人躲在工地的一个角落里静静地看书。恰巧那天公司经理到工地检查工作,经理看了看齐瓦勃手中的书,又翻开他的笔记本,什么也没说就走了。不久,齐瓦勃就被升任为技师,然后又凭着自己的努力一步步升到了总工程师的职位上。25岁那年,齐瓦勃当上了这家建筑公司的总经理。

身为总经理的齐瓦勃,每天都是最早来到建筑工地。这被卡内基的钢铁公司天才的工程师兼合伙人琼斯发现了,当时当琼斯问齐瓦勃:"你为什么每天总来这么早呢?"齐瓦勃回答说:"只有这样,当有什么急事的时候,才不至于被耽搁。"琼斯非常满意地点点头。

后来,琼斯发现齐瓦勃具有超人的工作热情和管理才能,于是毫不犹豫地提拔齐瓦勃做了自己的副手,主管全厂事务。两年后,琼斯在一次事故中不幸丧生,齐瓦勃便接任了厂长一职。几年后,齐瓦勃被卡内基任命为钢铁公司的董事长。

再后来,齐瓦勃终于自己建立了大型的伯利恒钢铁公司,并创下了非凡的业绩,真正完成了他从一个普通的打工者到大企业家的成功飞跃。

齐瓦勃一直认为,一个人无论做什么事,都要有一种责任感,要时刻想着为企业贡献自己最大的力量。只有这样,才能严格要求自己,才能在工作中兢兢业业,把工作当成自己的私事一样做好。不可否认,促使齐瓦勃从一名建筑工人成为公司董事长的因素可能很多,但他的责任感也发挥了不可小视的作用。

对于我们青少年来讲,责任感能够让我们以一种认真、负责的态度来对待自己周围的人和事。所以,具有责任感的青少年往往能以负责的态度对待自己的学习,能以友好的方式与同伴相处,能及时有效地处理周围发生的事情。

国内外有关教育专家研究发现,天才少年之所以聪明,是他们往往比平常

儿童有更多的责任感,从而促进他们认真思考、有效学习。所以,责任感是导致天才少年学业突出的一个重要因素。我们每一位青少年都应该具有这种重要的人格品质,因为这是优秀青少年必备的素质,是我们走向成功的基石。

要坚守自己的责任

社会在不断进步,社会对人才素质的要求也在不断提高,所以,作为人才素质重要体现的责任感也越来越受到人们的关注,成为人才选择的一项重要指标。今天还是青少年的我们,明天就是社会需要的人才,但是我们知道社会需要怎样的人才吗?

现在,我们只要随手翻阅一下报纸招聘广告,随时浏览一下人才网站,就可以发现,几乎在所有的招聘单位,都将责任感作为对招聘人员的一项重要要求。因为任何一家企业,要想在激烈的竞争中获得发展,首先需要的是具有责任感的员工。员工一旦有责任感,他才会去努力工作,企业也才会有发展。因此,我们一定要重视和加强自己责任感的培养,这样才有助于我们未来的事业成功、家庭生活的幸福。

一位成功的企业家也曾说过,一个人必须有责任感,不管你做什么,都要做一天就得做好一天,你不知道它会在以后的路上给你什么样的帮助。谁都可以成为成功者,只要你坚守自己的责任感。

我们一定不要逃避责任,要知道,责任就是一种机遇。这个世界需要一种深深的责任感,我们不仅要对自己负责任,还要对别人负责任,正是责任把所有的人联结在一起,任何一个人对责任的懈怠都会导致整个社会链的不平衡。所以,每个人都应该坚守自己那一份责任。

在一个大雪天的晚上,约翰·格林中士正匆忙地往家赶。当他经过公园时,一个人拦住了他,说:"对不起,打扰了先生,您是军人吗?"这个人看起来很焦急。约翰不知道发生了什么:"噢,当然,我能为您做点什么吗?"

"是这样的,刚才我经过公园时看到一个孩子在哭,我问他为什么不回家,他说,他是士兵,他在站岗,没有命令他不能离开。不知道和他一起玩的那些孩子都跑到哪里去了,可能都回家了。天这么黑,雪这么大。"这个人说,"我说,你也回家吧! 他说不,他必须得到命令,站岗是他的责任。我怎么劝他回去,他也不听,只好请先生帮忙了。"

接着,约翰和这个人一起来到公园,在那个不显眼的地方,有一个小男孩在那里哭,但却一动也不动。约翰走过去,敬了一个军礼,然后说:"下士先生,我是中士约翰·格林,你为什么站在这里?"

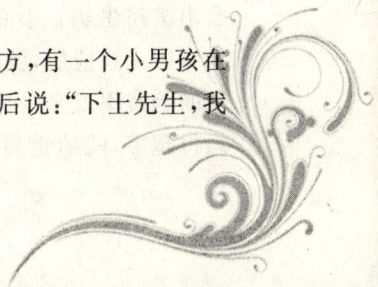

"报告中士先生,我在站岗。"小孩儿停止了哭泣,回答说。

"天这么黑,雪这么大,为什么不回家?"约翰问。

"报告中士先生,这是我的责任,我不能离开这里,因为我还没有得到命令。"小孩儿回答。

"那好,我是中士,我命令你回家,立刻。"

"是,中士先生。"小孩儿高兴地说,然后还向约翰敬了一个不太标准的军礼,撒腿就跑了。

约翰和这位陌生人对视了很久。最后,约翰说:"他值得我们学习。"

小男孩的倔强和坚持看起来好像有点幼稚,但是这个孩子却给我们做了一个"坚守责任"的榜样,的确值得我们每一位青少年学习。

美国著名社会学家戴维斯说:"自己放弃了对社会的责任,就意味着放弃了自身在这个社会中更好生存的机会。"不坚守责任而放弃责任,这就等于在可以自由通行的路上,自己设了路障,绊倒的也只能是自己。

在生活中,我们每一个人都饰演不同的角色。不管我们做什么,都应该坚守自己的责任,这是社会法则,是道德法则,也是心灵法则。只有坚守责任,我们在困难时才能够坚持,在成功时才能保持冷静,在绝望时才不会放弃。一句话,坚守责任是我们最根本的人生义务。

学着主动承担责任

主动是什么?就是别人没有告诉你,而你正做着恰当的事情。主动承担责任是快乐的。相反,被动承担责任总会生出抱怨,就不会快乐,因为在这些人看来,责任就是一种压力和负担,能甩掉就甩掉,不承担更好。所以说,主动承担责任是一种境界。

很多年前,有一个国王率领军队抵抗邻国的入侵,但经过多次奋战后,他的军队被打败了,国王假扮成一个牧羊人逃进了森林,他又饥饿又疲惫,突然,他看到一间伐木人的小屋,于是去敲开了小屋的房门,开门的是伐木人的太太。国王向她乞求一些食物,并请求留宿一夜。

国王的外表实在是太寒酸了,伐木人的太太并不知道他的真正身份,她对国王说:"如果你能帮我看着放在炉子上的这些蛋糕,我就给你吃一顿晚饭,我要出去挤牛奶。小心看着蛋糕,在我出去的时候不要让蛋糕烤焦了。"

国王答应后,就靠着火炉坐了下来。他全神贯注地看着蛋糕,但没过多久,他的脑袋里就全是他的烦恼:怎样重整自己的军队,之后又怎样抵御敌人。他想得越多,就越觉得希望渺茫,甚至他开始觉得再继续奋战下去也是没有希

望了。

不久，伐木人的太太回来了，她看到满屋子都是烟，蛋糕变成了烧焦的脆片，而国王坐在火炉旁，出神地看着火焰，根本就没意识到蛋糕烤焦了。伐木人的太太生气地喊道："你这个懒惰没用的家伙，看看你做的好事，你让我们都没有晚饭吃啦！"国王从思考中回过神来，惭愧地低着头。

刚好伐木人回来了，他认出了国王。他对太太说："你知道你骂的是谁吗？这是我们高贵的国王啊！"他的太太吓坏了，她跑到国王身前跪下，请求国王的原谅。

国王请她站了起来，说："你骂得没错，我说我会看好蛋糕，但却烤焦了，我被你骂是应该的。任何人要是接受了一个责任，不管责任大小都应该切实去完成。这次我搞糟了，但不会有下次了，我要去完成我做国王的责任。"

那之后没几天，国王就重整他的军队，打败了敌人。

我们要明白，无论如何，都要为自己的行为负责，而且应该是主动承担责任。一旦逃避自己理应承担的责任，就会受到他人的指责，失去朋友，也会丧失做人的准则。

英国作家维克多·费兰克曾说："每个人都被生命询问，而他只有用自己的生命才能回答此问题；只有以'负责'来答复生命。因此，'能够负责'是人类存在最重要的本质。"

在当今社会，人们在社会生活中扮演着多种角色，承担着多种不同的责任。只有我们每一个人都主动承担起各自的责任，社会生活才能井然有序地进行，社会才能不断进步。

培养责任品质的小方法

1. 从小事做起。在成长的过程中，每天都会遇到许多小事，正是这些小事给我们提供了培养责任感的机会。从小学会做小事，长大才能做大事；从小知道为小事负责，长大才能主动为大事负责。

2. 自己的事情自己做。我们应该明白，自己的事情都是我们分内的事，一定要自己做，千万不要再期望得到父母或其他人的帮助了。

3. 学会关心他人。我们要从关心自己的父母、亲人和家庭开始，进而有意识地帮助孤寡老人、残疾人做点事，参加居民区的清洁、绿化劳动，在学校做好值日工作等等。在这些有意义的活动的实际锻炼中，我们会不断增强自己的社会责任感。

4. 要履行承诺。要从小就学会做一个言而有信的人，一旦许下的诺言，就

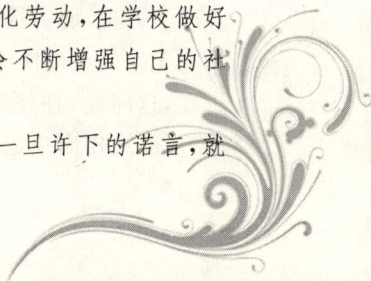

要尽力去履行。这既是对别人负责,同时也是对自己负责。

第21种品质 果断——人生加速成长的保证

果断是一种优秀品质,而且是人类优秀品质的核心,是所有成功者的重要人格特质之一。如果我们没有果断的品质,那么我们生命的航船就会没有方向,就会到处漂泊,就经受不住暴风雨的吹打,永远也找不到属于自己的港湾。培养果断的品质对我们的一生都非常重要,会彻底改变我们的人生航程。

毛遂是战国时期的外交家,他具有远见卓识,口才出众。他在赵国公子平原君门下已经3年了,一直默默无闻,总没有施展才能的机会。

公元前258年,秦国大举进攻赵国,情况十分危急。赵王只好派平原君赶紧出使楚国,向楚国求救。平原君准备挑选20名足智多谋的食客随同前往。可挑来挑去,最终只有19人合乎条件,还差一人却怎么也挑不出来。

这时,毛遂觉得机会来了。只见他果断地站了出来说:"我愿随平原君前往楚国,哪怕是凑个数!"平原君不大以为然,婉转地说:"你到我门下已经3年了,却从没有听到有人在我面前称赞过你,可见你并没有什么过人之处。而且你一直也没能出头露面显示你的本事,我怎么能够带上你呢?"

毛遂心平气和地据理力争说:"那是因为我没有机会,现在我毛遂自荐,一定能够助君成功。"平原君觉得毛遂说得有道理,而且气度不凡,就带上了他。

果然,到达楚国后,平原君靠毛遂的出色辞令和非凡才干说服了犹豫的楚王,楚王答应出兵,赵国得救了。

果断才能把握机遇

英国大诗人艾略特曾说:"世上没有一个伟大的业绩是由事事都求稳操胜券的犹豫不决者创造的。"德国著名小说家亨利希·曼曾说:"果断获得信心,信心产生力量,而力量是胜利之母。"可见,要想把握机遇,一定要果断。

无论是在生活还是学习以及未来的工作中,我们都会遇到需要作出决定的时候,这时候,往往需要我们果断、坚定。今天这个时代瞬息万变,如果不能迅速、果断地作出决定,机遇就会稍纵即逝,我们就会失去成功的机会。

　　事实证明,凡成大事者,都具备坚定而果断的素养。英国大文豪约翰生博士曾说:"当你站在那儿,谨慎地考虑你的孩子应该首先读哪本书的时候,说不定别的孩子已经把两本书都读完了。"所以,只有果断决定,才能赢得胜利。

　　当有人问亚历山大大帝是怎样征服世界时,他总是回答说:"我只是毫不迟疑地去做这件事。"在紧急情况下,拿破仑也从来不会踌躇不定。他总是立即抓住自己认为最明智的做法,而放弃其他的行动方案。这真是一种十分有效的方法,充分体现了果断的力量。

　　1975年初春的一天,美国亚默尔肉食加工厂的老板躺在沙发上翻阅报纸。突然,一则短讯让他瞪圆了双眼:墨西哥开始流行猪瘟。这位老板立即推测,如果墨西哥有猪瘟,必定从加利福尼亚和得克萨斯两个州传入美国,而这两个州又正是肉食供应的主要基地。一旦这两个州猪瘟流行,则全国的肉类供应一定会紧张起来。

　　这位老板证实了这则消息后,就立即果断地决定,要倾囊购进得克萨斯州和加利福尼亚州的生猪和牛肉,并及时运往美国的东部。这个决定让厂内的同仁非常震惊,他们纷纷反对,认为这样做太过冒风险。但老板毅然大举收购,坚定自己的判断。

　　果然不出他所料,从墨西哥传染过来的瘟疫迅速蔓延到美国西部几个州,美国政府立即严禁这些州的食品外运。于是美国全境肉类奇缺,价格暴涨。亚默尔公司乘机抛售,几个月之内就净赚了900万美元,一时占尽了先机。

　　亚默尔肉食加工厂之所以能在猪肉危机中大赚得一大笔,主要归功于那位老板的先见之明和他果断坚定的个性。如果他想到了,却拖延了时间,那他也就不会有如此辉煌的战绩了。亚默尔肉食加工厂的这次成功,给我们上了一课:一旦想到,就应该把握住机会,果断地实施,那么财富也就会随之而来。

　　有人说:"再也没有什么比总是对自己的决定没有信心更糟糕的事情了,因为有这种性格的人作出的决定从来就不会被贯彻到底。"可见,对成功来说,优柔寡断就是一大阻碍。

　　其实,人生面对的并不总是大事,也并不总是紧要关头,更多的是日常生活中的小事。但是,小事也需要我们果断处理,而且它的意义也许更大,它有助于我们养成果断的品质。

　　我们要知道,在作出决定时不要总是要请求别人的帮助,因为这比懦弱无能更糟糕。我们必须训练自己养成这样的习惯,即在紧急关头靠自己的勇气和决断力。

当决不决错失良机

现实生活中,有很多人总是摇摆不定、犹豫不决,对他们来说,很难获得人生事业的成功。所以,一个人永远也不要在冥思苦想中,一会儿提出问题的这一面,一会儿又提出问题的另一面。因为一个人如果试图做到面面俱到、万事平衡,他就会作出无益而琐碎的分析,而且这些分析往往抓不住事情的本质。

当决不决一定会错失良机。所以,一定要果断。果断而不计较一时的得失是为了把握机会,就会获得更大的进取。有这样一个真实的故事:

在圣皮埃尔岛发生火山爆发灾难的前一天,意大利商船"奥萨利纳"号正在装货,准备运往法国。船长马里奥·雷伯夫敏锐地察觉到了岛上培雷火山要爆发的威胁。于是,他决定停止装货,立刻驶离那里。

当然,发货人不同意立即起航,他们威胁说:"现在货物只装了一半,如果你胆敢离开港口,我们就去控告你。"他们还一再向船长保证,培雷火山并没有爆发的危险。但是,船长马里奥·雷伯夫的决心却毫不动摇,坚定地回答道:"现在,我必须离开这里。我宁可承担货物只装载了一半的责任,也不继续冒着风险在这儿装货。"于是,"奥萨利纳"号真的立即离开了。

24小时以后,在发货人和两个海关官员试图逮捕马里奥·雷伯夫船长的时候,圣皮埃尔岛上的火山爆发了,他们全都死了。而这时候,"奥萨利纳"号却正安全地航行在公海上,向法国前进。

可见,是马里奥·雷伯夫的决断救了他,他是幸运的。实际上,上天并没有特别照顾他,只不过是他在关键时刻作出了果断的决定,并毫不犹豫地去执行了,从而获得了机会之神的青睐。

今天的时代需要意志坚定、精力充沛、行动迅速的人。这种人不但善于果断作决定,而且善于果断执行决定。当面对问题的时候,他会全面考虑自己所面对的情况,迅速果断地作出选择。这样的人有超常的自我管理能力,他不仅仅制订计划,还能够执行计划;不但作出决定,而且还能够把决定贯彻到底。

有人说:"世界上最可怜的莫过于那些瞻前顾后,前怕狼后怕虎,不知取舍的人;莫过于那些不能承受压力,犹豫不决的人;莫过于那些受他人意见左右,没有主见的人;莫过于那些拈轻怕重的人;莫过于那些从没有感受到自身所具有的伟大内在力量的人。"我们一定不要做这样的人。

要让自己行动起来

美国《时代周刊》曾经报道,美国最有名的新闻播音员爱德华·慕罗先生,

在面对麦克风之前总是满头大汗；但是，一旦开始播音以后，他所有的恐惧就都没有了。许多老牌演员也有这种经验，他们同意：治疗舞台恐惧症唯一的良药就是"行动"，立刻进入角色就可以解除所有的紧张与不安。

成功学大师拿破仑·希尔说："我常常跟推销员在一起，他们经常怯场，即使最老练的推销员也难免。他们为了克服恐惧，往往在客户家附近徘徊犹豫，要不然干脆找个地方，一杯又一杯地喝咖啡，以此来培养自信与勇气，这样根本没有任何效果。克服这种恐惧——包括任何一种恐惧——最好的办法就是'立刻去做'。"

试想一下，我们是否害怕和一个从没有打过交道的陌生人说话？是不是害怕在众人面前发表自己的看法？如果这样的话，马上就去做，我们的恐惧便会一扫而光。如果我们选择迟疑不决，就会变得越来越不想行动。

所以，无论如何，也应该让自己行动起来。法国伟大的哲学家笛卡儿曾说："在行动上要尽可能做到最坚决、最果断，当我一旦采取某些意见之后，即使这些意见极为可疑，我也始终加以遵守，就像它们是非常可靠的意见一样。"

俄国著名作家车尔尼雪夫斯基曾经这样说："实践，是个伟大的揭发者，他暴露一切欺人和自欺。只有行动，才是医治'行动恐惧症'的唯一良方。"我们经常听到身边有许多人抱怨上天不公平，抱怨机遇与自己擦肩而过，孰不知是思想在决定态度，态度又在左右行动，最终，是行动造就了无所事事的结果。在怨天尤人的同时，一切机会已从指间悄然溜走，浑然不知。

虽然，人人都知道行动是取得成功的前提，但还是有些人总是把行动起来的念头藏在心底，总是对行动表现出犹豫不决，那么，他们永远也不能取得成功，因为犹豫不决的心态已经把一个人的斗志和理想都拖垮了。

有些人属于"语言的巨人，行动的矮子"，这种人在人群里不是少数，有多少绝妙的创意、远大的理想，都在犹豫不决中失去了踪影，而那些真正能够把想法付诸行动的人，无论最后成功与否，都是个值得尊敬的人。

无论是哪一个成功人士在迈出第一步前心里也总会充满紧张与志忑。如果有一件事情我们必须要去做，但内心却总害怕失败而犹豫，那么，请抛开这些不快的阴影，只要我们能坚定勇敢地迈出第一步，就一定会有所收获。

现实和理想在"人生河流"的两岸，中间隔着湍急的河流，要想过河，必须要有所行动。行动就是架在湍急河流上的桥梁，只有果断行动才会产生结果，行动是成功的保证。再伟大的目标，伟大的计划，最终必然落实到行动上。想得好是聪明，计划得好更聪明，做得好则是最聪明。

在危急的情境之下，就应当果断，要让自己行动起来，这样才能够获得成功。如果在危急时刻还犹犹豫豫畏缩不前，后果就不堪设想了。

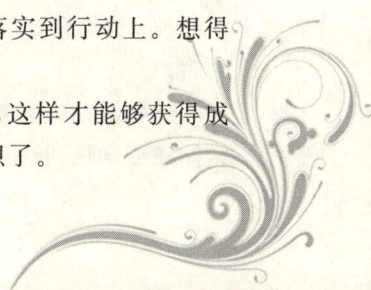

所以,不要再抱怨了,赶紧从自身寻找原因,立即行动起来吧! 果断离不开行动,没有行动的果断是没有价值的,也是没有意义的。

培养果断品质的小方法

1.认识到英明的决断是抓住机遇的前提。成功者依靠的过人的眼光,在充满困顿、挫折和失败的环境中作出果断的决定,从而把握住了机遇,获得了人生的成功。

2.要有自己独到的见解。要懂得调整自己的思路,不能被眼前的压力所吓倒,也不能被表面的利害关系所迷惑,要做到客观理性地分析,没有见解是行不通的。

3.做到当局不迷。人是感情的动物,但想要成功做事,就一定要摆脱人情关系的包围,否则就会陷入人情的旋涡,从而让自己犹豫不定。

4.培养自己的敏锐感觉。很多事情有时候不容我们长时间考虑,必须立即作出判断。这时候,需要的就是敏锐的感觉。只有具备了敏锐的感觉,才能真正拥有决断的智慧。

第22种品质 求实——人生必须要实事求是

求实就是实事求是,这是一种优秀品质,又是一种思想方法。它能辩证地看一个人、一件事。求实,就是毫不隐讳挑出弱点,沉淀长处,树立更高尚的道德;求实,是每个人所要遵循的基本准则。事实上,它不仅是一项准则,更是一门人生的学问,我们在今后的学习和生活中一定要学好并用好这门学问。

哥白尼本是波兰一个大教堂的神职人员,当时教会认为地球是宇宙的中心,如果谁怀疑这一点,谁就是大逆不道,就要受到严厉的惩罚。

但是,哥白尼通过对天体的长期观察和科学论证,发现这一观点是错误的。于是,他不顾教会的迫害,大胆地发表了《天体运行论》一书,确立了太阳中心说。

布鲁诺是文艺复兴时期意大利伟大的思想家。他坚持和发展了哥白尼的太阳中心学说,被宗教裁判所判处死刑。当布鲁诺脚下的干柴在熊熊燃烧的时

候,他凝望着天空坚定地说:"大火并不能把我征服,未来的世纪会了解我,一定会知道我的价值的"。

的确,哥白尼、布鲁诺那种坚持真理、捍卫真理的精神是永生的。所以说,科学的生命在于实事求是。

做人还是要老实

著名教育家徐特立曾说:"一个人最怕不老实,青年人最可贵的是老实作风:'老实'就是不自欺欺人,做到不欺骗人家较易,不欺骗自己最难。老实作风就是脚踏实地,不占便宜。"这句话非常有道理,做人应该要老实,这才有助于一个人获得成功。

很多年以前,一个15岁的男孩来到杭州胡庆余堂当学徒。在去胡庆余堂的路上,他的老祖母颤巍巍地送他,一路上,她只对男孩说了一句话:"老老实实做人,规规矩矩做事。"男孩记住了这句话。

学徒非常辛苦,每天要做十几个小时的活儿。清晨四五点钟就得起床,打扫屋里屋外的卫生,擦拭摆放在柜台上的器具,然后又要照顾师傅起床,帮他倒洗脸水。但是,得到的报酬却很低,除了填饱肚子外就所剩无几了。

有一天凌晨,男孩在打扫卫生的时候,发现地上躺着几枚钱币,面值大约相当于今天的五元钱。当时,他很需要钱,在身边没有人的情况下,他完全可以把钱占为己有,但是他没有这样做,而是把钱捡了起来,天亮的时候交给了师傅。这样的事后来发生过很多次,每次师傅见他来交钱总是不置可否。

也许,在外人看来,他就是一个笨孩子,做事竟然一板一眼,一点儿也不懂得变通。要知道,有些学徒会变着法子偷懒,而他却不会。

治咳嗽有一味药叫做鲜竹沥,需要用火烤毛竹蒸出水分。这是一件细致活儿,几两鲜竹沥往往要在火堆旁蹲上两小时左右。男孩就老老实实地烤,一点一滴地收集,从来没想过往鲜竹沥中掺点水。

如果按现在有些人的观点来看,这样的学徒不会成大器,因为他缺乏商人应有的灵活和世故。但是,他现在的身份是杭州某著名药厂的老总,他创出的品牌已热销了20多年。他靠的不是灵活,而是老老实实地做人。

接受记者采访时,他多次提到他的祖母。他说,当学徒那时候清晨捡到的钱,都是师傅故意放在地上的,他是在多年以后才知道事情的原委的。如果当时他把钱币放到自己的口袋里,他的人生一定会是另外一个样子。

毛泽东主席曾说:"我们应该老老实实地办事;在世界上要办成几件事,没有老实的态度是根本不行的。"很多人都说,人生的关键只有几步。其实,人生

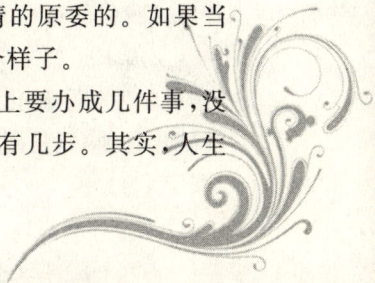

最关键的话也只有几句。

做事要实事求是

实事求是是一种美德,而丢弃了求实精神,就等于告别了美德。周恩来总理曾说:"我们对待任何问题,都必须坚持'知之为知之,不知为不知'的老实态度。"

苏联文学家高尔基有一个打算,出版到契诃夫为止的俄国作家优秀作品选100卷。高尔基周围的献媚者很多,其中的一个人在"100卷"的编辑会议上列举高尔基的作品,说到每一部作品时都添油加醋地恭维一番。

高尔基居高临下地看着他,生气地撅起了胡子。当那个人说到高尔基的早期作品之一、著名诗作《海燕之歌》时,高尔基打断他的话:"您看来是在开玩笑,我想起这作品来就不好意思,这是一部很差劲的作品。"当说到他的几部剧本时,那人又一次恭维起来,高尔基又插话说:"对不起,先生们,你们所谈的这位作者是个不高明的剧作家,除了《在底层》一部剧作以外,其他所有的,我看都不像样。"

从高尔基的话语中,可以明显看出高尔基的求实精神。做事需要实事求是,而实地考察是实事求是的一种方式。当年,司马迁写《史记》写到魏国的历史时,其中有一节是,传说秦国为灭掉魏国,曾经引黄河水淹没魏国都城大梁。传说归传说,可是《史记》却是一部史学著作,来不得半点的不真实。

为了探明实情,司马迁亲自到当地进行实地考察。他爬上了长城,寻找那一处被洪水淹过的痕迹。工夫不负有心人,他终于找到了那个遗迹。为了进一步证实,他还遍访当地的长者,了解当年魏国人民与洪水搏斗的故事。经过多方位的调查取证,他得到了大量的第一手材料。然后他再把这些材料归类整理,并加以分析研究,终于证实了当年秦国水淹魏国大梁城的史实。这样,他才开始动笔,写下了这个真实的故事。

我们要知道,忠于事实就是忠于真理,在真理面前来不得半点的虚假。这一点,老一辈无产阶级革命家彭德怀也做出了很好的榜样。

在全国大放卫星、盛行浮夸风的那个年代,彭德怀为了证实自己是不是真的右倾了、保守了,粮食亩产是不是能达几万斤,于是就亲自种了一分试验地。他精心经营、深翻、施肥、浇水,收获时,收到麦子90来斤,彭总算了算说:"一亩地能收八九百斤,算我们工夫不够,加一倍,亩产2000斤,顶天了,绝不可能到万斤。"我们的革命家以自己的实际行动为"实事求是"做了最好的注脚。

实事求是就是尊重事实。"炸药大王"诺贝尔从不掠人之美。人们总是说:"诺贝尔发明了硝化甘油。"听到这种说法,他总要予以更正。他说:"我不曾发明硝化甘油,但是硝化甘油没有引爆方法就不能应用,这个引爆方法才是我发

明的。此外，我还发明了大量制造硝化甘油的便利方法。"

硝化甘油是意大利化学家苏雷罗发明的，不过把硝化甘油制成烈性炸药，却是诺贝尔的功劳。当时因为诺贝尔名声很显赫，人们就忽略了苏雷罗，可是诺贝尔却把实情告诉了人们，在苏雷罗经济窘迫时，诺贝尔无私地给予他巨大的支持。

本杰明·富兰克林是举世闻名的科学家、发明家。富兰克林最惊心动魄的实验，是冒着生命危险去探索雷电。在当时的西方，大多数人相信雷电是"上帝的火"，也有少数人认为雷电是"毒气炸弹"。

在 1752 年 7 月的一个雷电交加的日子，一阵震耳欲聋的雷声随着刺眼的闪光，在低空云层中炸响，似乎要把宇宙撕裂。冒着狂风暴雨，富兰克林和他的儿子在牧场旷地上把一只丝绸做成的风筝放上天空。

又一个闷雷炸响，云中的雷电通过风筝上尖细的铁丝使风筝和绳索带电，只见绳索上散松的纤维立即向四周直立起来。这时富兰克林完全忘记了自己万分危险的处境，立即把风筝绳上的钥匙和莱顿瓶连接起来，使莱顿瓶充电。富兰克林这次冒着生命危险的实验，终于证实了他的推断："闪光就是闪电！"

苏联伟人列宁曾说："做人，要做一个实事求是的科学家，而不应成为一个空想家。"鲁迅也曾说："空谈之类，是谈不久，也谈不出来什么的，它终必被事实的镜子照出原型，拖着尾巴而去。"一点都不错，大凡古今中外为人类所作出贡献的人，都是追求客观真理永不放弃的典范。

敢于求是而改过

一位哲人曾说："求实的态度要求我们有错必改。"是的，一个人应该敢于承认错误，这样才是在实践实事求是的良好作风。

1843 年，20 多岁的恩格斯在伦敦大英博物馆见到鸭嘴兽的卵时，非常怀疑。因为鸭嘴兽是哺乳动物类，哺乳类动物是胎生的，怎么能有卵呢？他公开阐述了自己的观点。

可是，到了 50 多年后的 1895 年，恩格斯明白了，鸭嘴兽虽然是哺乳动物，但它的确是卵胎生的，是哺乳动物中的一种特例。这时候，恩格斯已经名扬天下，可是他仍然公开承认自己青年时代的错误，表示"向鸭嘴兽道歉"。

无独有偶，爱因斯坦不但勇于坚持真理，而且也勇于修正错误。1937 年，爱因斯坦得出了"引力波不可能存在"的结论，后来有人对这个结论提出疑问，爱因斯坦经过研究，仔细考虑，终于放弃自己的观点，接受别人的意见，在一次报告中当众改正了自己原来的结论。

爱因斯坦在晚年曾经说过，现在与相对论一致的实验都不足以证明他的理

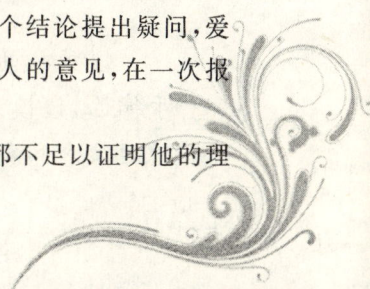

论的正确,而只要有一个与他的理论不相符的事实,就可以推翻他的理论。可见,追求真理就要勇于改过。

卢梭是法国伟大的思想家,他因为敢剖析自己而重获新生。卢梭写过著名的《忏悔录》,他要做的是:"把一个人真实的面目赤裸裸地揭露在世人面前,这个人就是我。"所以,在《忏悔录》中,他直面自己的隐私,痛责自己的过错。

他曾写道,自己在年轻当仆人的时候,曾经偷过主人家一条用旧的丝带,主人发现后,他在众目睽睽之下,把这件事嫁祸于诚实的女仆玛丽,破坏了她纯洁、善良的好名声。

此后,卢梭的内心非常痛苦,牢牢记在心上,永远提醒自己不要再做导致犯罪的事。因此,以后"40年来在极端困难的情况下,始终保持了诚实与正直"。

不可否认,知错就改的人是值得尊敬的。做人应该学会改过,千万不要因为一时的利益、面子而拒绝改过。我们要学会接受批评,犯了错误只要肯改过,就能得到宽容和谅解。要知道,犯错和改错的过程,就是一个人成长的过程。

培养求实品质的小方法

1. 不要只相信眼睛而不信镜子。项羽虽从小饱读诗书,力大无穷,但他主观武断,事事都是只凭着一人之勇,"只相信自己的眼睛而不相信镜子",最终落个四面楚歌,自刎而死的悲惨结局。

2. 老实做人做事。这一点对于培养求实品质非常重要。现代新闻学家邹韬奋曾说:"天下作伪是最苦恼的事情,老老实实是最愉快的事情。"

3. 不要撒谎。古希腊寓言家伊索曾说:"说谎话的人得到的,就只是即使说了真话也没人相信。"可见,撒谎没有任何好处,而且它会让人远离求实精神。我们要说真话,这是我们的力量所在。

4. 要脚踏实地,不要幻想。一个人如果把自己的理想建立在海市蜃楼上,他一定会在最后的竞争中败下阵来。正如高尔基所说:"聪明的人把希望寄托在事业上,糊涂的人把希望寄托在幻想上。"

第23种品质 慎独——成功做人的第一准则

慎独指的是一个人在独自居处的时候,也能够自觉地严于律己,谨慎地对待自己的所思所想和所行,防止有违背道德的欲念和行为发生,从而使道义时时刻刻伴随着自己。实

际上,能否做到"慎独",以及坚持"慎独"所能达到的程度,是衡量一个人是否坚持自我修身以及在修身中取得成绩大小的重要标尺。

一位朋友到泰国旅行,在货摊上看见一种十分可爱的小纪念品,他选中了3个之后就问价,女摊贩回答是每个100铢(泰国货币)。周围朋友还价60铢。说了半天,女摊贩就是不同意。最后她说:"我每卖出100铢,老板才能给我10铢的报酬。如果60铢卖了,我就什么也赚不到了。"

这位朋友听了之后,就心生一计,说:"这样吧,你卖给我60铢一个,我额外给你20铢作报酬,这样,比老板给你的还多,而我也少花了些钱。咱们都有好处。"他满以为女摊贩会立刻答应他的,不过,却见她摇摇头。这位朋友便补充上一句:"你的老板不会知道的,别担心。"女摊贩看看我的朋友,坚决地摇摇头说:"佛会知道。"

慎独是一种美德

所谓慎独,实际上就是在独自活动无人监督的情况下,凭着高度的自觉,仍旧按照一定的道德规范行动,而不做任何违背道德和法律的事。这是一个人的道德修养,也是评定人品优劣的标准之一。

慎独是儒家学说的一个重要概念,对于它的含义,《辞海》解释为"在独处无人注意时,自己的行为也要谨慎不苟",《辞源》解释为"在独处时能谨慎不苟"。

老一辈国家领导人刘少奇对慎独作了更通俗的解释:"一个人独立工作、无人监督时,有做各种坏事的可能,而不做坏事。"作为自我修身方法,"慎独"不仅在古代的道德实践中发挥过重要的作用,而且对今天的社会主义道德建设仍具有重要的现实价值。

"慎独"这个词听起来好像离我们有点遥远,它似乎只是古代君子修身的一个信条。在现实生活中,我们可能经常见到这样的情形:

在众人面前十分讲究卫生,独自一个人时就随地吐痰;有交警时就遵守交通规则,一旦路口没有交警值守就"勇敢"闯红灯;在自己熟悉的环境中谦恭有礼,一旦置身在陌生环境中就不再遵守公共道德……这些都是典型的不慎独。

很多人都形成了这种心理:规矩是给他人定的,而我可以想办法突破它。实际上,在现代社会中,只有每个人都以自觉约束的方式享受自由,才能获得持续的权利。这是现代社会秩序中的重要特点,也是诚信的基础。

就像开头那个故事中说的那句"佛会知道",这句话完全捅破了在没人时的

"无人知晓"这层纸。只要恶事做了,就已经客观存在了。用"没有人知道"来欺骗自己是十分愚蠢的。俗话说:"要想人不知,除非己莫为。"错误的、违法的行为,即使是在暗处,早晚也会暴露的。

慎独就是面对自我的身心,怎样"以心治身";面对外部的世界,怎样不被外物所左右而保持道德上的自觉。从消极角度说,"慎独"是一个防止和约束"自我非道德性"萌生和出现的过程;而从积极的角度说,"慎独"则是一个保持和守护"自我"道德本性的过程。

慎独在现在已经成为一个专用名词,人们都喜把"慎独"当成座右铭,它的内涵已广为人知。慎独应该是一种内在的要求,人们只有把道德变成了自己内心的一种要求,才能够真正实践慎独。

我们慎独并不为了别人而是为了自己,之所以我们在别人面前有些事情不敢做,是因为别人在自己心目中有一席之地。那么,为什么在独处时这些事就敢做了呢?难道就真的是自己在自己的心目中都没有一个高尚的地位吗?

古希腊大哲学家毕达哥拉斯曾说:"无论是在别人跟前或者自己单独的时候,都不要做一点卑劣的事情——最要紧的是自尊。"是的,无论在什么时候,都不要展现出自己的丑陋,要随时随地要求自己做一个高尚的人,做一个值得他人和自己尊敬的人。当我们独自一个人的时候,享受一段宁静而有意义的时光,这就是"慎独"带给我们的快乐。

不可否认,慎独是一种美德。要想养成"慎独"这种美德,就需要不断地磨练自己的道德意志,时时处处用道德规范来约束自己的言行。只有时时处处去除自己的私心杂念,才能真正提高自身的修养。

需要慎独的境界

慎独是一种情操,是一种修养,是一种坦荡,是一种十分高尚的精神境界,也是一种自我的挑战和监督。古往今来,达到慎独境界的人简直太多了。

孔子的弟子曾参守节辞赐,西汉初期政治家萧何慎独成大事。东汉著名经学家郑玄曾说:"慎独者,慎其闲居之所为。"也就是说,一个人在无人独处的时候,对自己的行为也要加以检束,千万不可以放纵。

东汉官吏杨震在赴荆州任刺史的途中经过昌邑。当时昌邑令王密得知后,深夜"怀金十斤以遗震",欲以厚礼报答杨震知遇举荐之恩。王密说:"这事别人不知道,请收下。"杨震拒收,严肃地说:"天知,神知,我知,子知。何谓无知?"杨震以"四知"自警自诫,拒受厚礼,是慎独的典范。

南宋著名诗人陆游,一生都专诚、专注于爱国情操,恪守抵抗侵略、重振王

朝的信念,写出了大量具有爱国主义情感的诗篇。早年"战死士所有,耻复守妻孥",中年"报国计安出,灭胡心未休",晚年"一闻战鼓意气生,犹解为国平燕赵"。这就是一位爱国者的慎独心志。陆游一生恪守这种心志,可歌可泣!

北宋宰相范仲淹食粥心安,宋人袁采"处世当无愧于心";元代许衡不食无主之梨,他说:"梨虽无主,我心有主";清代清圣祖康熙皇帝将"慎独"概括为"暗室不欺",告诫子孙说:"《大学》、《中庸》俱以慎独为训。"林则徐的"海纳百川,有容乃大;壁立千仞,无欲则刚",叶存仁的"不畏人知畏己知",曾国藩的"日课四条":慎独、主敬、求仁、习劳,其所谓"慎独则心泰,主敬则身强"。以上种种,无一不是慎独处世、道德完善的体现。

"吾日三省吾身"就是慎独的功夫。三省其身,就是面对自己,澄清自己的内部生命。鲁迅先生曾说:"我的确时时解剖别人,然而更多的和更无情的是解剖我自己。"

我们需要慎独的境界,慎独的最高境界就是孔子所说的"随心所欲"。这里说的随心所欲并不是我们平常所说的想干什么就干什么,而是指道德修养到达一定程度后的一种境界。只要我们能从"慎独"开始,持之以恒,就一定能够实现从道德修养的"必然王国"到"自由王国"的飞跃。

千万不要小看慎独,慎独的力量是巨大的,对我们有着重要的意义。因为慎独,在金钱的诱惑面前,我们不会低下高贵的头颅;因为慎独,我们就不会走进人生的深渊;因为慎独,我们可以提升自身素养,并走向完美的人生殿堂。

做人还是要慎独

今天的社会日新月异,经济高速发展,新观念、新事物层出不穷,可以说,浮躁享乐、不劳而获的风气是影响极大的社会风潮。所以,虽然"慎独"这两个字无论写起来还是说起来都十分容易,但实际上做起来却非常难。

尽管"慎独"是古人提出来的,但在今天这个时代仍然有着极强的现实意义,它是悬挂在我们心头的警钟,是我们的美好人生能够持续发展的前提之一。只要我们做到了慎独,就不论是否有人在身边,我们都能自觉严格地遵守社会公德,不做损害他人和社会利益并最终损害自己的事。

慎独的"独"是"众"的反义词,简单来说,慎独指的是在众人面前不该做的事,在一个人独处时也不做。为什么有些事在众人面前不该做?因为做了就会妨碍甚至会伤害别人,而这种妨碍或伤害最终又会回落到我们自己身上。

比如,我们在众人前不可以随便拿用他人的东西,如果拿了,要么就会受到别人的指责,要么就会受到法律的严惩。其实,对于小事也一样,如果我们随地

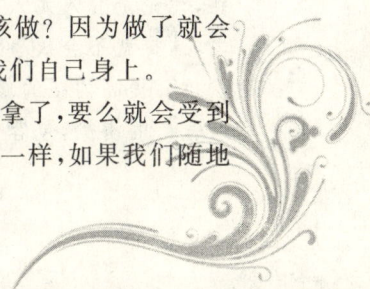

吐痰，即使没人当面说我们，但别人也会因为这个坏习惯而疏远我们。

再比如，如果我们抄作业、作弊能够获得好的成绩，这就是对认真学习的同学的不公平。而最终的结果是什么呢？是因为自己平时没做努力，所以没有获得真正的知识和技能，这将给我们一生的发展埋下了一个障碍，这会大大阻碍我们的人生成功之路。

所以说，我们每一位青少年都应该立志做一个慎独的人，不论是否有人在，都应该自觉严格遵守社会公德，不做有害人终害己的事。

那么，对于我们青少年来说，应该在哪些方面做到慎独呢？一般来说，我们应该遵守社会公德、拾金不昧、注意环保、爱护公物；尊重别人的隐私，不偷看别人的日记、信件；没有老师监考时也不作弊；不在背后议论他人；在每天的学习和生活中，言善、行善、思善，自觉约束自己的言行……只要我们能够一点点地坚持，慎独会自然而然地融入到我们的内心。

在我们人生的道路上，只有做到慎独，才能及时克服和纠正各种弱点、缺点和错误，才能把恶念扼制在萌芽状态，在思想上筑起一道坚固的意念之墙，抵御各种各样的诱惑。对于我们每个人来说，无论是对学业还是前程，无论是对当下还是将来，慎独都是极其重要的。

让我们把慎独当做一种信仰，当做我们人生的航标，这样，我们的人生航道就会越走越宽广！

培养慎独品质的小方法

1. 须以小处做起，要严格要求自己，在每一件小事上面都不能允许自己做有违背道德、良心的事情，当然更不能违背法律。

2. 要求自己的思想行为符合社会要求的身份角色，做到了就是慎独。有些青少年在学校积极劳动，一回到家后又是另一副样子，表里不一，当面一套，背后一套，这是不应该的。

3. 以不贪为贵。要控制住自己贪婪的欲望，更不能对自己说："就这一回，下不为例。"其实，这纯粹是自欺欺人，有一回，就会有二回、三回……最终将会不可收拾，所以要把贪欲消灭在萌芽状态，这就是慎独。

4. 一定要做到谨慎从事，三思而后行，要思虑周详，事无巨细都要考虑周到，无论是有人无人，无论是为公为私，无论事情大小，都要慎而思之、勤而行之，这样就不会败事。

5. 提高内在的修养。要立志高远，做对国家对民族有意义的事；厚德载物，以宽广的胸襟，包容他人；不计较暂时的得失，不被眼前的困难所吓倒。

第三章　高效学习篇

在今天这个时代，一天不学习就会落伍。
所以，要时刻学习，时刻保持一颗进取心。
当然，学习要讲求效率，
只有高效的学习才是最有力度的，
而低效或无效的学习则是浪费时间与精力的。
对于孩子来说，
要培养自己高效学习的能力，
这样才能让自己的每一分钟都能有所学。
然后，还要记得学以致用，
只有把学到的知识运用于实践，
学习才有意义。

第24种品质 好学——凝聚人生成功的力量

好学才能乐学,乐学才能自主学习。学习,是人类认识自然和社会、不断完善和发展自我的必由之路。无论一个人、一个民族还是一个国家,都要不断地学习。因为只有不断学习,才能获得新知,增长才干,才能跟上时代的发展,才不至于落后被动,才能提高自己的核心竞争力,才不至于被淘汰。

孔子之所以能够成为弟子三千、名扬四海的圣人,是和他小时候的好学精神分不开的。孔子刚刚满3岁时,母亲就已经教他读书识字了;到4岁时,他就会念100多个字了。

有一天,母亲对孔子说:"昨天我教的字你都会背了吗?"孔子说:"都会背了。"母亲说:"那好,明天一早我要考你。"

孔子和哥哥睡在一起,这天晚上,他钻入被窝后问哥哥:"哥哥,母亲教的字你都会背了吗?"哥哥说:"会了啊。你呢?"孔子说:"我虽然已经背了很多遍,但我没把握是否都会背了啊,明天一早母亲说要考我,如果我有背不出来的字,母亲一定会伤心的。不行,我一定要起来再多背几遍才行。"

哥哥被他这种好学和孝敬母亲的精神所感动,心疼地说:"天气凉了,别起来背了,就在我的肚子上写吧! 我能感觉出对错,也好对你写的做个检查!"于是,小孔子就在哥哥的胸口上写了起来。每写一字,就念出声来。可这声音越来越轻,当他写完最后一个字的时候,声音也听不到了。哥哥验完他的最后一个字,听着他那均匀的呼吸,望着他甜中带笑的睡容,既心疼又爱怜。

第二天一早,在母亲考核时,孔子一遍通过。母亲惊喜地说:"这孩子真神了,前天教了他那么多字,只过了一天,就如此滚瓜烂熟,将来准能干大事啊!"孔子望着母亲欣喜的面容,高兴地笑了。

活到老,学到老

其实,人类从诞生的那天起,学习就成为整个人类及其每一个个体的一项基本活动。如果人类不学习,就无法认识和改造自然,无法认识和适应社会;不学习,人类也就不可能有今天的世界。

可以这样说，对个人来讲，学习应该贯穿人的一生。因为从幼年、少年、青年、中年直至老年，学习将伴随人的整个生活历程并影响人一生的发展。所以，我们每一位青少年都一定要树立终身学习的态度，"学到老，活到老"说的就是这个意思。

这是大学毕业考试的最后一天。一群经济系大四年级的学生在一幢楼的台阶上挤作一团，他们正在讨论几分钟后就要开始的考试，这是他们参加毕业典礼之前的最后一次测试了。他们的脸上充满了自信，仿佛势在必得。

这些学生非常清楚，这场即将到来的最后一次测试将会很快结束。因为教授曾经说过，他们可以带他们想带的任何参考书或笔记，要求只有一个，就是他们在测验的时候不能相互交谈。

考试就要开始了，他们意气风发地冲进教室。教授很快就把试卷分发了下去。当学生们注意到只有5道评论类型的试题时，他们脸上的笑容更灿烂了。时间过得很快，3个小时的考试时间结束了。教授开始收试卷。学生们先前的自信表情不见了，取而代之的是一脸的忧虑和恐惧。

收完试卷后，教授俯视着他面前这些焦急的面孔，然后问："完成5道题目的有多少人？请举手！"结果没有一只手举起来。教授继续问："完成4道题的有多少？"仍然没有人举手。教授仍旧接着问："完成3道题的？2道题？"学生们不安地在座位上扭来扭去，但还是没有一个人举手。

教授依然不紧不慢地问："那么1道题呢？肯定有人完成一道题的。"整个教室仍然沉默、静寂。教授放下了手中的试卷说："这正是我期望得到的结果。"听到教授的话，所有的学生都瞪大了眼睛。

最后，教授微笑着解释说："我只想要给你们留下一个深刻的印象，即使你们已经完成了四年的经济学课程，但关于这个学科仍然有很多的东西是你们还不知道的。这些你们不能回答的问题，是与每天的日常生活实践相联系的。你们都将通过这次测验，但是请你们记住：即使你们现在是大学毕业生了，你们的学习也还只是刚刚开始。"

随着时间的流逝，教授的名字已经被遗忘，但是他的这堂课却没有一个学生遗忘。因为他们明白了学习是一生的事情，也是一生的需要，任何时候都不能试图停止学习的脚步。

实际上，一个人学得越多，懂得越多，越会觉得自己的无知，还需要加倍努力学习才行，这才是一种真正学习的状态。有人说，一个人想要具备竞争力，就必须不断充实自己，要力图让自己成为一个永远学习的人。

"终身学习"理念已经被很多国家的民众所认同，而且也成为了当代社会的一种现象。所以，要成为终身学习者，就必须对学习产生热爱并且乐于继续学

习，愿意在生活中随时与人分享学习的乐趣与成果。只有这样，才能具备终身学习者的特质与能力。如果人人都这样，那么，整体社会就会充满学习的气氛与文化，从而能够塑造出当代社会的一种新的学习文化。

有一位哲人说过，学习向来与生活密不可分。所以，人类的生活史，就应该是终身学习史；文明发展的过程，就是终身学习的过程。

好学方能成就大业

不可否认，只有好学才能成就一番大业。正如西汉著名文学家刘向所说："少而好学，如日出之阳；壮而好学，如日中之光；老而好学，如炳烛之明。"

格利雅是法国著名化学家，他的家庭十分富有，自幼过着奢侈的生活，不求上进。21岁时，自命不凡的他参加了一位绅士家举行的盛大舞会。在酒足饭饱后，客人们都随着音乐翩翩起舞。

他开始寻找自己的舞伴，突然，他惊喜地发现，舞池的对面坐着一位秀丽端庄的贵族小姐。于是，他连忙来到那位小姐面前，习惯性地将手一挥说："我请您跳舞。"这时，端庄的贵族小姐将身子一歪，说："我最讨厌你这样的花花公子。"随后便扬长而去。

贵族小姐的轻视和冷漠就像当头一棒，敲醒了他醉生梦死的灵魂。格利雅就那样呆立了足有10分钟，然后便冲出门外，在狂风中奔跑……此时，他真正感到自己生活浪荡、辜负青春的严重性。

于是，格利雅毅然离开了富足的家庭奔里昂而去。他想去里昂大学求学，但是，由于他学业实在荒废得太多了，根本没有入学资格。后来，一位好心的教授慷慨地向格利雅伸出了援助之手，帮他补习功课。

这一回，格利雅真的变得好学了，他废寝忘食，发愤苦读。经过整整两年的努力，心诚志坚的格利雅不仅补上了以前荒废了的学业，而且考入了里昂大学化学系。

在里昂大学，由于格利雅的好学精神和精辟见解，他很快就得到了有机化学家巴比埃教授的培养，开始研究烷基卤化镁（后被称为"格利雅试剂"）。1901年，格利雅获得里昂大学博士学位。

这位昔日的纨绔子弟，转变为成绩斐然的博士。接下来的4年，格利雅继续以好学的态度和行动专注于金属有机化合物的研究工作，并发表了200余篇有关有机金属镁化合物的论文。随后，他被聘为里昂大学教授。

后来，他又被聘为南希大学的教授。在第一次世界大战期间，他主要从事有关光气和芥子气的研制。1912年，格利雅因为在发明"格利雅试剂"和"格氏

反应"中所做的重大贡献而获得诺贝尔化学奖。

这是个通过好学的精神改变命运的故事。我们可以看到,在大自然中,有许多事物都是人们无法用平常的眼光来看待的,如果人们缺乏好学的精神,就永远无法获得真知。法国作家左拉曾经说:"生活的全部意义在于无穷地探索尚未知道的东西,在于不断地增加更多的知识。"一个人只有拥有好学的精神,才能不断地进行探索,他才会有更多的知识,才能感受到知识的巨大力量。

发明家爱迪生在火车上卖报,火车在台脱罗布市停留时,他便一头钻进该市最大的图书馆里看起书来。俄罗斯著名学者罗蒙诺索夫年轻的时候自愿帮助别人白干40天活,以换回一本算术书。

我国著名学者钱学森1950年从美国返回祖国时,板条箱里没有装奇珍异宝,而是装满了800千克的书和笔记本。美国硬说其中藏有很大的机密,强行扣留了他的全部行李,并非法将他逮捕。

可见,这些科学人才都是好学的典范,也正是因为好学,他们才取得了令人称道的不朽成就。我们要想探求知识,就必须培养自己的好学精神,从而重视学习,不但重视书本的知识,还要投身于社会生活中去获取实际的知识。

打造自己的学习力

在某种意义上来说,学习不是一种活动,而应该是一种能力,是一种学习能力,也就是学习力。学习的最大目的就是学会学习,让自己具备学习力,因为在现代社会,学习力就是竞争力。要终身学习,还要具备终身学习力,这样才能具备终身竞争力,才能在当今社会真正立于不败之地。

联合国教科文组织著名教育专家埃得加·富尔在《学会生存——教育界的今天和明天》一书中指出:"21世纪的文盲不再是目不识丁的人,而是不会学习的人。"所以,我们都应该学会学习,能够提早具备这种学习力,这是时代的需要。要知道,我们应该用学习力打造自己一生的竞争力。

一个人的学习能力与他的智力水平有关,但并不完全取决于智力,很大程度上是取决于他怎样使用智力。对于我们青少年来说,一旦能够很好地使用自己的智力,那么,我们所体现出来的能力也是超乎想象的。也就是说,只要我们拥有良好的学习习惯,懂得怎样有效学习,那么,即使是智力天赋不高,也能够取得很好的学习成绩。

人的一生离不开学习,我国唐朝著名诗人韩愈曾说:"书山有路勤为径,学海无涯苦作舟。"要学无止境,这是今天每一个智者所必须做的。因为当今时代,世界飞速变化,新情况、新问题层出不穷,知识更新的速度更是大大加快。

人们要适应不断发展变化的客观世界,就必须把学习从单纯的求知变为一种生活的方式。

在今天,学习的作用已经不仅仅局限于对某些知识和技能的掌握,学习还能让人聪慧文明,高尚完美,使人能够得到全面的发展。所以,基于这种认识,我们一定要始终把学习当做一个永恒的主题,反复强调学习的重要意义,不断探索学习的科学方法。

21世纪是个充满变量的世纪,对个人来讲,只有透过持续的学习,才能有效地应对变化。最近几年,很多国际组织与国家都已经树立了终身学习的观念,都已经把终身学习列为教育革新发展的一项重要内容。德国政府为促进终身学习理念与实务的发展,发行了终身学习邮票,在邮票上有这样一段话:人人必须学习,学习是一件值得庆幸的事情,也是终生的活动。

今天这个信息时代不允许我们错过任何学习的机会,我们要从生活点滴中汲取知识。让自己的学习力强大起来吧,只有我们具备了学习力,并能切实贯彻终身学习的习惯时,成功自然会与我们同行。

培养好学品质的小方法

1. 认识学习的重要性。当我们从内心深处真正认识到学习的重要性,就会积极付出行动,主动地去规划自己的学习,并以如饥似渴的心态去追求新知,这样的学习才最具成效。

2. 虚心好问。这也是有效学习的一种方式,不懂就问,才能把学习搞好。俗话说:"问是学之师,知之母。"在学习中,不可能事事都通,肯定会遇到解不开的问题,遇到不知道的事情。有问题并不可怕,怕的就是不问。

3. 培养刻苦钻研的精神。一个刻苦钻研的人,一定会热爱学习。相反,一个不愿意钻研的人,肯定不会对学习有什么真正的兴趣,这种人是十分愚蠢的。

4. 点燃求知的欲望。求知欲是人们探索了解自己所未知事物的欲望,是人们追求知识的动力。求知欲具有神奇的效力,它能激发起学习的热情和毅力。对事物强烈的求知欲,对事物的好奇心和探索是开启智慧之门的钥匙。

5. 要建立起主动学习的意愿、态度及能力,因为这些是终身学习的基础,也只有具备了这些,我们才能够好学,才能真正有效学习。

第25种品质　勤奋——早起的鸟儿才有虫吃

　　大凡成就大事的人都相信这样一个道理：勤奋是促使成功的基本要素，而懒惰者是永远也不会成功的。著名数学家华罗庚曾说："天才在于积累，聪明在于勤奋。勤能补拙是良训，一分辛苦一分才。"勤奋不仅包括学习时的态度，也包括学习时注重的深度和广度，还包括广泛涉猎教科书以外的知识。一个勤奋的人能够自觉去学习他想要的知识。

　　在美国，有一个人特别勤奋，每天天刚亮，他就伏在打字机前开始一天的写作。他就是世界闻名的恐怖小说大师斯蒂芬·金。

　　刚开始写作时，斯蒂芬·金穷困潦倒，甚至连电话费都交不起。后来，他成了世界上著名的恐怖小说大师，整天稿约不断，常常是一部小说还在大脑中储存着，出版商高额的订金就支付给了他。于是，他成了世界大富翁，可他仍然坚持勤奋创作。

　　斯蒂芬·金一年之中只有三天时间不写作，这三天是：自己的生日、圣诞节和美国国庆节。正是因为勤奋，让他有了永不枯竭的灵感。

勤奋是好运之母

　　大凡成就大事的人都相信这样一个道理：勤奋是促使成功的基本要素，而懒惰者是永远也不会成功的。西班牙著名作家塞万提斯曾说："不要睡懒觉，不和太阳一同起身就辜负了那一天……'勤奋是好运之母'，反过来，懒惰就空有大志，成不了事。"

　　毫无疑问，一个人能否取得事业的成功完全掌握在自己的手中。很多人出生在富裕家庭，但却没有什么作为；也有很多人出生在贫苦家庭，却能够凭着自己的勤奋而成为优秀的企业家，对社会作出巨大的贡献。

　　"钢铁大王"卡耐基白手起家建立了一个生产钢铁的大型联合企业，而且数十年保持世界最大钢铁厂的地位，几乎垄断了美国钢铁市场。卡耐基与洛克菲勒、摩根并列为当时美国经济界的"三大巨头"。

　　卡耐基1835年11月25日出生于苏格兰。他的家里虽然穷，但他的父母却都为人正直，对人和善，而且勤奋，乐于助人。卡耐基从小就受父母的影响，

学会了勤奋和自立。

　　13岁那年,卡耐基随家人来到美国东海岸的纽约港,后来又辗转来到匹兹堡,生活非常艰苦。那时,卡耐基白天要出去替人做工,晚上读夜校,十分辛苦。14岁那年,他来到匹兹堡的大卫电报公司做信差。他向经理许下诺言:一个星期就可以记熟全城的线路。他说到做到,最终成为公司最优秀的员工。

　　作为当时最先进的通信工具,电报在企业云集的匹兹堡市起着极其重要的作用。从某种程度上来说,卡耐基每天辛苦地往来于各个公司之间,熟悉了每一家公司的特点,同时了解了各个公司间的经济关系及业务往来。4年的勤奋积累,为他日后的事业奠定了坚实的基础。后来,卡耐基在回顾这段时期时,曾称之为"爬上人生阶梯的第一步"。

　　1853年,宾夕法尼亚州铁路公司西部管区主任斯考特看中了卡耐基,聘他去做私人电报员兼秘书,每月薪水为35美元。因为当时卡耐基的电报技术非常高超,18岁的他走进了这个更为广阔的世界。

　　在宾夕法尼亚州铁路公司的10余年中,卡耐基凭着自己的勤奋做事的态度,在24岁那年就升任为该公司西部管区主任,年薪涨到了1500美元。在公司,卡耐基更加勤奋,他留心每一个管理细节,逐步掌握了现代化大企业的管理技巧,这为他后来组织更为庞大的钢铁企业奠定了很好的基础。

　　卡耐基曾在带人修桥补路时,就常常思考能否用铁桥代替木桥。当时的匹兹堡的钢铁公司虽然很多,但相对来说还只是处于起步阶段。1862年,卡耐基与几个朋友一起创立了建造铁桥的公司。

　　1863年7月4日,美国南北战争爆发,卡耐基认为钢铁时代即将到来。于是,他借着到欧洲旅行的机会,去伦敦考察钢铁研究所,并果断地买下了道茨兄弟发明的一项钢铁专利,还买下了焦炭洗涤还原法的专利。回到美国后,卡耐基决定大干一场。

　　1865年4月,南北战争结束了。此时的卡耐基决定抓住这个机遇自己创业,于是,他很快就向宾夕法尼亚州铁路公司提出了辞呈。他迅速把分散的资金聚集在一起,成立了联合钢铁公司。

　　后来,勤奋的他又把联合钢铁公司更名为卡耐基钢铁公司,他大胆引进最先进的生产技术和一流的人才,改进生产管理和技术,降低成本,使自己一次又一次走向成功。19世纪末20世纪初,卡耐基钢铁公司已成为世界最大的钢铁企业,年产量超过了英国全国的钢铁产量,它的年收益额达4000万美元。

　　在一次接受记者访问时,卡耐基说起了成功的秘诀:"我之所以能成功,有两个基本因素:第一,我自幼出生在贫苦之家,晚上常听见父母为了应付穷困而叹息。所以我从小就力求上进与发奋,决心长大之后要击败穷困。第二,凡事

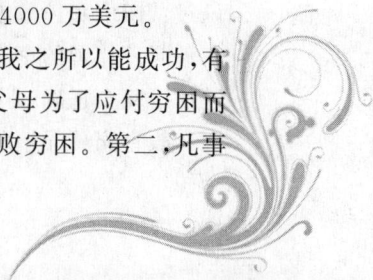

不论大小,都要认真地去做……"

所以说,一个人不管现在生活的条件怎样,只要他勤奋,有自己的目标,然后,一步一个脚印地往前走,同时不放过任何一个机遇,终有一天,他会成为一个拥有财富的人。

我们应该明白,要想成为有志者,要想在社会上有所成就,实现心中的梦想,那就必须勤奋起来,肯吃苦,具备上进的精神。

天才源于勤奋

美国成功学大师卡耐基曾告诫那些不太勤奋的年轻人:"懒惰心理的危险,比懒惰手足的危险不知道要超过多少倍。而且医治懒惰的心理,比医治懒惰的手足还要难。"鲁迅先生曾说:"伟大的成绩和辛勤的劳动是成正比的,有一分劳动就有一分收获,日积月累,从少到多,奇迹就可以创造出来。"

古今中外,财富总是偏爱勤奋的人。同样,在事业上有所成就的人,无一不是勤奋的楷模,勤奋成就了他们一生事业的辉煌。事实上,勤奋也是一种习惯,勤奋会让我们把握住更多的机会,从而成就非凡的事业,获得财富。

柏格森,1927年诺贝尔文学奖获得者,他也是一个勤奋的人。从师范学院毕业后,柏格森从事教学工作。与此同时,他还花了大量的时间阅读各种哲学著作,始终不断地思索着,并进行着哲学研究工作。在随后的几年时间里,他陆续完成了《论意识的即时性》及其他非常有价值的论文。柏格森在长期的研究工作中,一直保持着非常勤奋的状态。后来,他对朋友说:"近15年来,我从来没有真正休息过一天或半天。"但是,由于长期的劳累,柏格森不幸在66岁时瘫痪了。

由于病情的日益严重,柏格森不得不辞去他的教学工作。但是为了继续自己的研究事业,他顽强地与病魔进行着搏斗。当他坐在写字台前进行研究时,他不得不用一条绳子把自己系在椅子上,为的是不让自己从座位上跌下来。他的动作十分困难,连吃一顿饭都得进行几个小时。然而,即使是这样,柏格森也从没有放弃工作。晚年,他的右手几乎僵硬,但他还是坚持完成了他最后的一部作品。

事实上,一个勤奋的人,他能够取得的成就必然比其他人要多。居里夫人说过:"懒惰和愚蠢在一起,勤奋和成功在一起,消沉和失败在一起,毅力和顺利在一起。"德国的李卜克内西也说:"'天才就是勤奋',曾经有人这样说过。如果这话不完全正确,那至少在很大程度上是正确的。"

教育家蔡元培先生一生都非常勤奋。他在自己的书斋壁上写了"学不厌,

教不倦"的格言来勉励自己。他从小就沉潜于书中,进入社会就业后,一面工作,一面读书,勤奋程度一点不比少年时代差。他在绍兴徐氏家族藏书楼做校点时,因那里的藏书十分丰富,让他更加发愤苦学,遍读藏书,在学识上大有长进。

他谈到自己的读书经验时说:"自10岁起……读到现在,将满60年了,中间除大病或其他特别原因外,几乎没有一日不读点书的。"

蔡元培在上海徐家汇南洋公学教书时,为跟马相伯学拉丁文,每天早晨都步行四五里路到马府去请教。有时竟在5点天还没有亮时,他已在外边低声喊叫:"相伯,相伯!"马相伯觉得很奇怪,竟然一大早就有人来看他!于是,他开窗向楼下一望,原来是蔡元培,就急忙摆手对他说:"太早了,八九点钟再来吧!"蔡元培不得不回去了。

正是这种勤奋精神,为蔡元培先生成为卓有成就的教育家打下了坚实的基础。

事实上,一个人掌握知识的多与少,很大程度上取决于他的勤奋程度。爱因斯坦曾说:"天才就是1%的灵感加99%的汗水。""在天才和勤奋两者之间,我毫不迟疑地选择勤奋,她是几乎世界上一切成就的催产婆。"

著名文学家郭沫若也曾说:"形成天才的决定因素应该是勤奋。有几分勤学苦练,天资就能发挥几分。天资的充分发挥和个人的勤学苦练是成正比的。"由此可见,勤奋对于一个人成功的重要作用。

业精于勤荒于嬉

唐朝著名文学家韩愈在《劝学解》中说:"业精于勤,荒于嬉。"意思是说,学业的精深在于勤奋,而荒废在于贪玩的嬉笑声中。古往今来,有太多成就事业的人来自于"业精于勤"。有个很好的典故说的也是这个道理。

战国时期的苏秦,他虽然有雄心壮志,但因为学识浅薄,跑了很多地方都得不到重用。后来,他下决心发奋读书,有时读书读到深夜,实在疲倦了,就用锥子往自己的大腿上扎,经常能扎出血来。他用这种"锥刺股"的特殊方法,把睡意都驱逐了,然后振作精神,坚持学习。后来,他终于成了著名的政治家。

虽然我们不提倡"锥刺股"的苦行,但他的这种勤奋精神却永远值得人们学习。

美籍华人诺贝尔奖得主丁肇中教授之所以取得令人敬慕的成就,也是与勤奋分不开的。

有一次,一家中国报社记者采访丁肇中教授。记者问:"美国大学要读4

年,研究生院要读5至6年,才能取得博士学位,据说您总共只用了5年左右的时间,是吗?"

丁肇中答:"确实是这样。在那样困难的逆境中读书,就得用功。"

记者又问:"您取得成功的秘诀是什么?"

丁肇中说:"成功的秘诀只有三个字:勤、智、趣。"

这里的"勤"指的就是勤奋。丁肇中认为获得成功的第一个秘诀就是勤奋。中学时代的丁肇中就是一个以勤奋学习而出名的学生。进了大学后,无论是在哪里,他都是以勤奋而闻名。

肖楚女是我国早期的革命先驱,他具备的优秀语言表达能力也是靠平时的勤奋训练而成的。当年,他在重庆国立第二女子师范教书时,每天天刚亮就在学校后面的山上找一处僻静的地方,然后在树枝上挂一面镜子,对着镜子练习表达,在镜子中观察自己的表情和动作。

经过这样的勤奋训练后,他掌握了高超的语言表达的艺术。1926年,他到广州农民运动讲习所工作,在那里,他受到了尊敬和赞誉,而且他也为中国共产党的早期革命运动作出了巨大的贡献。

鲁迅发表《狂人日记》时,他第一次采用了"鲁迅"这个笔名。一次,鲁迅的好友许寿裳问鲁迅说:"你用'鲁迅'这个名字,可有什么讲究?"

鲁迅回答说:"用这个名字的原因之一,是取愚鲁而迅速之意。"他说,自己比较笨拙,无论做学问或者干事情,效率比不上天分较好的人。在这种情况下,只有更加勤勉,才能在一定时间内,收到和别人一样的效果。

俄国著名作曲家柴可夫斯基曾说:"即使一个人天分很高,如果他不艰苦操劳,他不仅不会作出伟大的事业,就是平凡的成绩也不可能得到。"所以,如果我们也想作出不平凡的成绩,就一定要勤奋,而不能让大好的青春年华在嬉笑中溜走。

培养勤奋品质的小方法

1.懂得勤奋的道理。勤,就是不懒惰,充分利用时间;奋,就是不拖延,勇于同困难作斗争。勤奋,就是为了学习和事业的成功,把握好每一个今天,不畏任何艰难困苦。"勤奋"这个词,是深含哲理、耐人寻味的。

2.认识懒惰的危害。懒惰是一杯毒酒,一旦喝下,就会中毒,后悔莫及;懒惰也是一种恶劣的精神负担,一旦背上,就会整日怨天尤人、精神沮丧,就会变成无用之人。勤勉的人付出的是汗水,收获的是成功;懒惰的人付出的是生命,得到的是衰败。

3.财富来自勤奋。洛克菲勒曾说："财富是意外之物,是勤奋工作的副产品。每个目标的实现都来自于勤奋的思考和勤奋的行动,实现财富的梦想也是如此。"天才出于勤奋,财富也是来自勤奋。

4.用立志激励自己勤奋。俗话说:"有志者事竟成。"如果树立了远大的志向,我们就能够用这个志向去激励自己勤奋,从而实现志向。

5.通过劳动促使自己勤奋。勤奋不仅表现在学习上,更表现在工作和劳动上。当我们走上社会后,勤奋就直接表现在工作中。所以,我们要有从小就通过劳动来培养勤奋工作的好习惯。

第26种品质 想象——让思想的野马奔驰吧

大科学家爱因斯坦曾说:"想象力比知识更重要。因为知识是有限的,而想象力概括着世界上的一切,推动着进步,而且是知识进化的源泉。"我们在学习各门课程中都要借助想象力,没有良好的想象力,就无法正确理解所学的内容。而且,想象力还直接关系着我们创造力的发展,生活中的发明创造,都是从想象开始的。

著名发明家爱迪生经常被采访的记者围住,回答他们提出的各种刁钻古怪的问题。当然,这也显示了爱迪生非凡的智慧与幽默。

一次,有记者问他是否需要给某个修建中的教堂安装避雷针。爱迪生回答说:"一定要装,因为上帝往往是很大意的。"

记者又问他是如何想象上帝的,爱迪生回答:"没有重量,没有质量,没有形状的东西是不可想象的。"

想象推动社会进步

想象是在人脑中对已有的记忆表象进行加工、改造,并创造新形象的过程。借助于合理的想象可以理解世界上的许多事情,可以了解古今中外的丰富知识,并进行创造性活动。

想象并不是凭空产生的,想象所需要的材料都源于生活,源于人的经验。无论多么新奇古怪的想象,都建立在已有信息的基础上。

关于想象,德国哲学家黑格尔说:"一个缺乏想象能力的人,无论从事工程

技术还是美术、文艺或自然科学,都不会做出什么创造性的成绩来。"台湾学者南怀瑾说:"人类社会是由两个苹果造成的:一个苹果是牛顿发现了,引来现代文明社会,造就了科学;一个苹果是亚当和夏娃偷吃了,产生了人类,是艺术想象。"

可见,想象在人类社会发展进程中起了至关重要的作用,它直接推动了人类的进步。想象是创造活动的基础和先导,是激励创造活动、产生科学的假说的源泉。没有想象,就没有科学的假说,没有科学的假说,也就没有科学的发现和发展。比如,飞机的升天,原子结构的模式,试管婴儿的诞生等,又何尝不是在想象功能的作用下产生的呢?

马可尼发明了无线电,是惊人想象的实现。这个惊人想象的实现,使航行在惊涛骇浪中的船只一旦遭受到灾祸,便可以利用无线电,发出求救信号,由此来拯救万千生灵。

电报在没有被发明之前,也被认为是人类的想象,但是,摩尔斯竟然使这想象得以实现了。电报发明后,世界各地消息的传递从此变得十分便利。斯蒂芬孙也是通过想象,发明了火车机车,使人类的交通工具大为改观,人类的运输能力也得到空前提高。

德国化学家凯库勒发现了苯环结构,他曾经这样回忆发现的过程:"……事情进行得不顺利,我的心想着别的事了。我把座椅转向炉边,进入半睡眠的状态。原子在我眼前飞动,长长的队伍,变化多姿,靠近了,连接起来了,一个个扭动着,回转着,像蛇一样。看,那是什么? 一条蛇咬住了自己的尾巴,在我眼前轻蔑地旋转。我从中惊醒。那晚我为这个假设的结果工作了一整夜。"最后,在想象的引导下,凯库勒发现了苯分子的环形结构式。

那些做出巨大成就的人,在任何时候,他们的大脑里都充满了想象。著名理论物理学家、诺贝尔物理学奖得主盖尔曼说:"作为一个出色的理论物理学家,想象力很重要。一定要想象、假设,也许事实并不是这样,但是这样可以使你接着往前研究。但是想象力需要可信来做支撑,他们需要确立大家已经接受的公理,然后悄悄地溜进这些公理中去,然后寻找新的发现,只有这样才能取得进步。"

无独有偶,世界软件业巨头微软公司也强调想象。微软公司董事长比尔·盖茨曾经说:"对于微软来说,唯一有用的资产就是人类的想象力。如果拿走微软所有的大楼、房产和办公硬件等有形资产——也就是说拿走所有能够摸得到的财产,对于微软来说和没有拿走这些东西以前几乎毫无区别。"

俄国教育家乌申斯基说:"强烈而活跃的想象是伟大智慧不可缺少的属性。"美国近代教育思想家杜威也说:"科学最伟大的进步是由崭新的、大胆的想

象力所带来的。"可见，没有想象力，就不会有时代的巨大进步。

想象比知识更重要

对我们来说，想象力是掌握知识的必要条件。不论学习哪一门学科，都必须借助于想象才能深刻地理解记忆。比如学习语文，就要利用丰富的想象去理解人物形象、景物、场面和题意；学习数学，特别是几何，就要有丰富、精确而又灵活的空间想象力，想象图形的形状，其他学科也是如此。

学习不是只通过按部就班或死板的形式和途径就能学好的，只有自主、主动地学习才能真正理解学习的精髓。所以学习必然要用与之相匹配的、生动活泼的方式实现，而这个活跃的因素就是想象力。

一著名高校的学生曾这样说："学习的知识一般都是抽象的，有很多是很难理解和记忆的，这时候就要辅之以想象。想象可以通过臆想的场景和实物来更好地将知识形象化、具体化。从思维和主观感受两方面将知识点理解透彻，记忆深刻。"

大科学家爱因斯坦曾说："想象力比知识更重要。因为知识是有限的，而想象力概括着世界上的一切，推动着进步，而且是知识进化的源泉。"

爱因斯坦13岁的时候对光速问题十分着迷。有一次，爱因斯坦躺在一个小山头上，他眯起眼睛向上看，这时，有千万道细细的阳光穿过了他的睫毛，射进了他的眼睛。爱因斯坦好奇地想，如果能乘一条光线去旅行，那将是什么样子呢？

于是，爱因斯坦想象着自己在做一次宇宙旅行。想象力把他带进了一个神奇的场所，这个场所无法用经典物理学的观点来解释。回到家里，爱因斯坦对舅舅说："我努力想象自己在追赶一束光线，如果能追上，我想看看这种波是什么样子的。"

在这个想象的指引下，爱因斯坦发现了接近光速运动的物体在空间上缩短和在时间上变慢的效应，并提出了一种新的理论以解释他的想象。这就是震惊世界的广义相对论。

想象力在文学作品中也十分常见。苏联文学家高尔基说过："想象是创造形象的文字技巧的最重要的方法之一。"因为想象正是文学家形象思维的一种表现。他们往往能够通过感性的思维来想象一些情节，创造出伟大的作品。就像中国的四大名著，国外的一些经典著作，都是伟大想象的成果。

丹麦童话作家安徒生在《海的女儿》中对"小人鱼"的美妙的想象也完全是根据"人鱼"的特点来进行合理的想象。小人鱼的上半身是人，下半身是鱼尾。

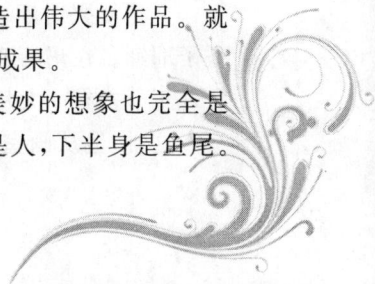

小人鱼原本可以在海底王国中快快乐乐地享受 300 年的荣华富贵,但她却敬慕人间的爱情生活。为了让自己获得一份人类的灵魂,她宁愿忍受着无情的折磨。最后,当非要以另一个人的生命作代价才能换取她的爱情时,她毅然放弃了这唯一的道路,毁灭了自己,成全了他人,表现了她崇高的精神境界。

在这部作品中,安徒生巧妙地利用了人性与物性结合的童话幻想特点,从而使这部童话在优美动人中表现出惊心动魄的矛盾冲突,深化了这出爱情悲剧的永恒意义。

英国小说家笛福的《鲁滨逊漂流记》是听了被船长遗弃到荒岛上四年的落难海员的故事,德国地理学家魏格纳从世界挂图到创造大陆漂移说,"电话之父"贝尔从吉他声到改装电话机等,这些想象的力量是何等地惊人啊!

列宁说过:"有人认为,只有诗人才需要幻想,这是没有理由的,这是愚蠢的偏见!甚至在数学上也是需要幻想的,没有它就不可能发现微积分。"

恰当而适宜的想象力表明一个人有非常强大的学习能力,是思维活跃的结果。只要一个人的想象力不枯竭,那么他学习的动力就不会消失;只要他充分利用想象力,就能尽情体会想象力带给学习方式上的轻松愉快和成绩上的巨大成功。

不能缺少想象力

一般来说,想象包括无意想象和有意想象。无意想象是没有自觉目的,不需要付出努力的一种想象,对我们青少年的智力发展意义不大。有意想象是有自觉目的,需要我们做出一定努力的想象,它是青少年智力的一部分,能直接促进青少年智力的发展。

有的青少年认为,会想象没什么意义,这种观点是不正确的。鲁迅是这样评价青少年的想象的:"孩子是可以敬服的,他们常常想到星月以上的境界,想到地面下的情形,想到花卉的用处,想到昆虫的言语,他们想飞上太空,他们想潜入蚁穴……"

事实上,青少年的想象力,甚至是儿童的想象力有时候是足以让人感到惊叹。曾经有一位 6 岁的小姑娘,因为创作出一幅畅想未来到月亮上荡秋千的美术作品,而荣获了联合国举办的世界儿童绘画比赛一等奖。

文艺复兴时期,意大利画家拉斐尔画了一幅画像,画像上圣母玛丽亚抱着圣子耶稣。在玛丽亚圣母的右下方是一位老人,左下方是个使女。但是,画家发现正下方有一大片空白,觉得不太妥当,就想再画点什么。

这时,他从画室窗口看到附近面包店窗口有两个小男孩,一个四五岁的样

子,另一个三四岁的样子。大男孩托着腮帮,仰望天空,好像对着小男孩说着什么,那个小男孩也仰望着天空,认真地听着。

拉斐尔觉得这个场景太美了,于是就把这两个小男孩画在了画的正下方。然后,他在两个小男孩的肩膀上加了翅膀,这样,两个小男孩就变成了两个小天使,非常可爱。

这幅画受到了许多人的喜爱。有人曾经问拉斐尔:"您为什么会画出如此美妙的作品?"拉斐尔回答说:"我做了许多梦,然后围绕着我的梦去作画。"其实,他说的也是想象力。

毋庸置疑,我们离不开想象力,想象力是人类特有的能力,未来的世界也将会是一个想象力的世界。拥有自由奔放的想象力,我们就可以在头脑中设计生活的世界,然后改造世界!

想象力是智能活动的重要组成部分,是我们学习知识和自我发展不可缺少的条件,同时也是当今社会所需人才的必要素质之一。

我们承载着民族的希望、国家的未来。为了发展智力,促进学习,我们必须重视培养想象力。当我们的大脑插上想象的翅膀时,我们就会飞翔得更高、更远。

培养想象品质的小方法

1.丰富信息储备。一个人知识和经验的多少,信息储备的多少,对于想象的广度和深度有着重要的影响。头脑中的信息储备越丰富,想象就越开阔、深刻,想象力就越强。

2.多接触大自然。大自然的一切都可以引发我们的无穷遐想,它是想象的最好环境。很多学者都说过,大自然的花草树木、山水虫鱼无不蕴涵着美的因素。这样在想象时,就可以拓宽想象的天地,增加想象的细密程度和丰富程度,从而促进想象力的发展。

3.扩大语言文字积累。虽然想象以形象形式为主,但也离不开语言材料,特别是需要用口头语言或书面语言将想象的内容表述出来时,语言材料起重要作用。

4.参加课外兴趣小组活动。这是我们驰骋想象的广阔天地,不论是舞蹈、美术、书法,还是天文、生物、航模、电脑,每一个兴趣小组活动都会有大量的形象化的事物进入大脑,而且需要我们进行创造性想象才能完成相关活动任务。这十分有益于我们想象力的提高。

5.积极编故事,讲故事,接续故事。这些都是发展想象力的好机会。

第27种品质　思考——发展自我的不竭动力

英国著名哲学家培根曾说:"思考,继续不断地思考……就能迎来一线晨曦,见到万顷光明。"从中足见思考的巨大能量。思考,是前行的推进器。瓦特的思考,造出了蒸汽机,从而造就了一场工业革命;爱因斯坦的思考,开创了原子能的崭新时代;马克思的思考,迎来了人类历史的新纪元。思考是一个人前行的助推器,是发展自我的动力。

有一次,拿破仑·希尔去拜访一位以出售创意为职业的教授,却被秘书拦在了门外。他觉得很奇怪:"我来见教授,也不行吗?"秘书回答:"这个时间教授谁也不见,即使总统来了,也得等两个小时。"

无奈,希尔只能等待。两个小时后,教授出来了,希尔问他:"你到底有什么重要的事,值得让我等两个小时?"教授告诉希尔:"我有一个特制的漆黑的房间,我每天都会准时躺在屋内的椅子上默想两个小时。这是我保持我创造力的诀窍,很多优秀的主意都来自于此时,所以这个时候我不见任何人。"

听着教授的讲述,拿破仑·希尔内心突然涌起了一股意念:运用思考才是人生成功的秘诀。由此,拿破仑·希尔写下了使他名扬世界的著作——《思考致富》。

思考铸造成功

天才之所以能够成为天才,正是由于他们善于思考和乐于思考。人类社会一切伟大的成果都是经过反复思考、探索、实践而完成的。拉开历史的帷幕就会发现,古今中外凡是有能力做出重大成就的人,都经过了一番艰苦的思考。

伟大的科学家爱因斯坦提出的狭义相对论和广义相对论,为20世纪物理、天文等学科的发展奠定了理论基础。小的时候,爱因斯坦由于反应迟钝,被他的老师指责为一事无成的家伙。15岁那年,爱因斯坦由于语文、历史、地理成绩太差,初中没有毕业就不得不离开了学校。

但爱因斯坦从小就养成了善于思索、独立思考的习惯。他经常一个人独自冥思苦想,最后竟然到了废寝忘食的程度。正是由于爱因斯坦的独立思考、善于学习的精神,经过长时间的努力,他成功地提出了"狭义相对论",后来又提出

了"广义相对论",成为世界科学巨匠,并荣获了诺贝尔奖。爱因斯坦说:"学习知识需要思考、思考、再思考,我就是靠这个学习方法成为科学家的。"

爱因斯坦的成功故事告诉人们,一个人想要成功,就应该善于思索,并具备独立思考的技能。在现实生活中,仔细研究我们周围的成功人士,无一不是善于独立思考的人,他们是孩子学习的榜样。

孔子说:"学而不思则罔,思而不学则殆。"思考是学习的灵魂。即使我们知道了大量的理论知识,甚至都能倒背如流,但是,如果没有用大脑去思考它深一层次的含义,基本上也没有什么效果。

一位孤独的年轻画家,在经过很多次挫折之后,终于找到了一份工作。他住在一个废弃的车库里,深夜常常听到一只小老鼠吱吱的叫声。久了,小老鼠竟然爬上他的画板嬉戏,他与它享受着相互依赖的乐趣。

不久,画家被介绍到好莱坞去制作一部有关动物的卡通片,刚开始的时候,他的工作进度十分缓慢,他常常为画些什么而苦思冥想。终于,在一个深夜,他回忆起那只在画板上跳舞的老鼠。于是,他的灵感就像泉水一样涌出来,作品一气呵成。

年轻的画家就是后来极负盛名的沃特·迪斯尼先生,他创造了风靡全球的米老鼠。上帝给了他一只老鼠,让他的大脑储存了珍贵的灵感。而这灵感的显现,正是思考的结果。

现实生活中有一些人,整天忙得焦头烂额,要不就是喜欢无所事事地东游西逛,总之不会给自己留下一点思考的时间,也从不注意培养自己良好的思维习惯。到头来,时间用上了,精力耗费了,生活上却没有多大起色。这是青少年需要注意,避免以后发生在自己身上的一类生存角色。

卢瑟福是现代原子物理学的奠基人,他对思考极为推崇。一天深夜,他偶尔发现一位学生还在埋头试验,便好奇地问:"上午你在干什么?"学生回答:"在做实验。""下午呢?""做试验。"卢瑟福皱起了眉头,继续追问:"那晚上呢?""也在做实验。"勤奋的学生本以为能够得到导师的一番夸奖,没想到卢瑟福居然大为恼火,厉声斥责:"你一天到晚地在做试验,到底什么时间来思考呢?"

其实,留一点时间思考真的不难。思考只会让你更睿智,更加合理地安排自己的生活。所以,青少年要注意培养自己的思考能力,我们的大脑是一座掘之不尽的能力宝库,但是如果没有思考能力,宝库的大门也不会自己为你敞开。只有努力养成善于思考的好习惯,学习和生活的本领才能提高,这是不争的事实。

可见,思考是一个人成功与进步不可或缺的因素,我们青少年要努力锻炼自己的头脑,成为爱思考、会思考的人,这样才能让自己在未来的竞争中立于不

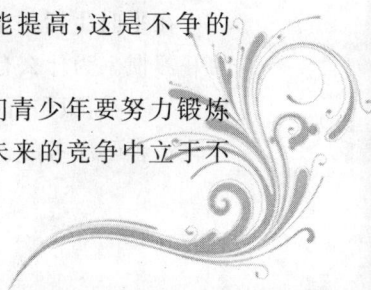

败之地。

人生需要思考

拿破仑曾说:"世界上有两种东西最有力量,一是剑,二是思想,而思想比剑更有力量。"美国作家爱默生也说:"思考是行为的种子。"是的,人的力量在于思考,人生的动力来自思考。所以,人生不能没有思考。

培养自己广阔、灵活、敏捷的思维能力,对于开拓我们青少年自身的智慧极为重要。一个善于思考的人,肯定也是一个会学习、会生活的人,因为思考为我们前进的步伐注入了活力与自信;一个真正善于思考的人,是一个真正懂得运用聪明智慧的人,因为他打开了自己思想的大门。

人与动物最基本的区别在于,人有缜密的思维,可以运用大脑来思考。如果没有人类独立的思考,也就没有今天我们能感受到的一切,也就没有人类存在的价值。独立思考是一个人思维独立的标志,意味着自己已经可以运用智慧来分析问题,解决问题,面对一切。

在独立思考中我们可以静观自我。我们都有这样的体会:当一个人在独处的时候,如果心情是平静的,就可以和自己的内心进行对话。如果自己愿意,可以冷静地分析自己,并会剖析自我的基础上升华。时间久了,甚至可以形成自己独特的思考问题的方式。

其实,这就是成熟的过程,是一步一步不断升华的过程。而事实也是如此,历史证明每一个成功的人、独立的人,都有自己处理问题的能力和独特巧妙的思维方式。

著名数学家华罗庚读书的方法与众不同。他拿到一本书,不是翻开从头至尾地读,而是对着书思考一会儿,然后闭目静思。他猜想书的谋篇布局,总会在翻开书本前思索一番,斟酌完毕再打开书,如果碰巧作者的思路与自己猜想的一致,他就不再读了。华罗庚这种猜读法不仅节省了读书时间,而且培养了自己的思维力和想象力,不是被动地读书,不至于使自己沦为书的奴隶。

对我们青少年来说,现阶段是以学习为主体,就要以积极主动的态度对待学习,在学习时善于开动脑筋思考问题,而不是死记硬背。当然培养勤于思考的学习品质不可能通过一节品德课来实现,需要在学习过程中逐步培养。

在平时生活中,我们要注意训练自己勤于思考的意识,培养自己爱动脑筋的好习惯。为什么有人成就了自己的理想,有人却碌碌无为一辈子?其实,成功无处不在,只是所有的计划、目标和成就,都是独立思考的产物,命运只是更青睐于善于思考的人。

别人成功了,我们却没有,其中运气也是一部分因素,但是他们善于思考是成就的关键。由于思考。他们对这个世界多了一份观察,对自己的生活也就多了一份自己的注解。

只有一个能够独立思考的人才会摆脱别人的束缚,成为一个思维独立的人。正如拿破仑·希尔所说:"思考能够拯救一个人的命运。"事实正是这样,有思考力的人才会有创造力,才会掌握自己的命运。

让思考成为习惯

有一位哲人说:"学会独立思考和独立判断比获得知识更重要。不下决心培养思考习惯的人,便失去了生活的最大乐趣。发展独立思考和独立判断的一般能力,应当始终放在首位,而不应当把获得专业知识放在首位。"

拿破仑·希尔在《思考致富》一书中深刻地揭示了如何运用大脑思考去获得成功,这本书告诉人们,任何人要取得任何意义上的成功都必须学会运用头脑去思考。

当青少年知道了大量的理论知识,甚至都能倒背如流的时候,没有用大脑去思考它深一层次的含义,没有从思想深处认识到它的内涵,那又有什么用呢?这时需要进行思考活动来使死板的文字变成生动的思想,变成自己的知识来储存,这样的知识是灵活的,只要有需要,它们随时都可以跳出来为我们服务。

当年,鲁班经常到山上去寻找木材,当他看到山上工人们用斧头大汗淋漓地砍树时,深感劳动人民的辛苦,于是,他想发明个什么东西代替斧头,从而让砍树变得更省劲点儿。

一天,鲁班又出门上山去。他在爬一段陡峭的山路的时候不小心滑了下来,情急中他急忙伸手抓住路旁的一丛茅草,但是,手指却被一丛草划了一下,鲜血渗了出来。他扯起一把茅草细细观察,发现小草叶子边缘长着许多锋利的小齿,他用这些长着密密小齿的草在手背上轻轻一划,马上割开了一道小口子。

突然间,鲁班脑中灵光一闪。这种带齿的草启发了鲁班的思维,根据小草的原理,鲁班让铁匠打制一些边上有细齿的铁条,经过试用,果然比斧头省事多了。到现在,木工们仍在用着鲁班发明的锯子。

有这样一句哲理名言:"这个世界不缺能干活的人,缺的是会思考的人。"在这个大千世界,芸芸众生,渴望提高生存和竞争的能力是共同愿望。

现在很多青少年在学习时懒得思考,遇到问题总希望别人给自己解出答案。即使是一些学习较好的同学,也只是满足于老师怎么讲,就怎么做,而不能

对所学的知识多问几个为什么。

所以,我们很有必要对自己进行勤于动脑的教育。因为,一个人智力水平的高低,主要通过思维能力反映出来。一个独立思考能力低下的青少年,在成长的过程中,若不强化思维能力的训练,一旦走入社会后,再想发展独立思考的能力,已经比别人落得很远了。如果再想提高,就要付出双倍的努力。

我们一定要学会思考问题而不是一味地依赖和跟风,要有意识地培养自己爱思考的好习惯,遇到问题试着自己去解答。一个勤于思考的人必定是或者必定会成为一个优秀的人,努力让思考成为我们的习惯吧!

培养思考品质的小方法

1.培养探索精神。要发扬自己"打破沙锅问到底"的精神,每当遇见新事物,要让自己深入地去了解,摸一摸、问一问。另外,敢于"异想天开",这些都会有助于自己在解决问题时从多方面思考,从而提高思维能力。

2.学会自己处理问题。在生活中、学习中遇到问题时,要学会分析、归纳以及需要设想解决的方法与程序,从而独立设计解决方案。这对于提高思维能力和解决问题的能力大有益处。

3.丰富知识与经验,促使自己产生广泛的联想,从而拓展思维领域。

4.培养推理能力。推理能力是思考能力中比较重要的一个方面,要在平时注意理解一些概念性的事物,也可以多做一些有意思的推理题目。

第28种品质 专注——集中注意力方成大事

专注是一个人注意力高度集中在某一事物上的能力,也是一种优秀品质。注意力的集中与否直接关系到一个人在某项工作或事业上是否能够取得成功。毋庸置疑,专注是所有天才和成功者的共同特质。对我们来说,培养专注力非常重要,我们一定要在青少年时期把自己的专注力激发出来。

老猎人带着自己的3个儿子去草原打猎。4个人来到草原上之后,老猎人让3个儿子向草原的近处和远处望去,然后他提出了一个问题:"告诉我,你们看到了什么呢?"

老大回答说:"我看到了我们手中的猎枪,在草原上奔跑的野兔,还有一望

无际的草原。"老猎人摇摇头说："不对。"老二接着回答说："我看到了阿爸、哥哥、弟弟、猎枪、野兔，还有茫茫无际的草原。"老猎人还是摇摇头说："不对。"这时，老三回答说："我只看到了野兔。"老猎人终于开心地笑了："你答对了。"

专注成就天才

所谓"专注"，就是集中精力、全神贯注、专心致志。可以说，我们对这个词的熟悉程度不亚于熟悉自己的名字，但是，熟悉并不等于理解。

从更深一层的含义上讲，专注是一种精神、一种境界。"咬定青山不放松，不达目的不罢休"、"把每一件事做到最好"就是这种精神和境界的反映。专注的力量是巨大的，天才之所以成为天才，与专注品质是分不开的。也就是说，专注能够成就天才。

李政道博士是美籍华裔物理学家，诺贝尔物理学奖获得者。他在年轻时，没有静心读书的环境，他就在人声鼎沸的茶馆里找一个角落读书。开始的时候，嘈杂的人声让他头昏目眩，于是他就强迫自己把思想集中在书本上。经过反复的磨练，再乱的环境也不能把他从书本上拉开了。

美国物理学家肯尼迪·约瑟夫·阿罗从小就非常痴迷于数学，每次做起数学题来，就聚精会神，津津有味。在学校里，阿罗也是一个非常专注的好学生。他总是乐于做数学题，他的数学成绩名列前茅。每当他做数学题的时候，神情专注，绝不会被他人所影响。所以，数学老师十分喜欢他。

有一天上完数学课后，其他的同学都到外面玩耍去了，阿罗又开始做老师布置的题目。数学老师轻轻走到阿罗身后，仔细观察阿罗解答题目。正在专注做数学题的阿罗根本没有注意到老师已站在了他的身后，直到他把一道数学题解答出来。

老师关切地对他说："阿罗，怎么不休息一下或者到外面去玩一会儿呢？"听到老师的声音，阿罗赶紧站了起来："噢，老师，我正在做数学题呢！"

"出去玩一会儿吧，去放松一下，一直做题会让思维变紧张的。"老师微笑地对他说。"啊，老师，我感觉做数学题也能得到放松，它就好像是一种游戏。""游戏？"老师有些吃惊地看着阿罗。

"是啊，老师。我在推理和演算题目的过程中，总感觉到有一种乐趣，它让我觉得自己正在做一项有趣的游戏。"阿罗调皮地眨了眨眼。"啊，是吗？我真为你感到高兴，你一定会有出息的。"老师高兴地说。

阿罗就是这样专注于他的学习的。1972年，阿罗获得了诺贝尔物理学奖。

所以说，专注可以成就天才。一个人如果要想干一番大事业，就一定要专

注地做一件事情。如果今天想当作家,明天又想当银行家,后天又异想天开地想当艺术家,其结果只能是一生无所适从,最终会一事无成。

培养专注力非常重要,这种品质对于我们青少年的学习和生活有至关重要的影响。我们应该把自己专注的精神激发出来。这样,在学习的过程中,情绪就不容易受外界的影响而一心一意地学习知识;在生活中,也可以排除外界的干扰,心无旁骛地做应该做的事情。

做事需要集中注意力

注意力是人对一定事物指向和集中的能力,它在各种认识活动中起着主导作用。"注意听"是听觉对声音的指向和集中;"注意看"是视觉对所观察的事物的指向和集中;"注意想"是思维活动对有关问题的指向和集中。

俄国著名教育家乌申斯基说:"注意是我们心灵的天窗。意识中的一切,必然要经过它才能进来。"所以,只有打开注意力的这扇窗户,智慧的阳光才能撒满心田。可见,不管做什么事,只有保持注意力、聚精会神地去做才能事半功倍。

英国著名教育家夏洛特·梅森曾说:"注意力并不是一种官能,相反,我认为它比那些拼合在一起的所谓的各种官能要有价值得多,没有了注意力,所有的天赋和价值都失去了意义。"可见,做事一定需要集中注意力。

卡文迪许是英国著名的科学家,他最早研究了电荷在导体上的分布,作出了最为人称道的科学贡献。同样,像许多有成就的人一样,关于他的专注精神,也有一个故事:

有一次,卡文迪许请了五个朋友吃饭。午饭时间,仆人向他询问做点什么菜肴,当时卡文迪许正盯着天花板思考问题,他想了一下,说:"一只羊腿吧。"仆人认为做一只羊腿太单调了,考虑到客人的感受,就问卡文迪许是否再加点什么。当时,卡文迪许正沉浸在对一个问题的思考当中,听到仆人问他,想也不想顺口回答:"那就两只羊腿吧!"

卡文迪许的注意力并没有集中在仆人的谈话内容上,而是集中在他所思考的问题上,回答起问题来自然就答非所问了。

有一次,德国哲学家黑格尔一边散步,一边集中注意力思考《逻辑学》一书中的论证问题,他竟然没有发觉一只鞋子掉进了烂泥里,结果光着一只脚边走边想。

我们都有这样的体会,当我们试着欣赏一件事物时,首先要注意到它。想看看美丽的花朵,首先要注意到它;要听听优美的音乐,首先要注意到它。所以

说,每个人的心理活动和行为举止总是和注意联系在一起的。

2006年11月,中国社会心理学会公布了"首次全国青少年注意力状况"调查活动结果。调查显示,被访学生中自认为上课时能集中注意力的比例为58.8%,刚刚过半,而在自习时间,可以集中注意者也只有48.6%的比例。其中大学生上课时能集中注意力的尚不足一半,比中学生低将近17%。上课走神现象在大学生中也十分常见。

在具体回答"能坚持多久集中精神地听课"时,结果同样不令人满意。在一节课中能坚持集中注意力30分钟以上的仅有39.7%,大部分只能坚持15～30分钟。而在大学生中,更是仅有28.8%的人能在课堂上集中注意力超过30分钟。近80%的青少年承认在上课时"有时走神"。

导致青少年注意力难以集中有内因也有外因,睡眠不足与疲劳是两大内因。本次调查中,被访者的睡眠时间有8～10个小时的只有19.4%,而学习时间在7～9个小时的为41.5%,毕业班中学习时间超过9个小时的情况最突出。外因则主要来自外界的干扰及所从事的活动本身。

由此可知,中国青少年的注意力集中状况有待提高。青少年可以针对这次调查显示出来的问题,结合自身的问题调整自己的状态。

中国社会心理学会有关专家指出,注意力是智力行为的本质特征之一。提高注意力水平,培养青少年良好的学习习惯,对维护青少年身心健康具有不言而喻的重要意义。

如果没有注意力,观察和思维等认识活动也就不能正常进行了。一个人只有把自己有限的注意力放在一个目标上,才有可能获得成功。集中自己的注意力,把目标集中在一个点上,这种专注的精神必然会让你把每一件事情和每一个目标完成好,带给你成功的结果。

让自己专注起来吧

实现人生价值、成就一番事业,是一切有志青少年的追求。然而,通向成功的道路往往并不平坦,影响成功的因素复杂多样。

我们在现实生活中常常会看到这样的情形:有的人不论是对学业,还是生活中其他的事情,只要下定决心去做就会通过自己不懈的努力,专心致志、扎扎实实向着既定目标迈进,丝毫不受外界诱惑的干扰,最终获得了成功;而有的人却缺乏一种执著精神,耐不住寂寞、经不起诱惑,好高骛远、见异思迁,结果是一事无成。经过无数事实说明,专注才是走向成功的一个重要因素。

著名科学家牛顿就是个特别专注、注意力高度集中的人。牛顿一生中的绝

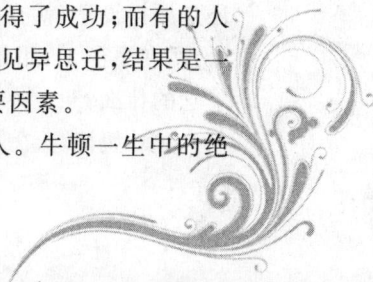

大部分时间是在实验室度过的。每次做实验时，牛顿总是通宵达旦，注意力非常集中，有时一连几个星期都在实验室工作，不分白天和黑夜，直到把实验做完为止。

据说有一次，牛顿在做实验时，一位朋友来看他，等了好半天，牛顿也没有出来。这位朋友饿了，便把牛顿作为午餐的烧鸡吃掉，将骨头留在盘子里走了。过了好长时间，牛顿从实验室里走出来去吃饭，看到盘子里的鸡骨头，不禁笑道："我以为我还没吃饭，原来已经吃过了。"

牛顿在专注于工作时出现的这些轶事是不足怪的，也正是这种高度的专注于目标的精神，使牛顿在科学的领域建立了丰硕的成果。牛顿也曾说过："如果说我对世界有些微小贡献的话，那不是由于别的，都只是由于我对工作的专注和辛勤耐久的思索所致。"

法国大作家巴尔扎克年轻的时候曾经做过出版、印刷，但由于经营不善，结果他的企业破产了，因此欠下巨额债务。不得已，巴尔扎克搬到了巴黎贫民区小西尼亚特的一间小屋里。在小屋内他开始认真反思：这么多年来，自己一直游移不定，今天想做这个，明天又想做那个，结果什么都没做好。

巴尔扎克思考了很长时间，发现自己多年来始终没有时间和精力从事自己最喜欢的文学创作。他那颗浮躁不安的心逐渐平静下来。

他在自己简陋的书桌上贴了一张字条："彼以剑锋创其始者，我将笔锋竞其业。"决心用自己手中的笔来征服世界。果然，最后巴尔扎克在文学上取得了巨大的成就。

1912年5月10日，朱利叶斯出生在美国纽约一个贫困家庭。父母克服了很多困难供他上学。他十分珍惜这个来之不易的学习机会，下决心发奋学习，为了把更多的时间用在学习上，每天他都起早贪黑，甚至尽量缩减吃饭时间。

一天，他在阁楼上埋头学习。母亲叫他下来吃饭，喊了几次也不见动静，只好把饭菜端上去。他一面看书，一面下意识地夹起盘子里的东西往嘴里送，很快就把它们一扫而光。母亲走上来清理盘子时问："鱼子酱的味道怎么样？"

"鱼子酱？"朱利叶斯深感遗憾。因为这是他平时最爱吃的东西，这次光顾着看书了，竟不知道吃的是一盘自己向往已久的鱼子酱。

一个星期天，朱利叶斯的父母要出门，母亲把他的午餐准备好，放在了食品柜中，又向他叮嘱了好几遍才离开。傍晚，父母回到家中，母亲见柜子里的盘子还是原样没动，就有些疑惑，走到阁楼上一看，儿子还是早上走时见到的那个样子：趴在桌子上，用笔在不停地写着。她明白了，却故意问道："朱利叶斯，你中午吃的什么？"

"噢，妈妈，天怎么已黑了？我今天好像只吃了一顿早餐。"朱利叶斯天真地

回答。

　　无论是上学还是放学回家,朱利叶斯常像"奔马"一样来回奔跑,所以,同学们给他取了一个"奔马"的绰号。一天,一个调皮的学生米杰想试试他学习专心到了什么程度,就在朱利叶斯来回的路上放了一块石头,结果朱利叶斯仍然在这条路上飞快奔跑,等他重重摔了一跤的时候,才发现路上的石头。鼻青脸肿的朱利叶斯爬起来继续飞跑,躲在树后看好戏的米杰十分佩服:"嘿,这朱利叶斯,对学习真是着魔了!"

　　因为朱利叶斯从小就懂得专注,就懂得抓紧时间,争分夺秒地刻苦学习,像一匹不知疲倦的"奔马"在飞跑,他终于跑到了科学领域的最前沿。1970年,他获得了诺贝尔生理学及医学奖。

　　专注是使人拥有成功生活的力量,它是一种让你的思想集中于你所思考对象的力量。成功的人往往都是专注做事的人。所以,我们一定要努力培养专注的好习惯、好品质,才能达到事半功倍的效果。

培养专注品质的小方法

　　1.给自己打造一个安静的环境。当你开始计划要完成一件事情的时候,周围安静没有打扰的环境可以帮助自己实现专注的要求。

　　2.给要完成的事情规定一个时间。这样做的好处,可以时时提醒自己,有时间的约定,所以不能随便地分心去做别的事情。

　　3.培养自己在吵闹的环境中提高专注力的本领。安静的环境中能保持专注是一件容易的事情,除了给自己创造好的环境保持专注力以外,还可以有意选择一些嘈杂的环境,锻炼自己的专注力,这样经过锻炼之后的头脑更容易达到专注。

第29种品质　创新——人生驰骋的动力源泉

　　从普通平凡、随处可见的事物中能发现与众不同的东西,并让其展现出来,这无疑需要独特的眼光、独特的思维、独特的方法,这种独特就是创新。德国大哲学家康德曾说:"创新是天才的基本特征。"但是,创新并不神秘,也并不高不可攀。只要我们注意培养,敢于推陈出新,就一定能拥有这种优秀品质。

有一位名叫阿基勃特的推销员在美国标准石油公司任职。他在住旅馆的时候,总是在自己签名的下方,写上"每桶4美元的标准石油"几个字,在书信和收据上也不例外,只要是签了名,他就一定写上那几个字。他因此被同事称为"每桶4美元",时间长了,他的真名却被人们渐渐淡忘了。

就这样,在不经意间,许多客户都知道了标准石油公司产品的价格,纷纷找他订货。公司董事长洛克菲勒知道这件事后深受感动,他说:"竟有职员如此努力宣扬公司的声誉,我一定要见见他。"于是,洛克菲勒邀请阿基勃特共进晚餐。后来,洛克菲勒卸任,阿基勃特成了第二任董事长。

这是一件谁都可以做到的事,可是只有阿基勃特一个人去做了,而且坚定不移,乐此不疲。在美国标准石油公司里,肯定有不少人才华、能力在他之上,可最后,只有他成了董事长。这是什么原因呢?答案很简单,阿基勃特的创新精神成就了他。

时代需要创新精神

这是科技飞速发展、知识日新月异的时代,一个人要想常保发展,就要做一个勇于开拓创新的创造型人才。那么,什么是创新?有人做了这样一个形象的解释:画月亮有两种方法,一种是在一张白纸上画个圆,这是月亮;第二种是用墨将一张白纸涂得只剩下中间一个空白圆,这也是月亮。两种画法,其中后一种就是创新。

据统计,美国、日本等发达国家的物质财富,70%～80%来源于科技创新。对大多数人来说,创新仍是陌生而神秘的,似乎它只是少数天才的专利。其实,创新的大小、内容和形式可以各不相同。特别是现代社会,创新已不仅是科学家、发明家在实验室里的工作,它已经深入到普通人的生活、工作和学习中。只要有足够的信心,勤于思考,就能在生活和工作的各个方面随时随地迸发出创新的火花。

日本是"二战"的战败国,当时日本国内一片废墟。那么,日本为什么能在短时期内迅速恢复发展起来,并成为世界经济、技术强国呢?一方面是日本长期推行一条技术引进方针,另一方面则是非常重视对新一代国人创新能力的培养,并在国民中广泛开展创造发明活动。

创新可以创造特别巨大的价值。举例来说,互联网本身就是创新的产物,有人认为,互联网可能是20世纪最重要的发明。尽管互联网通过创新产生了,但是在相当长的一段时间里,互联网都是一个赔钱的东西,因为人们不知道怎

么从互联网上赚钱。

面对这种情况，有一个人却用"涂黑留白"的方式在互联网上画了一个大大的"月亮"，因为他把书店开到了互联网上，他就是杰夫·贝索斯，他的书店叫亚马逊。很快，亚马逊的市值超过了上百年的老牌报纸《纽约时报》，而当时，亚马逊每天都在赔钱。1999年，贝索斯成为《时代》年度风云人物，并引来很大争议。因为每个人都知道，贝索斯在创新，但很少有人相信，他的创新真的会产生商业利益。当然，今天人们已经不再怀疑。

创新是人生驰骋的动力源，时代需要我们具有创新品质。只有创新才能"救活"我们的异常思维和才智，从而激活我们全身的能量。

培养创新品质就是培养强大的领悟能力。学习不但是继承的过程，更是不断创新的过程。时代发展需要我们必须具备创新品质，必须与时俱进，否则，必然被社会淘汰。

培养创新思维

从普通平凡、随处可见的事物中发现与众不同的新奇或用途，并让其展现出来，这无疑需要独特的眼光、独特的思维以及独特的方法！这种独特就是创新。创新并不神秘和高不可攀。但遗憾的是，现在很多青少年并不具备创新品质。

美籍华人诺贝尔物理奖得主朱棣文曾一针见血地指出："中国学生学习很刻苦，书面成绩很好，但动手能力差，创新精神明显不足，这是与美国学生的主要差距。"这是客观存在的，中国孩子同美国孩子比考试，中国孩子总是第一，但要比发明创造，中国孩子明显不如美国孩子。因此，有人说："评价一个国家的教育先进与否，不是看学生的考分，而是看学生的创新思想与创新技能。"

我们是国家的未来，国家需要的是创新型人才，所以我们要特别注意培养自己的创新品质，具备创新品质是时代的需要。

培养创新品质，首先应该培养善于思考的品质，并学会把握正确的思维方式，学会创新思维。创新思维指的是开拓、认识新领域的一种思维，是在已有的经验基础上，从某些事实中更进一步地找出新点子、寻求新答案的思维。

美国历经百年的自由女神铜像翻新后，现场存有200吨废料难以处理。一个名叫斯塔克的人，自告奋勇，主动承包清理。他把废料分类整理，将铜皮改铸成纪念塔，废铅改铸为纪念币，水泥碎块整理做成小石碑装在玲珑透明的小盒子里，让大家选购。

结果，本来无人问津难以处理的一堆垃圾，顿时化腐朽为神奇，身价百倍，

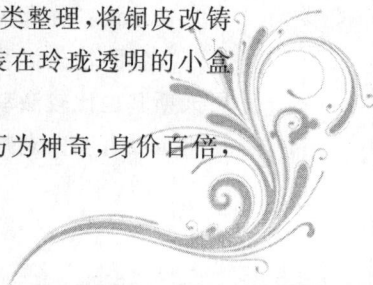

人们争相购买,200吨垃圾很快被一抢而空。正是由于斯塔克不拘泥于传统方法,标新立异的思维方式,使别出心裁的他想出了多种处理办法,由此而获得巨大的利润。

心理学家做了一个实验:在一张白纸上用墨水滴了一个黑点,问成年人这是什么?答案几乎是一样的:一个黑点。问幼儿园的小朋友,有的说这是一只断了尾巴的蝌蚪,有的说是一只压扁的臭虫,有的说是一顶帽子,还有的说是一粒黑芝麻,答案非常多。这说明创造性思维是孩子的天性,但遗憾的是,由于成人定势思维的影响,孩子的这种天性等不到长大就慢慢消失了。

我们可以有目的地给自己创设一些思考的机会。比如,外出购物或到市区某一地点时,要试着设计一条最佳线路,并说出理由等,这些都不失为提高自己创新品质的有效方法。

创新思维是培养创新品质的有效途径。所以,要多角度思考问题,解决问题,用对称、辩证、类比、极限、发散等思维方法启迪智慧,有意识地培养创新品质。

敢走无人走的路

一个小小的创新,往往会引起意想不到的效果。世界上没有一成不变的法则,要敢于创新,这样才能取得满意的效果。所以,想要创新,就一定不要被常识左右,因为常识是经验性的,而创新是尝试性的。

有人这样总结创新与常识的关系:相对于创新来说,常识常常是靠不住的。反过来说,如果一种创新完全符合常识,很可能它就不是创新。

1899年,大科学家爱因斯坦就读于瑞士苏黎世联邦工业大学,著名数学家明可夫斯基是他的导师。爱因斯坦肯动脑、爱思考的好习惯赢得了导师明可夫斯基的赏识。于是,师徒二人经常坐在一起探讨科学、哲学和人生。

有一次,爱因斯坦在和导师一起讨论科学问题时突发奇想,就问明可夫斯基:"一个人,比如我吧,究竟怎样才能在科学领域、在人生道路上,留下自己的闪光足迹,作出自己的杰出贡献呢?"

明可夫斯基平时一向才思敏捷,但这次却被学生给问住了,他思考了很长时间,都没有找到答案。直到第四天,明可夫斯基才兴冲冲地找到爱因斯坦,非常兴奋地说:"你那天提的问题,我现在终于有了答案!"

"老师,快告诉我是什么!"爱因斯坦迫不及待地抱住老师的胳膊。导师明可夫斯基也比较激动,怎么也说不明白,还手脚并用地比画了一阵。当然,爱因斯坦也没有明白老师的意思。于是,明可夫斯基拉起爱因斯坦就朝一处建筑工

地奔去,而且径直踏上了建筑工人刚刚铺平的水泥地面。

爱因斯坦被建筑工人们的呵斥声弄得一头雾水,他非常不解地问明可夫斯基:"老师,您这不是领我误入歧途吗?"而明可夫斯基却全然不顾建筑工人的指责,非常专注地对爱因斯坦说:"对,对,就是'歧途'!你看到了吧?只有这样的'歧途',才能留下足迹!只有新的领域、只有尚未凝固的地方,才能留下深深的脚印!那些凝固很久的老地面,那些被无数人、无数脚步涉足的地方,你别想再踩出脚印来⋯⋯"

听到这里,爱因斯坦沉思良久,非常感激地对明可夫斯基说:"老师,我明白您的意思了!"从此,一种非常强烈的创新和开拓意识,开始主导着爱因斯坦的思维和行动。他曾经说过这样的话:"我从来不记忆和思考词典、手册里的东西,我的脑袋只用来记忆和思考那些还没载入书本的东西。"

很快,爱因斯坦毕业走出校园,进入伯尔尼专利局成为一名默默无闻的小职员。就是在这初涉世事的几年里,爱因斯坦利用业余时间进行科学研究,在物理学3个未知领域里,齐头并进,大胆而果断地进行挑战,并最终突破了牛顿力学。

爱因斯坦刚刚26岁时,他就提出并建立了狭义相对论,开创了物理学的新纪元,为人类作出了卓越的贡献,在科学史册上留下了深深的闪光的足迹。爱因斯坦后来回忆说:"正是那段尚未凝固的水泥路面,启发了我的创新和探索精神。"

齐白石先生是我国著名画家,他曾荣获世界和平奖。然而,面对已经取得的成功,他并不满足,而是不断汲取历代画家的长处,不断改进自己作品的风格,他60岁以后的画,明显不同于60岁以前。70岁以后,他的画风又变了一次。80岁以后,他的画风再度变化。

据说,齐白石先生一生曾五易画风。正因为白石老人在成功后,能仍然马不停蹄地走一条属于自己的新路,不断改变、创新,所以他晚年的作品比早期的作品更完美成熟,也形成了自己独特的流派与风格。

齐白石先生经常告诫弟子:"学我者生,似我者死。"他认为画家要"我行我道,我有我法"。就是说,在学习别人长处时,不能照搬照抄,而要创造性地运用,不断发展,也就是说,敢于走一条和别人不一样的路,这样才会赋予艺术鲜活的生命力。

培养创新品质的小方法

1.敢于大胆尝试。在某种意义上,一个人的创新能力是由他敢于进行大胆

尝试的程度所决定的。实践出真知,所以,我们要敢于大胆尝试,自己动手,这有助于培养创新品质。

2.培养自己的兴趣。兴趣是激发我们创造力的发动机,是引起和保持注意的重要因素,也是开发智力的钥匙。如果我们对某件事物有了浓厚的兴趣时,就会主动积极探索。兴趣越浓,就越能充分调动创造性思维的活动,从而为创新创造机会和可能。

3.敢于破旧立新。不要被传统的观念、理论以及表象所左右、迷惑,要敢于在思想观念和行动上突破,要有勇气去突破前人的束缚,突破习惯这张网。

4.注意扩大知识面。有关教育权威研究表明,一个人的知识面越宽,思维的土壤就越肥沃,创新的幼苗生长才会越旺。

5.多接触新鲜事物。如果我们对外面的世界一点儿也不了解、不熟悉的话,即使智商再高,也不会有创新品质。所以,要利用节假日经常出去接触新鲜事物。

第30种品质　梦想——人生插上腾飞的翅膀

一位诗人曾说:"我宁可做人类中有梦想和有完成梦想的愿望的、最渺小的人,而不愿做一个最伟大的无梦想、无愿望的人。"任何一个成功者心中都有一个伟大的梦想,梦想让他不畏艰难,梦想驱动着他前进,梦想让他敢于挑战权威,梦想能促使他早日达成目标。每位青少年心中都有一个梦想,梦想让我们越来越坚强,也越来越能体会成长的珍贵。

在一个晴朗的日子里,一个牧羊人和他两个儿子在山上放羊时,一队大雁从他们头顶飞过。两个孩子非常羡慕地说:"如果我们也能跟大雁一样飞起来,那该有多好啊!"

父亲说:"谁说我们不能飞?"说完,他就张开双臂做了一个飞的动作,不过他没能飞起来,但他慈爱地说:"我飞不起来是因为我年龄大了。你们还小,有很多时间。爸爸相信你们总有一天会飞起来的!"于是,两个孩子有了飞行的梦想。

由于家境贫寒,他们都没能受到很好的教育,只能靠修理自行车维持生计,在这项工作中,他俩掌握了大量机械和力学方面的实际知识。但兄弟俩始终有一个飞行梦,他们经常在地上仰卧着,一连几小时连续不停地观察鸟的起飞、升

上天、盘旋、落地。

最终，他们仅用了 4 年时间就完成了人类向往了近千年的飞行探索，他们就是莱特兄弟。1903 年 12 月 17 日，在美国北卡罗来纳州的一片海滩上，兄弟俩把人类向往已久的梦想变成了现实。

梦想造就成功

梦想是我们青少年的天性，也是我们宝贵的财富。每一位青少年都有自己的梦想。事实证明，人的任何一项成功都是从梦想开始的。梦想有多大，人就能走多远。所以，人的一生能走多远，很大程度上取决于少时的梦想有多大。

梦想让一个人的天地变得广阔。一旦萌发梦想，就会魂牵梦绕，无论能否能够实现，都始终是一种前进的动力、一种温馨的激励。我们一定要展开梦想的翅膀，让自己在梦想的天空飞翔。只要不让美好的梦想随岁月飘逝，成功总有一天会出现在面前。

在英国，有一个叫布罗迪的教师，他在整理家里阁楼上的东西时，发现了 50 年前的一叠作文簿。这些作文簿是一所幼儿园 31 个孩子的春季作文，作文的题目——《未来的我是……》再一次吸引了这位老师。

老师本以为这东西在"二战"中早已被德国的轰炸机给炸飞了，可它们安静地躺在自己家里已经 50 年了。布罗迪就那么随手一翻那些作文簿，很快就被孩子们当时千奇百怪的想法迷住了。

一个叫彼得的孩子说他未来一定是一位海军大臣，原因就是有一次他在海中游泳时，在喝了 3 升海水后仍能自由地游回岸边；还有一个孩子说他将来必定是法国的总统，因为他能一口气背出法国 25 个城市的名字，而他的同班同学一口气最多的才能背出 7 个；最让布罗迪称奇的是一个小盲童，他叫戴维，他说将来他一定会是英国内阁大臣，因为当时英国还没有一个盲人成为内阁大臣。31 个孩子都在作文中描绘了自己的未来，有说成为驯狗师的，有当宇航员的，还有的说自己一定可以做王妃……

布罗迪读着手中的作文，就仿佛看到了孩子们的未来。突然，他有一种冲动，他要把这些作文簿重新发到当年的孩子手中，让他们看看今天是否真的实现了 50 年前的梦想。

这个消息很快就被一家报纸知道了，这家报纸为他登了一则启事。没过几天，布罗迪就收到了很多来信。写信的人有商人、学者，也有政府官员，当然更多的是普通民众。在信中，他们都表示非常想知道儿时的梦想，并且很想得到当年的那本作文簿。于是，布罗迪就按来信地址将作文簿给他们寄去了。

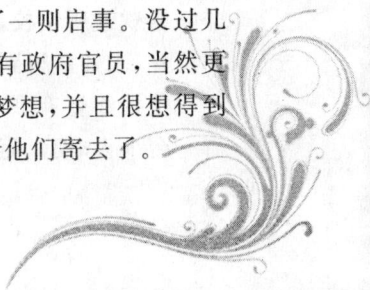

过了一年,可是戴维的作文簿还在布罗迪家里躺着,布罗迪认为这个人也许不在这个世界上了,毕竟已经50年了,什么事情都有可能发生。

于是,布罗迪准备把那个作文簿送给一家私人收藏馆。就在那时,他收到了一封来自内阁教育大臣布伦克特的信。信中这样说:"我就是那个戴维,非常感谢您为我们保存着儿时的梦想。不过我想我已经不需要那个本子了,因为从那时起,我就把梦想深深地印在了脑海里。我没有一天放弃过追逐梦想,如今,50年过去了,我非常高兴地告诉您,我已经实现了那个梦想。今天,我还非常希望能通过这封信告诉我的那30位同学:只要不让儿时美好的梦想随岁月而飘逝,成功总有一天会出现在我们面前。"

后来,布伦克特的这封信在伦敦的《太阳报》上发表。作为英国第一位盲人内阁大臣,布伦克特用自己的行动证明了一个真理:如果一个人能把5岁时想当总统的愿望保持50年,那么他就很有可能真的当上总统。

也许,我们在实现梦想的同时会遇到各种挫折、困难、无奈,甚至是失意,但只要心中的那盏梦想之灯不熄灭,一切的困难和挫折都只是暂时的,一定不要收起梦想的翅膀。拿破仑说过:"当最困难的时候,就是离成功不远了。"

要相信自己,要点燃梦想,展开梦想的翅膀飞向属于自己的那一片自由的晴空!正如险峻的大山拦不住汹涌的激流,厚重的夜幕遮不住闪烁的群星一样,任何困难都不能让我们梦想的翅膀折断。

心中要拥有梦想

对于一个人来说,一个有梦想并勇于实现梦想的人是生活的强者,他抓住了生命的脉搏,懂得自己的所想、所感,并且愿意为之付出;没有梦想或者只有"空想"的人,会畏惧挑战,这样的年轻人安于现状,在竞争的大潮中往往也会处于劣势。

有梦的人是幸福的,因为他可以体味到梦想实现的快乐和感动。任何一个成功者心中都有一个伟大的梦想,每一个成功的人,背后总有一个关于梦想的故事。

比尔·盖茨从小酷爱读书,他强烈的进取心在同龄人中是罕见的,他最喜欢的书是《世界图书百科全书》。他就读的中学率先在美国开设计算机课,盖茨非常喜欢这所学校,凡能弄到手的计算机书刊、资料,他总是百读不厌,还能举一反三,求知欲得到了极大的满足。

他始终怀有一个伟大的梦想,他梦想在将来,每个家庭的每张桌子上面都有一台个人电脑,而在这些电脑里面运行的则是自己所编写的软件。在这一伟

大梦想的催生下,微软公司诞生了,也正是在这个公司的推动和影响下,软件业才从无到有,并发展到今天这种蓬勃兴旺的地步。

没有梦想的人生,就如同没有生机的大地,只有尘土和沙子。没有梦想的人生,就如世界只有一种颜色一样,总会有遗憾。所以,我们应该让心中拥有梦想,并把梦想变为现实。

有一位木材商的儿子,从小生得呆笨,人们都称呼他为"木头"。事实也是如此,因为他直到9岁,才获得了一枚螺丝钉的奖励。

一天,"木头"梦见国王给他颁奖,因为他的作品被诺贝尔看中了。醒来后,他很高兴,他想把这个梦告诉别人,但又怕被别人嘲笑,最后他只告诉了妈妈。妈妈说:"假如这是真的,你就有出息了。因为上帝把一个不可能的梦,放在谁的心中,就是真心想帮他完成的。"

"木头"心想自己真是天下最幸福的人!世界那么大,上帝却一下子选中了他。为了不辜负上帝的期望,"木头"真的爱上了写作。

但是,"木头"一直没有把上帝等来,却等来了纳粹,于是,他被纳粹关进了集中营。后来他从集中营出来,继续坚持写作。在他36岁那年,他终于完成了第一部小说《无法选择的命运》。10年后,他的第二部小说《退稿》也诞生了,以后他又陆续又完成了一系列著名的作品。2002年,就在他决定不再等待上帝时,瑞典文学院授予他年度诺贝尔文学奖。这个"木头"就是匈牙利作家凯尔泰斯·伊姆雷。

可以说,凯尔泰斯是幸运的,因为他有一个好母亲。正是母亲让他拥有了这个在当时看来几乎是可笑的梦想。

如果人的一生没有梦想会是什么情形,那是很难想象的事情。可以肯定的是,人类需要梦想,是梦想让这个世界变得如此的生动,如此的丰富多彩。

梦想是人生的起点

青少年时期正是饱含梦想的年代,我们要拥有梦想,勇于追求梦想。除了要敢于突破前人所设下的种种思维定势,还要敢于突破自己固有的观念,相信自己通过努力,一定能够实现梦想。

梦想能创造可能,梦想开始的地方其实就是人生的起点。有梦想正是我们努力的方向,梦想为我们未来的成功创造了一种可能,有梦想可能会成功,但没有梦想一定会失败。而一个没有了梦想的人就像鸟儿没有了翅膀再也不能飞起来!

法国作家巴尔扎克说:"没有伟大的愿望,就没有伟大的天才。"其实,这种

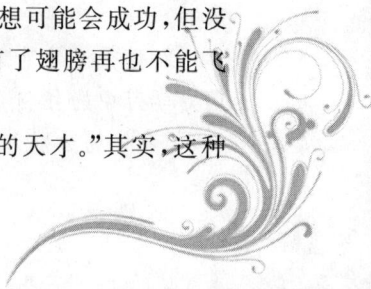

伟大的愿望就是梦想,正因为他点燃了梦想,才忍受住了人间冷暖后而闻名四方。

人类需要梦想,梦想让这个世界变得如此生动,如此丰富多彩。因为有了飞翔的梦想,莱特兄弟发明了飞机;因为有了光明的梦想,爱迪生发明了电灯;因为有了探索宇宙的梦想,美国宇航员阿姆斯特朗成为第一位登上月球的人,实现了人类有史以来拜访月球的梦想。

乔丹在很小的时候就萌发了自己的篮球明星梦。一天,乔丹把自己的梦想告诉了母亲,母亲对他大加赞赏,并为他有了自己的梦想向他祝贺,还特别鼓励他以后注意向篮球明星学习。

他的母亲还注意在行动上支持儿子的梦想,她一有时间就和小乔丹坐在一起,欣赏报刊和杂志上那些篮球队员们驰骋球场的矫健身影和飞身灌篮的飒爽英姿的图片。同时,她还建议乔丹把那些花花绿绿的图片剪下来,贴到房间的墙上去,使儿子能与偶像们朝夕相伴。最终,乔丹成就了自己篮球飞人梦。

我们的发展一定要与梦想为伴。可以看到周围,为了梦想的实现,多少勤劳、智慧、热爱生活的人们在坚持不懈地追求着,无论道路多么崎岖曲折,不管激流多么湍急汹涌,不管遇到多少冷言热讽,都不能挡住他们实现梦想的愿望。

为什么人们会为了梦想如此"奋不顾身"?因为,充满梦想就不会有退缩的理由,拥有了梦想就会有无穷的力量和绝招妙法,满怀梦想的人最终才能事业有成!

每一位青少年的心中都有一个拥有属于自己的梦想,我们为了自己的梦想而激动、努力,也在收获。梦想是照亮人们心灵的阳光,是心中最美丽的憧憬。

梦想激发青少年的求知欲,它将引领我们走向一个又一个成功,因为梦想给人以勇气、智慧和力量,激励着人们为了梦想战胜艰难困苦,在生活中大步向前。

实现人生梦想的小方法

1. 拥有梦想。梦想是照亮我们心灵的阳光,是我们心中最美丽的憧憬。梦想诱发我们的求知欲,它将引领我们一路坚持,走向一个又一个的成功。拥有梦想,我们就会在自己梦想的画布上画出最美丽的图画!拥有梦想,从而走向成功。

2. 懂得坚持梦想。梦想是最具有价值的珍宝,它将带领我们充满憧憬地去面对学习中的任何一个困难。要珍视梦想,坚持梦想。无论面对什么样的境况,都不能因为别人的一句话而轻易放弃自己的梦想。没有梦想的人生是可悲

的,不懂得追随梦想的人会更可悲。要敢于追随梦想,这是我们应该做的。

3.学会追求梦想。为了使梦想能成为现实,一定要学会追求梦想。追求梦想必须付出辛劳和汗水。如果没有努力的学习、坚定的决心并经历过无数次的失败,就很难获得成功。

第31种品质　进取——人生每天都在向前进

一个有积极进取心的人,一定会不辞劳苦、坚持不懈地在自己的人生之路上勇敢前行,在他的大脑中决不会有"将就着过"、"得过且过"的想法。进取心就潜藏在我们每个人的心中,如果我们抑制它、漠视它,似乎它就不存在;如果我们发掘它、浇灌它,它会为我们带来想要的一切。

一个年轻人曾这样说:"你以为我做了司机便满足了吗? 我的心愿是做铁路公司的老板。"当时,他还没有做到司机。他在铁路上做了两年事后,还只是在三等火车上做一个加炭工,月薪40美元。

一个铁路上的老手曾挖苦他说:"你现在做了一个加炭工,就以为自己是发财了吗? 老实告诉你吧,你现在这种水平、这个位置,就是再做四五年大概才会升为月薪100美元的司机。如果你不被开除的话,那是你幸运,你就可以一生安然地做司机了,其他的就别再指望了。"

听这些话的年轻人正是佛冯兰,他并不满于一种安全稳定的工作。后来,在不断地努力追求下,他真的实现了他自己说的话,做到了大都会电车公司的总经理位置。

别让自己贫穷

一个人之所以贫穷,不是因为他有一个贫穷的口袋,而是因为他有一个贫穷的脑袋。贫穷的本身并不可怕,可怕的是贫穷的思想,这种思想的核心就是不思进取。

"我曾是一位穷人,但是我却是以一个富人的身份走向天堂的。在跨入天堂的门槛之前,我把我成为富人的秘诀留下,秘诀就在法兰西中央银行我的一个私人保险箱内,保险箱有3把钥匙,分别在我的律师和两位代理人手中。谁如果能通过回答'穷人最缺少的是什么'而猜中我的秘诀,他将得到我的祝福。

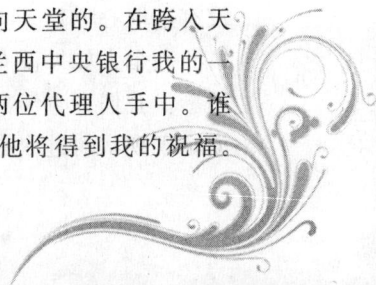

当然，他可以从那只保险箱里拿走100万法郎，那是我为睿智的他揭开贫穷之谜而发的奖金，也是我在天堂给予他的欢呼与掌声。"这是刊登在法国《科西嘉人报》上的一份遗嘱。这位曾经的穷人就是巴拉昂，法国50大富翁之一。

巴拉昂年轻的时候很苦，也很穷。后来，他以推销装饰肖像画起家，在不到10年的时间里，迅速成为法国最年轻的媒体大亨。不幸的是，他因病于1998年去世。去世后，他把价值4.6亿法郎的股份捐给了一家医疗机构并留下了这份特别的遗嘱。

遗嘱刊出后，有48561人给《科西嘉人报》寄来了五花八门的答案。有太多的人都认为穷人缺少的是金钱，因为一旦有了钱，他就不会再是穷人了。有的人认为穷人缺少机会，如果他们有机会的话，也一定能够抓住财富。还有的人认为穷人缺少技能，如果他们有一技之长的话，就能迅速致富。当然，也有其他的答案，比如缺少关爱、漂亮的面孔、显赫的地位等等。

在巴拉昂逝世周年的纪念日，他的律师和代理人在公证部门的监督下，打开了他在银行保险箱，向外界公布了他的致富秘诀：穷人最缺少的是成为富人的野心。

在所有的答案中，只有一位名叫蒂勒的小姑娘猜对了，她年仅9岁。人们都很惊讶，为什么只有小蒂勒和巴拉昂两个人认为穷人最缺少的是成为富人的野心呢？

在颁奖的时候，年仅9岁的小蒂勒终于满足了人们的好奇心，她这样说："每次，我姐姐把她11岁的男朋友带回家时，总是警告我说不要有野心！不要有野心！于是我想，也许野心可以让人得到自己想得到的东西。"

巴拉昂的谜底和小蒂勒的回答见报后，引起了很大的震动，这种震动超出法国，波及欧美。一些新贵和年轻的富豪就此话题谈论时，也都毫不掩饰地承认：野心是永恒的"治穷"特效药，是所有奇迹的萌发点。穷人之所以贫穷，大多是因为他们有一种无可救药的弱点，即缺乏野心。这里所说的野心，不是以损害别人的利益为前提的别有用心，而是成功的最根本的要素——积极向上的进取心。

我们每一个人，不管自己目前的处境如何，都应有这种积极向上的进取心，它是人生的支点，有了它，我们的人生就会奋斗不息。进取心是一个人获取成功的根源，更是穷人变富的秘诀。所以，如果我们想要成功，就请先问问自己有没有进取心吧！

一个人如果没有了进取心这种根本的要素，也就永远走不出贫穷和失败的阴影。我们青少年只要稍加留意，就会发现，每一个成功的人都有勇往直前、不满足于现状的进取心。而不思进取只会让一个人自甘堕落，最终一事无成。

进取心助人成功

这个世界上,有两种人绝对不会成大器:一种是只要是别人没有要他做,他就决不主动做事的人;另一种人则是即使别人要他做,他也做不好的人。那些不需要别人催促,也会主动去做应该做的事,而且不会半途而废的人必将成功,因为他们有一颗进取的心。他们总是要求自己多付出一点点,而且做得比别人预期的更好。

"进取心激发了人们抗争命运的力量,他来自天堂,是完成崇高使命和创造伟大成就的动力,激励着人们向自己的目标前进。这是宇宙力量在人身上的体现,并不是纯粹的人为力量就能创造这种动力。但是,我们每个人都会感到,这种激励的需要是我们人生的支柱啊,为了获得和满足这种需要,我们甚至愿意以放弃舒适和牺牲自我为代价。进取心最终会成为一种伟大的激励力量,会使我们的人生更加崇高。"这是美国成功学奠基人、最伟大的成功励志导师奥里森·马登对进取心的评价。进取心就是推动人们进行创造的动力。

德国著名诗人歌德说:"人的一生中最重要的就是要树立远大的目标,并且以足够的才能和坚强的忍耐力来实现它。"有很多人,一生中都做着极为简单平常的事,但实际上他们完全有能力做一些更高级的事情。因为他们的目标很低,所以不可能从一点一滴做起,开创他们一项伟大的事业。狭隘的生活目标限制了他们确立宏大的进取心。

到 NBA 去打球是每一个美国少年最美好的梦想,他们渴望像乔丹一样飞翔。当年幼的博格斯说出自己同样的梦想时,同伴们竟然把肚子都笑疼了。博格斯的身高只有 160 厘米,在两米都算矮个儿的 NBA 里只能算是一个侏儒。

但博格斯却没有因为别人的嘲笑而放弃自己的梦想,他说:"我热爱篮球,我决心要打 NBA。"他把所有的空余时间都花在篮球场上。其他人回家了,他仍然在练球,别人都去沐浴夏日的阳光,他却坚持在篮球场上。

他每天都告诫自己:我要到 NBA 去打球。他深知,像他这样的身高,要到NBA 去必须得有自己的"绝活"。他努力锻炼自己的长处:像子弹一样迅速,运球不发生失误,比别人更能奔跑。

博格斯是夏洛特黄蜂队中表现最优秀、失误最少的后卫队员,他常常像一只小黄蜂一样满场飞奔。他控球一流,远投精准,他在巨人阵中也敢带球上篮。而且,他是整个 NBA 中断球最多的队员。

锐意进取的博格斯是 NBA 中有史以来创纪录的矮子。他把别人眼中的不可能变成了现实。博格斯曾经自豪地说:"我的血液中流淌着进取的精神,所

以，我能实现我的梦想。"

微软创始人比尔·盖茨对年轻人说得最多的一句话就是"永不知足"。他说，之所以他会取得如此大的成功，就是因为他不满足于所取得的成绩，不断进取，始终激励自己向前发展，最后终于实现了自己的理想，到达了他所向往的地位。

新闻界的"拿破仑"——伦敦《泰晤士报》的大老板诺思克利夫爵士，最初在他每月只能拿到80元的时候，对自己的处境非常不满。后来，《伦敦晚报》和《每日邮报》皆为他所有的时候，他还是感到不满足，直到他得到了伦敦《泰晤士报》之后，他才稍稍觉得有点满足。

就算成了《泰晤士报》的大老板，诺思克利夫爵士还是不肯善罢甘休。他要利用《泰晤士报》揭露官场腐败，而且不顾一切地攻击昏迷不醒的政府……由于他的这种大胆的努力，提高了不少国家机关的办事效率，在某种程度上还改革了整个英国的制度。

一颗积极进取的心是人智慧的源泉，就像从一个人的灵魂里架设在这个世界上的"天线"，通过它可以不断接收和了解来自各方面的信息，从而使自己变得更加充实，更有力量，让人永远都在不断地进步，获得成功。

人生需要进取精神

纵观古今中外，所有成功人士都有一种积极进取的精神。缺乏积极进取精神的人，不仅无法进步，难以发展，甚至还有被社会淘汰的危险。任何民族也都或多或少有积极进取的精神，而这种精神越强烈，这个民族发达的可能性越大；反之，这种精神越薄弱，长此以往，必然越落后。

进取是一种让人赏心悦目的美，这个社会最青睐追求进步、积极进取的人。一个人即使暂时的能力、实力不足，但只要具备一颗积极进取的心，他也能让人看到未来的希望，从而树立自身良好的形象，有利于为未来的发展打好基础。

进取心是激发一个人抗争命运的力量，是完成崇高使命和创造伟大成就的动力。一个具备了积极进取心的人，就像一个被磁化的指针那样，显示出矢志不渝的神秘力量。

可以说，人生之所以不断进步，并最终取得成功，就是因为有了不竭的进取心和意志力，这是一种永不停息的自我推动力，激励着人们向着自己的目标前进。

巴西著名足球运动员贝利初涉足坛时，在一次比赛中，他从己方禁区带球穿过全场，晃过对方包括守门员在内的全部防守队员，从容破门，不仅令万千观众心醉，而且使球场上的对手拍手称绝。赛后，贝利被记者们团团围住。其中

一位记者问:"贝利先生,在您的进球中,您认为哪一个踢得最好?"贝利不假思索地说:"下一个。"

而当贝利在足坛上大红大紫,成为世界著名球王,已踢进 100 个球以后,记者又问他同样的问题:"您哪个球踢得最好?"贝利笑了,意味深长地说:"下一个。"记者们先是一愣,随即爆发出热烈的掌声。

贝利一生踢进 1200 多个球,两次荣获"世界球王"的美称,使得世界无数球迷为之倾倒。然而,当记者问他哪个球踢得最精彩时,他却毫不犹豫地回答:"下一个!"

细细体会贝利的回答,可以发现,简短的三个字却道出了他成功的秘诀,揭示了一个平凡而又深刻的真理:在迈向成功的道路上,每当实现一个近期目标,决不应该骄傲自满,而应该相信最好的永远都在下一个,应把原来的成功当成是新的起点,应有一种"归零"的心态,才能不断地攀登新的高峰,才能获得成功者无穷无尽的乐趣。

取得一次成功,获取一些成绩,对于一个人来说或许并不是一件困难的事。但是只有不断地超越自己已取得的成绩,向"下一个"目标迈进,向更新的领域拓展,才是最难能可贵的。

其实,生命本身就是一个不断进取的过程。我们每一位青少年都应该把以往学习中所取得的成绩都融入今天的奋斗里,只有这样,我们才能"百尺竿头,更进一步";只有这样,才能推动我们的生命之舟向"下一个"更加宏伟的目标驶去;只有这样,我们才能以不息的身躯谱写壮美的人生篇章!

培养进取品质的小方法

1. 不满足现状。不满足现状会让一个人积极进取,因为不满足就会改变,这就能激励我们从弱者变成强者,从失败走向成功,从苦难走向幸福,从贫穷走向富裕。

2. 要有梦想。每个人都应该点燃自己的梦想,梦想会让我们看到别人难以见到的各种机会,也会让我们更加积极努力、拼搏进取。

3. 应该有远大的目标。远大的目标就是一个人美丽人生的可靠奠基石。远大的目标会帮助我们抵御那些足以毁灭我们前途的各种诱惑,也会激励我们执著地追求有意义的人生。

4. 要有坚定的自信心。不自信就不会保持一颗进取心,因为畏惧困难、艰苦和失败,从而束缚了进取心。一个人对自己有坚定的自信心,再大的困难也可以想办法克服,再难的事也可以办好,这样,一个人就不会丧失进取心。

第四章 与人交往篇

每个人都离不开人际交往，
孩子当然也需要学会与人交往。
只有与同学、与老师、与其他人建立良好的人际关系，
做事才会更顺利，走向幸福人生的道路才会更平坦一些。
所以，从现在开始，就试着学习与人交往的品质吧，
这些品质实际上也是交往的技巧。
一旦把这些技巧领会于心，
并能真诚地、发自内心地恭敬他人，
也一定会获得他人的尊敬，
自然会获得和谐的人际关系，
自然会与人和睦、融洽相处。

第32种品质 礼貌——人际交往的通行证

讲礼貌是一个人的基本素质,越是懂得礼貌的人就越容易得到别人的帮助而成功,而那些鄙视文明礼貌的人,总是四处碰壁,没有人愿意帮助他们。因为,礼貌是一个人做人的最基本准则,也是中华五千年文化传承的精髓,如果能顺其道而行的话,就肯定会得到意想不到的收获。

周总理是礼貌待人的楷模。他常说:"衣着整齐是一种礼貌,表示对人家的尊重。"他身为国家总理,但总是谦虚恭敬、彬彬有礼,处处以礼待人;他常常是站起来用双手接过服务员给他端的茶水,并微笑点头致谢;而他要是外出视察工作时,他总是和服务员、厨师、警卫员一一握手,亲切道谢;当他深夜干完工作回家的途中,总是再三叮嘱司机要礼貌行车,让外宾先走。

外国记者赞美说:"大凡见过他的人都认为他具有一种魅力,精明智慧,人品非凡,而且令人神往。"

周总理逝世时,一些外国报纸说:"全世界向他致敬,没有人唱反调,这是罕见的事情。"周总理以礼待人,他本人得到了世界人民的赞誉,同时也为我国革命和建设及外交事业作出了巨大贡献。

礼貌赢得他人欢迎

礼貌反映着一个人的教养和文明程度。法国著名思想家孟德斯鸠曾说:"礼貌使有礼貌的人喜悦,也使那些受人以礼貌相待的人们喜悦。"

一个人的修养决定着他的生存方式,也决定了与他交往的人的高度。有修养的人时时处处受人尊敬,容易得到别人的认同;没有修养的人,便会在现实社会中处处碰壁,不得人心。对于青少年来说,应该特别注意自己的行为举止,做一个有礼貌、有素质的人。

通常,在一个家庭里面,懂礼貌的那个孩子总是会得到大家的喜爱,同样的,当青少年走入社会时就会发现,这条定律也同样能发挥着重要的作用:懂礼貌的人总是受到别人的喜爱,同样,出于礼貌,别人也会尊重他。

现在,有些青少年认为,现代社会飞速发展,懂不懂文明礼貌没有关系,只要学习好、有真本事就好了。其实,这种想法是大错而特错的。

有个男孩学习非常出色,唯一不足的是,这个孩子从小就不修边幅,不太注重礼貌。但是,这并不能影响他的妈妈为他自豪。在大学毕业的时候,男孩顺利地通过了托福考试,面试也非常顺利,出国的各项手续都已备齐,只等签证下来就可以实现他的留学梦了。这时,一件意外的事情发生了。

原来,那天当男孩听到自己面试通过时,由于过于激动,往墙角吐了一口痰,正好被秘书小姐看到,秘书小姐把她的所见告诉了签证官。

当男孩走进办公室的时候,那位签证官刘他说:"对不起,我们很遗憾地通知你,你的成绩虽然都非常优秀,但是综合素质方面有些欠缺,我们不能给你签证。"

"综合素质?"男孩非常惊讶地问道。

签证官说:"是的,我们认为,一个人的成绩固然重要,但是一个人的综合素质更加重要,它往往体现出了一个人的品质。事实上,许多人都是因为综合素质不过关所以不能批准签证的。"

这位男孩非常沮丧,而他的妈妈已经明白了,男孩是因为刚才不文明的行为所以被拒签了,心中十分懊悔。

我们最终要走上社会,试问,一个举止粗俗、满嘴脏话的人能受到人们的欢迎吗?答案必然是否定的。一个人纵然学识渊博,满腹经纶,如果没有文明礼貌的概念,也不会有什么前途可言。相反,一个举止得体、待人有礼的人,必定深受人们的欢迎,人际交往对他来说并非难事,有利于他今后的发展。

中国是礼仪之邦,从古至今,无数的圣人儒子,书香门第,他们传承了中国的礼仪美德。我们即将跨入社会,也应该学会自尊、自爱,守规矩,懂礼貌。

培养讲礼貌的思想

现代社会的确尊重个人的选择,自由度大了,然而对人的文明礼貌要求更高,因为文明礼貌是社会文明程度的重要标志。在日常的生活中,礼貌也是促进人际交往的"黏合剂"和"润滑油"。

法国小说家梅里美说:"礼貌经常可以替代最高贵的感情,只有无知和缺乏教养的人才不知礼貌为何物。"因此,每一个有智慧的人都应该讲究礼貌。讲究礼貌是人与人之间交往不可缺少的行为规范。而且,人与人之间互相观察和了解,一般都是从礼貌开始的。

一个举止优雅、彬彬有礼的人,更容易得到周围人的欣赏和承认。正如一位哲人所说,那些明智的和有礼貌的人们,他们特别谦虚谨慎,从不装腔作势、装模作样、夸夸其谈、招摇过市。他们正是通过自己的行为而不是言语来证实

自己的内在品性。

礼貌和教养对于装饰人类，发挥其他一切优良品质和天资，都是不可缺少的。礼貌有很多种表现形式，比如微笑、谦让，想办法不让别人难堪，等等。所以，我们青少年一定要注意这一点。

美国钢铁大王卡耐基曾说："微笑是一种奇怪的电波，它会使别人在不知不觉中同意你的意见。"在一次宴会上，一个平时对卡耐基很有意见的商人在背地里大肆地抨击卡耐基，当卡耐基就站在人群中听那个商人高谈阔论时，商人还不知道，这使得宴会主人尴尬。

不过，卡耐基却安详地站着，脸上微笑着，等到那个抨击他的人发现他时，感到非常难堪，正想从人群中钻出去。这时，卡耐基的脸上仍然堆着笑容，走上前去亲热地跟他握手，好像完全没听见他说自己坏话似的。后来，这个人成了卡耐基的好朋友。

有一次，英国王室举行盛大宴会，招待的是印度部族的头领。宴会结束的时候，侍者为每一位客人端来一小盆洗手水。不过，印度头领不懂这盆水是做什么的，于是接过盆子，把清水一饮而尽。在场的英国人都愣住了，但还没有等他们笑出声来，温莎公爵从容地端起洗手水也一饮而尽，英国其他的宾客也都这样做了，没给印度头领带来任何难堪。

在生活中我们可以发现，凡是社交能力比较强的人，都是比较懂礼貌的人，也更加能够获得机会。对待别人要礼貌是做人的基本道德，这种小细节会体现在生活的方方面面，有时甚至不经意间就会表现出来，尤其是当一个人没有有礼貌的习惯时，这种体会就更为明显。

可见，我们一定要树立文明礼貌的思想。有了正确的思想基础，我们待人接物才会彬彬有礼。要想把文明礼貌的行为和态度当成一种自然而然的习惯，要懂得，即使是在最好的朋友或者在父母兄弟姐妹面前也要讲礼貌，因为粗鲁的言谈举止是最令人生厌的，它犹如毒药一般，会慢慢腐蚀亲情和友情，会使所有的事情都变糟。

生活离不开礼貌

生活中离不开礼貌，礼貌是塑造爱和尊重的前提。对他人的礼貌体现了对他人的一种尊重，这种尊重应该是发自内心的最真实的表达。但在我们现实生活中，却有很多人把礼貌当做一种工具，一种应付手段，为自己营造一个虚假的和气氛围。

实际上，礼貌决不是一些刻板的虚文假套，它是一个人修养和品位的体现，

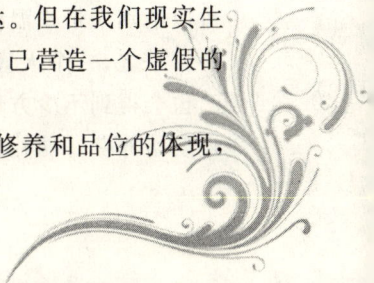

是他内心世界的表征。哲学家认为，粗暴无礼是内心虚弱的人貌似强大的手段，相反，和蔼可亲则是一个人充实和自信的表现。其实，礼貌远非仅仅体现了一个人的充实和自信，它也体现了人类最基本的观念，如平等、公正等。

新加坡莱佛士书院是一个有着180多年历史的学校，它培育了李光耀、吴作栋等许多领袖人物，被称为"领袖摇篮"。莱佛士书院最大的特点就是非常注意礼仪教育，对每一位学生都非常注意教他们怎样待人、怎样跟人相处。

英国作家洛克说："没有教养的人有了胆量，胆量就会带上野蛮的色彩，而别人也必以野蛮相看待；学问就变成了迂气；才智就变成了滑稽；率直就变成了粗俗；温和就变成了谄媚。"对于礼仪，洛克认为，良好的礼仪的功用能使那些与我们交谈的人感到安适与满足。要能做到通过恰如其分的礼节，表明你对他人的尊敬、重视与善意。这是一种很高的境界，要能做到这种境地，而又不被人家疑心你是谄媚、伪善或卑鄙，需要一种很大的技巧。

洛克说："一种虽然拙劣的辩词或平凡的观察，如果这样提出来，前面加几句尊重别人的意见的话，他便可以得到更多的荣誉与重视。即使是最深刻的言论，如果一个人说话的时候态度粗暴、傲慢或者吵吵嚷嚷，即便是在辩论上面获得了胜利，在别人心目中也是难以留下好印象的。"

另外，在他人说话的时候，不可以随便插嘴。洛克说："插嘴和争辩也是不符合礼仪的要求。别人谈话的时候去插嘴是一种最大的冒犯，因为我们在知道人家将说什么之前就去答复人家，若不是鲁莽愚蠢，也是一种明白表示，即对方的话他已经听腻了，不愿对方说下去了。

"年轻人不可中途插嘴，说的时候要用请教的态度，不能像教训别人似的。应该避免固执的态度和傲慢的神情，要谦逊地提出问题。谦逊不会遮住他们的才能，也不会减弱他们的理由的力量。它反而可以使他们得到更好的注意，使他们所说的话宜于让人接受。"

礼貌是社会交往中的行为规范，也是人们个人修养的显现。相比较其他规范来说，礼貌的约束性要小些；相比较专业技能来说，礼貌的实际作用又不那么突出。但是，如果缺少了礼貌，一个人会让别人视为缺乏修养而被排斥，甚至惹出不愉快的事情来，自己也得不到丝毫好处。

生活中有很多这样的例子：仅仅因为一个礼仪细节的疏忽，一个十分有利的合作就会丧失；相反，一个懂礼仪的人很容易就会被别人认可、接受，这样既可以给别人带来温暖，也会使自己变得十分愉快。

总之，一个人懂得礼貌，并依礼而行，不但会给人留下良好的印象，而且自己也会得到不少方便，使个人素质大大提高。所以，我们不能只盯着学习成绩，还要培养良好的礼貌习惯，要做一个懂礼貌的人，即是知礼、行礼、以礼相待。

英国哲学家培根曾说:"礼貌是微妙的东西。它既是人类间交际不可或缺的,也是不可过于计较的。如果把礼貌形式看得高于一切,结果就会失去人与人真诚的信任。因此,在语言交际中要善于找到一种分寸,使之既直爽又不失礼。这是最难又是最好的。"

所以,我们要做一个讲究礼貌、谈吐优雅的人。在生活中处处有礼貌,如见面时主动向人问候,当有人帮助我们的时候,要说声"谢谢",当无意当中妨碍了他人时,应该说声"对不起"。要时刻想到关心他人,帮助他人。由衷地对他人说一声"谢谢"吧!那时候,我们的心情将是最满足、最快乐的。

培养礼貌品质的小方法

1.学会社交礼仪。一个懂得社交礼仪的人,会随时以一种"有教养"、"有风度"、"有涵养"等姿态展现在人们面前,这样的人受关注的程度显然比一般人要强很多,当然也就会有人缘。这样,无形中就在沟通技巧方面增加一个砝码。

2.学会尊重别人。尊重别人不是同情、怜悯,更不是赏赐,可以给人以自信,给人以力量,给人以温暖。帮助别人等于帮助自己,尊重别人也等于尊重自己。

3.学会谦让。谦让是中华民族优良的传统,是一种高尚的美德。同时,拥有这种品质的人就会受到文明的洗礼,心灵的净化,它拉近了人与人之间的距离,多了一份和睦、融洽。

4.不说脏话、粗话,学会文明用语。脏话和粗话除了表现着自己的肤浅与无知,也严重伤害着别人的自尊心,别人也同样会回击我们。所以要学会文明用语,这是对别人也是对自己的尊重。

5.讲究仪表和言行举止。要做到衣着整洁,朴素大方,语言亲切,举止文明。这是一个人有修养的体现,也是尊重别人的表现。

第33种品质　双赢——成大事者的必备智慧

双赢的智慧是让每个人都做胜利者,让每个人既宽容又坚忍不拔。双赢不仅仅是一种人生哲学,也是一种表示自信、预示着成功的精神力量,更是一种应铭记在心的智慧。努力追求双赢的良好习惯,总可以使人们冷静地面对竞争,亦可以培养人们的良好品德,提高人际交往能力,让我们早

日成功。

"新鸿基"是香港赫赫有名的财团,它的创始人冯景禧就是靠双赢的理念打下常青基业的。20世纪50年代后半期,冯景禧和郭德胜、李兆基三个好友在一起,非常看好刚刚兴起的房地产业。

后来,他们合作开办了"新鸿基企业有限公司"专营房地产,这三人都是时代的精英,而论胆识与才略又各有千秋。郭德胜精明强干、火候老到;李兆基思维敏捷、足智多谋;冯景禧精通财务、擅长分析,他们被人称作"三剑客"。

他们联袂上阵,齐心协力,更是无人可匹敌。在当时的香港地产业,他们搅起了一阵旋风,逐渐发展为地产霸主,打造了香港地产的神话。

共生就是双赢

能把别人放在心上,在他人需要帮助的时候伸出援手,这样的人一定也会获得他人的回报。这样的故事不仅仅存在于人类身上,在动物界,互利互惠的道理也在深刻地体现着。

在广袤的欧洲大陆上,生活着一种美丽异常的动物,名叫蓝蝶。它外形极其美丽、炫目,人们通常把它们称作"会飞的花朵"。然而,在几十年前,蓝蝶突然灭绝了。

道格拉斯·麦其逊是一位昆虫学家,专门研究蝶类。他对"会飞的花朵"凋谢之谜做了广泛而深入的研究之后,得出一个惊人的发现:导致蓝蝶绝种的原因竟然与两种蚂蚁的灭绝息息相关。

麦其逊发现,蓝蝶是在醋酸植物上产卵繁殖的,而它的幼虫腹部分泌的挥发性物质,对于蚂蚁来说是极具诱惑性的香甜美食。每当闻到这一特殊的香味,蚂蚁就会爬到蓝蝶幼虫的腹部边尽情享受,而蓝蝶也并不加以干涉。

蚂蚁并不是白吃,蓝蝶的幼虫是吃树叶的,每吃完一片树叶,众工蚁就会把它抬到另一片新树叶上,让它吃个饱。而且,每当蚂蚁在草地上发现蓝蝶的卵时,也会马上来照顾这些幼小的生命,生怕被其他昆虫掠去,就像个保姆一样。

冬天来临,工蚁就把蓝蝶幼虫搬进自己温暖舒适的蚁穴里,在吸食蓝蝶幼虫分泌的"蜜露"时,有时甚至把自己的幼虫作为食物奉献给这位"贵宾"。可以说,蚂蚁与蓝蝶的这种互惠互利关系,经历了漫长岁月的考验。

可是随着工业的发展,人类无情地侵占了这两种蚂蚁的生存空间,他们用推土机摧毁了它们的栖息地,小蚂蚁从此灭绝了。而没有了相依为命的小蚂蚁,蓝蝶也就难逃灭绝的宿命了。

无独有偶，在美国加利福尼亚，海洋生物学家布兰姆潜入深水以后，看到了一个奇异的场面：一条银灰色的大鱼离开鱼群，向一条五彩斑斓的小鱼快速游去。

布兰姆以为，这条小鱼肯定在劫难逃了。可是，令他感到吃惊的是，大鱼并没有向小鱼扑去，而是停在小鱼面前，平静地张开了鱼鳍，一动也不动。小鱼见了，毫不犹豫地迎上前去，紧贴着大鱼的身体，用尖嘴开始吮吸大鱼的身体。最后，它竟将半截身子钻入大鱼的鳃中。

这种情况持续了几分钟，它们便分手了，小鱼潜入了海草丛中，而那条大鱼则轻松地去追赶自己的同伴了。在以后的数月里，布兰姆进行了一系列的跟踪观察研究，并多次见到这种情景。

他由此判断，现象并不是偶然的。经过一番仔细的观察，布兰姆认为，小鱼是海洋里的"大夫"，它是在为大鱼治病。它身长只有三四厘米，色彩艳丽，游动时就像一条飘动的彩带，因而当地人称它"彩带鱼"。彩带鱼喜欢在珊瑚礁中或海草丛生的地方游来游去，栖息在珊瑚礁中的各种鱼，一见到彩带鱼就会游过去，把它团团围住。

有一次，布兰姆惊讶地发现，共有几百条鱼围住了一条彩带鱼。这条彩带鱼时而拱向这一条，时而拱向另一条，用尖嘴在它们身上啄食。而这些大鱼怡然自得地摆出了各种姿势，有的头朝上，有的头向下，也有的侧身横躺，有的甚至腹部朝天。

布兰姆捉了一条彩带鱼，剖开它的胃，发现里面装满了各种寄生虫、小鱼以及腐烂的鱼皮。布兰姆感叹着，这真是一种奇妙的合作！鱼"大夫"用尖嘴为大鱼清除伤口的坏死组织，啄掉鱼鳞、鱼鳍和鱼鳃上的寄生虫，而这些又成了鱼"大夫"的美味佳肴。这种合作对双方都很有好处，生物学上将这种现象称之为"共生"。

在动物界里互相帮助、强弱相依的例子比比皆是，有人研究之后把这种动物利他的事说成是天性。换一个角度，对于我们人类来说，是不是也有这样的共性呢？

双赢是大智慧

我们传统的中国人喜欢用筷子作为餐具，而用过筷子的人都知道，只有两根独立的筷子和谐地配合，才能夹起想要吃的东西。如果把两根筷子分开，只用其中的任一根，恐怕就不会顺利地吃到东西了。两根筷子的事例，其实也蕴涵了一个道理，那就是合作会带来双赢。

《吕氏春秋·不广》中记载了一种前腿如鼠、后腿如兔的奇怪动物——蛩蹶，长短不一的脚使它举步维艰。虽然如此，它却有一副利齿，奇怪的是，它却经常利用自己的利齿采摘植物给一种叫蛩蛩的动物吃。

蛩蛩和蛩蹶正相反，它虽然没有利齿，却有强壮的四肢。于是，当发生灾难时，蛩蛩就把蛩蹶背在背上，共同逃难。

可见，动物的生存繁衍中蕴藏着高深的双赢智慧，为了生存而互相帮助、取长补短是大自然的法则。在自然界中，还有一种身形很小的犀鸟，它因为身形过小，没有能力保护自己，只能停在犀牛的背上，依靠着犀牛的强壮来保障自己的安全。

而犀牛之所以会接受它，是因为犀牛皮肤缝隙间的寄生虫，也正需要这种小鸟啄食清理，犀鸟和犀牛形成了互帮互助的关系，犀牛甚至还可以凭借小犀鸟灵敏的感觉来获知临近的危险。

《中庸》有言："和者，天下之大本也。"双赢精神，就是要化"异中之抵触"为"和中之互补"，这是一种高深的成功智慧。反观在日常的学习和生活中，人与人之间，难免会有很多思想上的摩擦与意见上的不和，但更要找到可以相互合作的地方，进行取长补短，才能在双赢的智慧中，筑起共同的新高度。

有关花旗银行的故事，也说明了选择双赢是一种智慧。在"二战"刚结束后，各国经济都极度萧条，各国的银行大都停止了接济困难企业。

然而，花旗银行却仍在积极办理各项贷款业务，目的在于尽力挽救衰败中的企业。到最后，他们这种"奉献"的结果就是，企业由于受到了援助而没有被迫停工，它们迅速发展，不但促进了经济的复苏，并按时归还了花旗银行的贷款。花旗银行的双赢策略，不但没有使自己蒙受经济损失，反而为自己带来了极高的信誉，成为世界知名的银行之一。

有人说："当有人欺骗别人的时候，我明白，这与我无关，所以我保持沉默；当有人去攻击旁人的时候，我也明白，这与我无关，所以我保持沉默；而现在他们来伤害我，我该怎么办呢？"当陷入四面楚歌的境地，才能回想起自己当初的所作所为，实在是为时已晚。

每个人的力量都是有限的，纵观周围的人，凡是懂得与别人合作取得双赢的，都是成功的人，快乐的人，有智慧的人。畏首畏尾，害怕与人合作的人，不可能获取大的成功。

学会双赢赢更多

有一位著名的企业家曾说："当别人遇到困难时，我不会坐视不管，我会尽

力帮助他,这样做不但不会让我损失什么,反而会给我带来荣誉,让我的事业更加顺利。"如果不懂得双赢的智慧,就不会乐于帮助他人,那自身的发展便可能会变得极为缓慢,甚至停滞不前,可以这样说,学会双赢的人才会赢得更多。

德国著名作家歌德与席勒的友情照耀了欧洲文学史的半边天空,他们的互助合作成就了一段佳话。年长成熟的歌德给予席勒以安定的呵护,使他无生活的忧虑,而年轻激越的席勒给予歌德新的创作热情,于是一部伟大的《浮士德》跃出水面,双赢的光焰点亮了成功的天空。

试想,倘若没有此二人魏玛城中的相遇、相知,到相辅相成,歌德也许仍受限于琐杂的政务中不能自拔,而席勒也许已被困窘的生活湮没,从此默默无闻。两人的互助与友谊,不仅成就了自身的成功,也为世界文学宝库增添了光辉的一笔。

现在的大多数人习惯以输或赢来判断自己的处境,觉得只要是赢,便是代表除自己之外的所有人都得输。通过这副非赢即输的眼镜看人生,只为了一点点的利而与他人拼个你死我活,是愚昧无知的表现。要唤醒内在的知觉,通过合作的手段,让彼此获得更多的收益,才是聪明人的所为。

有一个人醉心于戏曲,不顾亲朋好友的反对,毅然选择一处并不热闹的地区,兴建了一所超水准的戏院。没想到,戏院开张之后奇迹出现了。附近的餐馆、百货商店一家接一家地开设,也纷纷跟进。

没过几年,这个曾经荒凉的地方竟然发展异常繁荣,戏院的卖座也由此变得鼎盛。这时,戏院主人的妻子向丈夫抱怨道:"你看看我们的周围,这么一小块地盖栋楼就能租那么多钱,而你有这么大的地,却只用来收门票,真是吃大亏了!我们不如把剧场改建为商用大厦,也做餐饮百货,分租出去,单就租金来说,就比剧场的收入多几倍呢!"

这人仔细想了想,确实如此,就赶紧拆掉了剧场,改建起了商业大楼。不料想,楼还没有竣工,周围的邻居,邻近的餐饮、百货商店纷纷迁走了,房价也开始下跌,往日的繁华又不见了。

更让人感到害怕的是,以前见面对他热情有加的邻居们,再相遇时,竟对他恶眼相向。经历了这么多,这人终于想通了,原来,是他的剧场为附近带来繁荣,这种繁荣又反过来供养了他的戏院,他是人们互利互惠的一环,现在他的环断掉了,以前的繁荣当然也就不复存在了。

世间的一切事物都是在互为因果、相生相克的关系中循环,在这种循环中,我们可以看出芸芸众生其实是一个整体,你如果不让别人赢,可能你也会输掉自己。

由此可见,"赢"的真正意义是通力合作,实现目标,而绝非是两个对立的双

方争个你死我活，分出个曲直高低。用合作代替竞争，能让人们在有效的时间里最大限度地获取更多的资源、达成更多的目标，总之，双赢才是真的赢，双赢才能赢更多。

培养双赢品质的小方法

1.真诚帮助他人。俗话说："投之以桃，报之以李。"今天你帮助他人，他可能不会马上报答，但他会记住你的好处，也许会在你不如意时给你以回报。双赢总会给人们带来更多的好处，这就好像是一顿无尽的美餐，让人们享用不尽。

2.不计较个人得失。如果总想着自己的得失不顾他人的得失，就会被束缚，最后就算得到了也不会快乐。而一心为了别人，正是为了自己，处处给别人行方便，就是给自己行方便。这是一个朴素的真理，真正能做到这一点的人，一定生活在天堂。

3.选择合适的合作伙伴。在追求双赢的过程中，应该选择能力互补的合作伙伴，这样才能让这个团队更具有竞争力，从而达到双赢效果。

4.要相互信任。在行动中，双方一定要互信配合，只有这样，双方才能放下"包袱"，独当一面，获得双赢的结局。

第34种品质 赞美——人际关系中的润滑剂

美国作家马克·吐温曾说："一句精彩的赞辞可以代替我10天的口粮。"赞美对每个人而言，都是人生的必需品。赞美不但对人的感情有益，而且对人的理智也起着巨大的作用。表达赞美的方式有很多，要学会针对不同人、不同场合、不同时间选择最为恰当的方式。我们不要吝啬自己的赞美，要知道"赠人玫瑰，手有余香"。

某地有一家历史悠久的药店，店主巴洛具有丰富的经营经验。正当他的事业蒸蒸日上时，离他不远的地方又开了一家小店。巴洛十分不满这位新来的对手，到处向人指责那家小店卖不好的药，而且毫无配方经验。

小店主听了很气愤，想到法院去起诉。后来，一位律师劝他，不妨试试善意的方法。顾客们又向小店主述说巴洛的攻击时，小店主说："一定是误会了，巴洛是本地最好的药店主，他在任何时候都乐意给急诊病人配药。他这种对病人

的关心给我们大家树立了榜样。我们这地方正处在发展之中,有足够的空间可供我们做生意,我以巴洛为榜样。"

巴洛听到这些话后,立刻找到自己的年轻对手,向他道歉,还向他介绍自己的经验。就这样,怨恨消失了。

有一种力量叫赞美

19世纪的初期,伦敦有位年轻人想当一名作家。他好像做什么事都不大顺利。他几乎有4年的时间没有上学。他的父亲锒铛入狱,只因无法偿还债务。而这位年轻人时常受饥饿之苦。最后,他找到一份工作,在一个老鼠横行的货仓里贴鞋油的标签,晚上在一间阴森静谧的房子里和另外两个男孩一起睡,这两个人是从伦敦的贫民窟来的。他们对他的作品毫无信心,所以他趁深夜溜出去,把他的第一篇稿子寄了出去,免得遭人笑话。

一个接一个的故事都被退稿,但最后他终于被人接受了。虽然他一先令都没拿到,但编辑夸奖了他。有一位编辑承认了他的价值。他心情异常激动,漫无目地在街上逛荡,眼泪流过他的双颊。因为一个故事的付梓,他所获得的嘉许改变了他的一生。假如不是这些夸奖,他可能一辈子都在老鼠横行的货仓里做工。你也许听说过他,他的名字叫查尔斯·狄更斯。

这不能不说是赞美成就了狄更斯,可见赞美也是一种力量。无独有偶,美国著名小说家贺尔·柯恩原来是一个铁匠之子。他一生上学不足8年,然而他临终的时候已经是世界上最富有的文人。

故事是这样的,柯恩最爱读十四行诗以及短歌,因此他对英国诗人罗赛蒂的诗全部读熟,甚至还写了一篇讲演词颂扬罗赛蒂的艺术成就,并且寄了一份给罗赛蒂。罗赛蒂非常高兴,他对自己说:"有一个青年对我的才能有这么高的评价,那么他一定是很聪明的。"因此,罗赛蒂就聘请那个铁匠的儿子柯恩到伦敦当他私人秘书。这是柯恩一生的转折点。因为他在新职位上,遇到了当时的很多大文豪,得益于他们的指教和鼓励,于是,柯恩致力于文学事业。后来,他的名字为世人所知。

柯恩的故里格端巴堡已经成为世界上一些旅游者喜欢去瞻仰的圣地。他的遗产总值250万美元。然而,假如他不会出自真心写那一篇称赞大名人的文章,也许到死还只是一个默默无闻的人。

这便是真诚与出自内心深处的称赞的力量,一种伟大的力量。

吉欧吉特·勃布朗在她的著作《我与马依得荷灵的生活》中,描述了一位比利时的灰姑娘惊人的变化。她写道:

"隔壁旅馆的服务生端来了我的餐点。她的名字叫'洗盘子的玛希',因为她刚开始时是做洗碗盘助手。她简直是个怪物,斜眼、外八字腿,既不漂亮,也没头脑。有一天她端着通心粉的盘子,我直截了当地跟她说:'玛希,你不知道你自己有什么宝藏?'她惯于压抑自己的情感,迟疑了一会儿,像害怕有什么灾难似的,连动也不敢动。后来她才把盘子放在桌上,纯真地说:'我永远都不相信我有。'她一点都不怀疑,连一个问题都不问。她只是喃喃地重复着我所说的回到厨房去了,而且她深信没有人会跟她开玩笑。"

"从那天起,大家开始尊重她了。但最奇怪的变化在谦卑的玛希身上发生了。她相信自己确实有些内在宝藏,她开始打扮起来了,她的青春似乎开始奔放了,并谦逊地隐藏着她的朴实。两个月后,她宣布她要和大厨师的侄子结婚了。她说:'我就要当一名淑女了。'并谢谢我。一个小小的称许,改变了她的一生。"

吉欧吉特·勃布朗给了"洗盘子的玛希"一个美誉,而这份美誉改造了她。爱默生曾经说:"我所遇到的每个人都有优越于我的地方,我从他们那里能得到好处。"

不要吝啬赞美,不要吝啬鼓励,不要吝啬感谢。"种瓜得瓜,种豆得豆",种下友谊收获朋友。善于赞美别人的人,是幸福的人。因为"一只蜡烛不因点燃另一只蜡烛而降低自己的亮度,甚至在点燃的瞬间,自己更加辉煌!"

赞美是一种说话艺术

不可否认,每个人都希望被别人赞美,人性最深切的渴望就是得到他人的赞美。诗人布莱克曾说:"赞美使人轻松。"赞美是一种精明、隐秘和巧妙的说话艺术,它从不同的方面给予赞美的人们和得到赞美的人们满足。

理发的师傅带了个徒弟。徒弟学艺3个月后,这一天正式上岗。他给第一位顾客理完发,顾客照照镜子说:"头发留得太长。"徒弟没有说话。师傅在一旁笑着解释:"头发长显得含蓄,藏而不露,非常符合您的身份啊!"顾客听完,高兴地走了。

徒弟给第二位顾客理完发,顾客照照镜子说:"头发留得太短。"徒弟没有说话。师傅笑着解释:"头发短显得精神、朴实、厚道,让人感到亲切。"顾客听了,欣喜地走了。

徒弟给第三位顾客理完发,顾客一边交钱一边笑道:"花的时间挺长。"徒弟没有说话。师傅笑着解释:"为'首脑'多花点时间非常有必要,您没听说'进门苍头秀士,出门白面书生?'"顾客听了,大笑着走了。

徒弟给第四位顾客理完发，顾客一边付款一边笑道："动作挺利索，20分钟就解决问题。"徒弟不知所措，没有说话。师傅笑着抢答："如今，时间就是金钱，'顶上功夫'速战速决，为您赢得了时间和金钱，您何乐而不为？"顾客听了，欢笑着走了。

晚上打烊了。徒弟怯怯地问师傅："您为什么处处替我说话？反过来，我一次也没有做对过。"

师傅宽厚地笑道："不错，每一件事都包含着两重性：有对有错，有利有弊。我之所以在顾客面前鼓励你，作用有二：对顾客来说，是讨人家喜欢，因为谁都爱听好听的话；对你而言，既是鼓励又是鞭策，因为万事开头难，我希望你以后把活做得更加漂亮。"

徒弟很受感动，从此，他越发刻苦学艺。日复一日，徒弟的技艺日益精湛。

所以说，事情不仅要会干，也要会说。在日常生活中，我们办一件极普通的小事，可能会因为说话水平不同，收到的效果和回报也大相径庭，而这个世界上再没有什么比拥有赞美更能打动人心了。

生活中没有赞美是不可想象的。不要害怕因为赞美别人而降低自己的身价，相反，应当通过赞美表示自己对他人的真诚。"给活着的人献上一朵玫瑰，要比给死人献上一个大花圈价值大得多。"这句话应该记着。

有人说，一个人能赞美别人有多高尚，他的内心世界就有多高尚！当你赞美别人的时候，就好像用一支火把照亮了别人的生活，使他的生活更加有光彩；同时，这支火把也会照亮你的心田，使你在这种真诚的赞美中感到愉快和满足，并激起你对所赞美事物的向往之情，引导自己朝着那个方向前进。

当你向朋友说"我最佩服你做事坚决果断，如果我也能像你这样就好了"的时候，也会被朋友的美德吸引，竭力使自己也能够坚强果断起来。"三人行，必有我师"，试着去欣赏他人的优点，给予诚心诚意的赞美与鼓励吧！

发自内心赞美他人

生活离不开赞美。一句发自内心的赞美，能让一个困顿中的人重新打起精神，继续踏上坎坷的道路；而一句尖刻的批评则会让一个进取中的人感到心灰意冷，陷入绝望的境地。

学会真诚赞美，无论对生活，对工作，还是对事业，都是有益处的。赞美了别人，别人也会适时地回报我们，这会让我们的生活变得更愉快。

詹尼特·格雷厄姆是纽约杂货商店里的一名见习服务员，他已经忙活了整整一天，累得精疲力竭。他的帽子歪着，围裙上沾满了污渍，双脚越来越疼，装

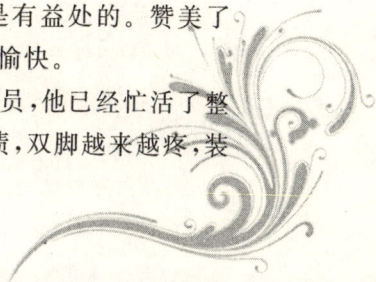

满东西的托盘在手中也变得越来越沉重。他感到疲倦和泄气：看来自己似乎什么也干不好。他好不容易为一位顾客开列完烦琐的账单——这家人有好几个孩子，他们几次三番地更换冰激凌的订单。

詹尼特真的准备撂挑子不干了。这时候，这家人的父亲一面给詹尼特递小费，一面笑着对他说："干得不错，你对我们照顾得真是太周到了！"顿时，詹尼特的疲倦感无影无踪了。对顾客的赞美，他也回报以微笑。后来，当经理问到他对前一天的工作感觉如何时，他回答说："非常不错！"

可以说，在生活中，类似这样的事情比比皆是，简直太多了。

约翰·洛克菲勒成功管理人事的首要秘诀也是真诚赞美他人。爱德华·贝德福特是洛克菲勒的合伙人之一，在南美的一次生意中，他使公司损失了100万美元。洛克菲勒当然可以指责贝德福特，但是他并没有这样做，他知道贝德福特已经尽力了，再说事情已经发生，不可能挽回了。所以洛克菲勒另找其他的事称赞贝德福特，说他节省了60％的投资金额，"这太好了，"洛克菲勒赞美说，"我们并不能总是像巅峰时期那么好。"

发自内心地赞美别人，是成功者之所以成功的主要原因。要知道，因为你的赞美，别人会更喜欢接近你，帮助你顺利达到自己的目的地。

不仅如此，真诚的赞美还可以调动对方的积极性，激发他们的潜能，使他们做得更多、更好。对于那些落后的人来说，赞美可以改变他的心态，甚至改变他的一生。

赞美与我们交往的每一个人，称赞他们的想法、建议和聪明才智。这样，我们就会获得他们的合作、忠诚和支持。如果对同学说："真诚感谢你的合作，你做得太出色了。"那么，他一定会乐意和我们进一步合作，并在合作中做得更好。

总之，赞美是不能够勉强的，它是理智与情感融合而达到巅峰的一种表达方式。勉强的赞美，不仅会让自己的心里有不协调的感觉，而且还会把这种情感传递给接受赞美的人。赞美，首先要确定，被赞美的事物本身一定要有值得称道的地方。其次，它也一定能够加深赞美者与被赞美者之间健康的友谊。

有效赞美他人的小方法

1. 发现对方的优点。赞美他人需要找到对方的优点，否则赞美不到点子上会令人生厌，反而起不到赞美的效果。

2. 区分赞美与奉承。赞美决不可以是虚伪、低俗的奉承，而必须是真实的赞扬。以极为热切的语气，从内心深处说出的赞美之辞，可以让对方产生深刻的印象。

3.真诚地赞美别人。这不过是片刻之间的由衷之举，而被赞美者会获得长久的幸福感觉，我们也会从中获得回报，何乐而不为呢？

4.赞美要有新意。陈词滥调式的赞美，已经丧失了吸引人们注意的魅力。而新颖独特的赞美，则会让人回味无穷。

第35种品质　合作——信息时代的成功之道

21世纪是一个合作的时代，随着科学技术向纵深方向发展，社会分工越来越精细，人们不可能成为百科全书一样的人才，合作已成为人类生存的手段。也就是说，我们每个人都需要借助他人的智慧来完成自己的使命，所以，这个世界充满了竞争与挑战，当然，也充满了合作与快乐。

一个人装扮成魔术师来到一个小村庄，他向迎面而来的几个人说："我有一颗汤石，如果将它放入烧开的水中，会立刻变出美味的汤来，我现在就煮给大家喝。"说完，就有人找了一个大锅子，也有人提了一桶水，并且架上炉子和木材，就在村口的空地上煮了起来。

这个陌生人很小心地把汤石放入滚烫的锅中，然后用汤匙尝了一口，很兴奋地说："味道太美了，如果再加入一点洋葱就更好了。"这时，有人立刻冲回家拿了一堆洋葱放到汤里。陌生人又尝一口："太棒了，如果再放些肉片就更香了。"又一个妇人迅速回家端了一盘肉来。"再有一些蔬菜就完美无缺了。"陌生人又建议道。

在陌生人的指挥下，有人拿了盐，有人拿了酱油，也有人捧了其他材料，当大家每人一碗蹲在那里享用时，他们发现这真是天底下最好喝的汤。

其实，那不过是陌生人在路边随手捡到的一颗石头。如果没有大家的精诚合作，美味是不会有的。

合作是时代的需要

爱尔兰剧作家萧伯纳曾说："你有一个苹果，我有一个苹果，彼此交换，每个人只有一个苹果。你有一种思想，我有一种思想，彼此交换，每个人就有了两种思想。"那么，如果我有一种能力，你也有一种能力，两种能力交换后就是两种能力了。这就是合作，合作产生力量。

在社会生活中不与他人合作、万事不求人的人是没有的。社会是人类生活的依靠，合作一开始就是人类谋求生存来源的一种行为方式。美国成功学大师卡耐基说："一个人事业上的成功，只有15％基于他的专业技术，另外的85％要靠人际关系即与人相处和合作的品德与能力。"由此，合作的重要性可见一斑。

美国学者朱克曼曾做过一项研究。他发现自1901年诺贝尔奖金颁发以来，286位获奖者中2/3的科学家是与人合作而获奖的。他又以25年为一段进行了比较研究，发现与人合作而获奖者，第一个25年为41％，第二个25年竟达到79％。这就有力地说明，科技越发展，一个人要取得事业上的成功就越需要具备与人合作的良好品质。没有互相关心、支持与合作就很难获得成功。

21世纪是信息的世纪，也注定是合作交往频繁的世纪，21世纪需要的是具备合作能力的人才。社会化大生产的集约化、分散化，交通、通信技术的发展、发达，将使世界变成"地球村"，人际、国际交往日益频繁。

与此同时，一系列全球性的威胁也正在日益严重，生态危机、环境恶化、人口爆炸以及资源短缺等全球性的难题纷至沓来，而要解决这些问题，就要求人们必须都具备全球性观念，具有合作意识，要求人们携起手来，通力合作。也只有合作，才能产生足以应对这些问题的力量，才能及时找到解决问题的办法。

奥地利著名心理分析家阿德勒认为，假使一个孩子未曾学会合作之道，他必定会走向孤僻之途，并产生牢固的自卑情绪，严重影响他一生的发展。可见，对我们青少年来说，学会合作是多么重要！

哈佛大学心理学乔治·赫华斯教授根据多年的研究成果，把"与同事真诚合作"列为成功的九大要素之一，而把"言行孤僻，不善与人合作"列为失败的九大要素之首。

善于合作，能与人相处共事，将是未来社会所需人才重要的条件之一。离开这一条不可能成为社会有用的人，更无法立足社会，无法生存发展。所以，我们一定要学会合作，让自己早日受益。一旦学会合作，我们就会在学习的道路上越走越顺利，同时，也为未来事业的成功打下基础，成为社会需要的人才。

当今社会是一个呼唤有合作能力的人才的社会，讲求合作共赢。因为在信息化的国际社会里，每一个新理论的诞生均得益于全球知识渊博的学者之间的合作，每一个新的科研成果、每一项事业的成功，都是集体智慧的结晶。

由此可见，要想让成功的机会大一些，就必须善于与他人合作。合作是一个人、一个群体早日迈向成功的重要途径。我们要在未来的生活、学习和事业中施展自己的合作本领，帮助自己早日走上成功的大道。

集体力量胜过个人力量

在信息如此发达的今天，只靠个人的努力、单打独斗取得成功的可能性越来越小，合作变得越来越重要。因此，李开复提醒人们：必须时刻警惕合作中的不和谐因素的出现，要悉心学习团队合作的原则和技巧，只有这样，才能真正融入以合作共赢为主题的现代社会。

亚圣孟子曾说："天时不如地利，地利不如人和。"这也说明了合作的重要。当今社会是一个需要大家相互合作的社会。社会竞争日益激烈，科学技术日益高速发展，社会分工日益精细，而人的智力和知识面却总是有限的，所以，人们为了达到共同的目的就会一起工作，以提高工作效率和生产，这就是所谓的"合作"，合作已成为当今世界人们的主要工作模式。

1961年美国为期10年的阿波罗登月计划，有42万人参加，涉及2万家公司、120所大学。1995年，世界上最重要的科学成果之一，发现第六夸克（顶夸克）存在的证据，就是实验组的800多人共同努力取得的，其中每一个人都要与他人进行密切合作。所以，在现代社会任何成就的取得都绝非一个人所能完成，往往是许多人通力合作的结果。要知道，一份合作增加一份成功的机会。可见，合作就是这么重要！

就像一首气势磅礴的歌里唱到的："一根筷子呦，轻轻被折断，十双筷子呦，牢牢抱成团……同舟共济海让路，号子嘛一喊浪靠边，百舸嘛争流千帆进，波涛在后岸在前。"这正是强调集体的力量，只有万众一心，才能朝着一个共同的目标迈进，并取得最终的胜利。

德国著名哲学家叔本华曾说："单个的人是软弱无力的，就像漂流的鲁滨逊一样，只有同别人在一起，他才能完成许多事业。"伟大的战士雷锋也说："一滴水只有放进大海里才永远不会干涸，一个人只有当他把自己和集体事业融合在一起的时候才能最有力量。"

我们每一个人都离不开集体单独生活。每个人都希望能得到集体的关心和爱护，从集体中获取勇气和力量。但是，这一切从何而来？这一切来自于每个人的相互合作。只有每个人都热爱集体，关心集体，共同维护集体的利益和荣誉，我们的集体才会充满阳光，才会更有力量！

现在，在世界范围内，人们的教育观念都在发生着深刻的变化，人们不再认为智力是成功的唯一因素，事业的成功还取决于非智力因素。比如，与人合作、自我激励、处理事情的应变能力等。我们知道，一场高水平的足球赛，需要每名队员密切配合，否则单个人即使再优秀，他也不能成功，当然整个球队更是不能

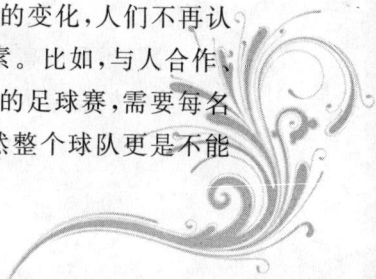

获胜。

法国著名作家巴尔扎克说："单独一个人可能灭亡，两个人在一起可能得救。"它就暗示着合作的重要性，就是在强调集体合作的重要性。所以，要想成功，要么独立组建一个团队，要么就选择去跟随一个团队，历史上历来打天下没有一个人单打独斗能够成功的。

我们要明白"一个篱笆三个桩，一个好汉三个帮"的道理，一个人的成功离不开别人的帮助，离不开与别人的合作。在未来生活中、事业上都需要合作，各种各样的合作。不管在什么时候，在什么地方，永远都要记住集体力量大于个人的力量，要记住合作。因为合作是取得成功的前提条件。

学会互助互敬

合作是一种互助，决不是简单意义上的叠加组合。每个合作者都不能依赖着别人去前进，要用自己的力量实现自己的运转。也就是说，合作更像滑轮组，各就各位，协作互动才能达到共同的高度。

有这样一对朋友，一个动手能力强，一个动脑能力强。他们本来是一对很好的合作伙伴，并且他们希望通过双赢的理念，成功地做一些事情。

可是，一到具体合作的时候，擅长动脑的就开始不切实际地幻想，吩咐擅长动手的去做。在他看来，自己就是负责想象，做的事情跟自己没有一点关系。不巧的是，擅长动手的人也和他有同样的想法，他觉得动脑筋的人就应该想得周详，而没有及时提供一些切实的改进建议给动脑的人，自己只是负责实施，能做就做，不能做就立马扔下不管。

可想而知，他们这样做是不可能取得合作效果的。事情最终会这样，就是因为他们都把希望依赖在别人身上。缺少了成员间真正的互补与互动。后果必然是动脑的人越来越不知道怎样想，动手的人越来越不知道怎样做。他们的依赖致使双方的长处都没有充分发挥出来，短处反而更加明显，甚至还不如不合作来得快一些呢！

现在，互助合作的理念已成为现代社会竞争的主旋律。人们明白，每个人都不是万能的，面对不同的人、相同的目标，只有互相帮助，互相提高，让别人的长处弥补自己的短处，让自己的长处"承载"别人的短处，才能彼此获益，携手成功。

琼斯还是个高中生，是学校篮球队的女篮队员。球打得相当不错，身高足以成为学校篮球队的首发队员。除此之外，她的好友玛琳，也被选入大学篮球队的首发队员。琼斯比较擅长中远距离投球，常常一场球打下来能有四五个进

球,这也得到了大家的赞赏。

可是,她慢慢发现,玛琳不喜欢她在球场上成为人们注意的中心,因此,无论有多好的投篮机会,玛琳都不会再将球传给琼斯了。琼斯非常生气,可是爸爸对她说:"我有一个建议,可以让玛琳把球传给你,那就是你一得到球,就马上传给她。"

琼斯没有明白爸爸这番话的深意,很快就要打下一场比赛了,琼斯决心让玛琳在比赛中出出丑。可是,比赛的时候,当她第一次拿到球时,就听到爸爸在观众席上大声叫喊,他的嗓音很低沉:"把球传给玛琳!"

琼斯犹豫了一下,将球传给了玛琳。她看到玛琳仿佛愣了一下,然后转身投篮,手起球落,2分。这时,琼斯突然产生了一种从未有过的感觉:为另一个人的成功而由衷地感到高兴! 更重要的是,她知道她们的比分领先了。

赢球的感觉真好! 下半场琼斯继续听从爸爸的建议,一有机会就将球传给玛琳,除非这个球适合于别人投篮或由她直接投篮更好。通过与别人的合作,这场她们以绝对领先的成绩取得了成功。

在以后的比赛中,玛琳开始向琼斯传球,而且还像以前一样,一有机会就传给她。她们的配合变得越来越默契,两人之间的友谊也越来越深。在那一年的比赛中,她们赢了大多数比赛,不仅如此,她们两人也成了家乡小镇中的传奇人物。当地报纸甚至专门写了一篇有关她们两人默契配合的报道。当然,琼斯在比赛中的得分也比以前多了。

这次比赛给琼斯留下了深刻的印象,让她体会到了双赢想法的奥妙,通力合作、争取互助带给她的是震撼和快乐。

正如人们通常描述的那样,互助互敬总会给人们带来更多的好处,给别人成功的机会,就是给自己机会,别人成功会使自己充满了快乐。

培养合作品质的小方法

1.懂得与人合作的重要性。21世纪的成功者将是全面发展的人、富有开拓精神的人和善于与他人合作的人。与人合作是现代人的一项基本素质与技能。如果一个人不能与他人真诚合作,他就不可能成功。

2.明白集体的力量大。在日常生活中,有许多行为必须要两个或两个以上的人合作才能完成,只凭一个人的力量是无法做到的。集体的力量永远胜于个人的力量。在一个集体中,只有团结一致、齐心协力才能办好事情。明白了这样的道理,就会融入集体,融入团队,就自然而然地与他人合作。

3.在游戏中体验合作。参加游戏活动是培养合作能力最有效的途径,因为

在游戏中,我们可以学会逐步摆脱"自我中心"。

4.多参加集体活动。在集体活动中,我们能逐渐意识到处处考虑别人的意见,获得与人相处的经验,懂得做事要与人合作,逐步培养与人合作的品质。

第36种品质 幽默——化解冲突的生存哲学

日本著名教育家池田大作曾说:"有幽默感的人不会让人厌弃,有幽默感的话题不会给人压力。"是的,幽默是一种智慧的表现,一个具有幽默感的人到处都会受到欢迎,他可以化解人与人间的很多冲突或尴尬的境况。幽默的人一般会使人由怒转乐,变得豁达,当然也可以带给人快乐,所以有人说,幽默是两人间最短的距离。

海明威是美国著名作家,有一天他收到一家服装公司给他寄来的一条领带,同时还附有一封信。信上说:"本公司的领带深受顾客的欢迎,现奉上样品一条,请您使用,并盼寄回成本费2元。"

不久,公司收到了海明威的回信,并附上了一本小说。信上说:"我的小说深受读者的青睐,现奉上样书一本,请你们一饱眼福。此书定价2元8角。请贵公司寄回8角,这样就两清了。"

海明威迁居到古巴哈瓦那之后,纽约一位富翁慕名来拜访,并坚持请求海明威在他的本子上签名留念。海明威知道这位富翁是靠炒地皮发大财的,他立刻用手杖在沙地上签了一个名,然后抬起头来,眯着眼睛,提高声音说:"请您收下,不妨连地皮也一起带走!"

人生离不开幽默

著名幽默大师克瑞格·威尔森曾这样说:"在我的成长过程中,幽默是生活中的七彩阳光,没有它,就没有我五彩缤纷的童年,也没有我充满欢声笑语、幸福无限的家庭。"事实的确如此,幽默感是一个人最高贵的品质之一。和有幽默感的人相处,就能感到他身上的智慧。

世界上没有哪一个伟大的革命家、艺术家是没有幽默感的。聪明的人一定是具有幽默感的人,因为幽默的思维和处世方式可以让他们用与众不同的形式对付突如其来的窘境。

幽默是热情的助燃剂，一个笑话可以大大缩短人与人彼此之间相处的距离，从而使人们找到更好的心境状态，发现生活中的乐趣，并对生活充满热情。事实上，这并不是因为笑话有多么好笑，是因为幽默自身存在的力量。人们在心理上有主动接受幽默、享受快乐的特点。

一个人如果能在人们眼中成为幽默的代表，能够为其他人带去好心情时，那么，别人也会更加乐于和他接触、协作，而他也可以在相互接触的过程中，继续用幽默来推动相互了解的深度，同时调整自己。

利用幽默来促进沟通，是促使一个高效能人士取得交际上成功的重要一步。幽默可以使一个人在短期内迅速缩短人际交往的距离，赢得其他人的好感和信赖，因此，别人也可能因为距离的拉近而为他提出更多友善的建议，这些都有助于消除一个人的紧张和焦虑的心情；幽默可以消除人与人之间的对立情绪，使每一个人都能够进入协作状态，这样包括幽默制造者本人都可以很容易在工作中取得成就。

人类几乎是普遍地爱好谐趣，而越是智慧的人往往也最多地保留了幽默风趣的能力。如果人懂得幽默的妙用，将会发现人生处处是愉悦的花朵。

其实，幽默还是一种情感的宣泄。幽默也是一种乐观向上的生活态度，它是基于一个人对自己的尊重。在大多数情况下，有幽默感的人总是不动声色就能使别人充分享受到幽默的愉悦。正如著名作家老舍所说："幽默的文字运用智慧、聪明与种种招笑的技巧，使人读了发笑或啼笑皆非，并从中受到教育。"英国剧作家莎士比亚说："幽默和风趣是智慧的闪现。"所以，保持一种幽默风趣的人生态度，不仅能够表现一个人的睿智，而且可以给他人、给自己带来快乐。

幽默是一种重要的人际交往能力，是人类最为推崇的品质之一。不同的年龄，幽默的作用也不一样，但它自始至终都能有助于我们与人相处，并能帮助我们应付一系列问题。可以说，幽默是一种智慧，也是一种艺术。一个幽默风趣的人会不失时机地抓住事物有趣的一面，分寸得当地以诙谐的语言和动作，表达出自己的思想和意愿。

著名作家林语堂先生曾经说："幽默如从天而降的湿润细雨，将我们孕育在一种人与人之间友情的愉快与安适的气氛中。它犹如潺潺溪流，或者照映在碧绿如茵的草地上的阳光。"是的，幽默就好像温润的细雨、潺潺的溪流、融融的春光，孕育着人与人之间愉快、祥和的气氛；幽默有着巨大的力量，可以化干戈为玉帛，使剑拔弩张的双方相视一笑，握手言和。

幽默是一种气质、一种胸怀，更是一种智慧、一种人生的哲学，是人最可宝贵的交际技能。幽默风趣可以让一个人的天空更广阔，大地更辽远，生命更美好。甚至可以这样说：在一个人的个人修养与个人奋斗里，最需要早日获得的

就是幽默感。

尝试着自嘲一下

美国成功学大师卡耐基在《人性的弱点》一书中说："笑的金科玉律是，不论你想笑别人怎样，先笑你自己。"要勇于笑自己的遭遇、观念、缺点乃至失误。我们常见一些比较成功的人经常喜欢"嘲笑"自己的长相，或者"嘲笑"自己做得不太漂亮的事情，这样，他们使自己变得更加人性，更容易让人接近。

另外，我们还看到，有很多著名人物，特别是演员，都是以取笑自己来达到双方圆满沟通的。美国著名演说家罗伯特，头顶上很难找到几根头发。他60岁生日那天，很多朋友来给他庆贺，妻子悄悄地劝他戴顶帽子。罗伯特却大声说："我的夫人劝我今天戴顶帽子，可你们不知道，光着秃头简直太好了，我是第一个知道下雨的人！"这句幽默的话一下子使聚会的气氛变得轻松起来。

萧伯纳是爱尔兰著名剧作家，后来移居到了英国。他一生著作非常多，一共写了50余部剧本，5部小说，还有其他多种著作。曾荣获过诺贝尔文学奖。他不仅是一位天才作家，还是一位出色的幽默大师。

有一次，萧伯纳在街上散步，被一个骑自行车的小伙子撞倒了。那个小伙子一边扶起他，一边向他道歉。萧伯纳用手拍了拍身上灰尘，然后慢条斯理地对小伙说："你的运气真不好，如果你把我撞死了，那你可就要扬名四海了。"

在现实生活中，几乎每个人都会遇到一些让人难堪的局面。遇到这样的窘境，如何冷静应对、调整心情呢？自嘲是一种好方法，可以说是一剂平衡自我心理的良药。

开别人玩笑，有时会惹人不高兴；开自己玩笑，就简单多了。能够这样自嘲的人，就会在话里话外充满幽默的语言，让人喜欢。

有一点要注意，幽默必须真实而自然，没有耸人听闻，也不哗众取宠，更不是做戏。否则，附庸风雅，企图以廉价的笑声来博得听众的欢心，结果也许是真的引起了别人的笑声，但很可能是笑他滑稽的形象和浅薄的为人。

用幽默来巧妙回答

在日常生活中，常有人由于言行不慎而使他人身处窘境，比如，他们常常向他人提一些非分的请求，或是问一些不好回答或暂时不知道答案的问题。此时，如果直接表明"不满意"、"不可能"或"无可奉告"、"不知道"，往往会给彼此带来不快。这时，如果想让自己从窘境中脱身而出，不妨借用幽默来巧妙回答。

有一次,听众都很认真地倾听上院议员里德演讲,就在演讲将近结束时,突然有一个人的椅子腿断了,那人跌倒在地上。如果换成其他人,当时的局面恐怕就会对演讲产生破坏性的影响。但是聪明的里德马上说:"各位现在一定可以相信,我提出的理由足以压倒别人。"

就这样,他立刻就吸引了听众的注意,而那个跌倒的人也在别人善意的笑声中,找到了一个新座位。可见,一个幽默可以让双方都从窘迫的情形中脱身而出。

如果一个人不得不拒绝别人的非分要求,不妨采用一点幽默来达到自己的目的。有一次,布鲁法官请约克逊将军把他的军事秘密告诉他。他们是好友,将军不想拒绝法官的请求,怕他难堪,而同时又觉得不能告诉他,于是他这样说:"法官大人,你能绝对保守秘密吗?"将军问。"将军阁下,那当然,我一定能做到。"法官说。"那么,法官大人,我也能够。"将军答道。

法官听了这种很巧妙的拒绝,心中不但没有感到不高兴,而且觉得很有趣。多年以后,当他们回忆起这件事的时候,还都觉得很有意思。

萧伯纳在年轻的时候,美国著名舞蹈家邓肯曾追求过他。邓肯是一位美丽大方、仪态优雅的女士,也是一个具有幽默感的人。她给萧伯纳写了一封信,信中这样写道:"如果我俩结为夫妇,生下的儿女,将拥有像我一样美丽的仪表,像你一样睿智的头脑,那是多么美妙的事情呀!"谁知,萧伯纳在回信中也幽默地写道:"如果生下来的孩子,仪表像我,头脑却像你,那是多么糟糕呀!"

萧伯纳的体形很瘦弱,在一次宴会上,一个肥头大耳、大腹便便的富翁与他开玩笑:"萧伯纳先生,我一看见你,就知道现在世界上正在闹饥荒。"萧伯纳立即回答:"我一看见你这副模样,就知道世界上为什么闹饥荒了。"

丘吉尔曾是英国历史上有名的首相,他能言善辩,而且很富幽默感。有一次,反对党的一位议员在议会上正滔滔不绝地陈述自己的主张。丘吉尔听得不耐烦,故意摇头作态,把与会的议员们的注意力引到自己这边。正在演说的议员火冒三丈,指着丘吉尔吼道:"我要提醒这位保守党的朋友注意:我现在仅是陈述我的意见而已。"

丘吉尔从容地抬起头,朝着讲台说:"我也要提醒这位演说的朋友注意:我现在仅是摇我自己的头而已。"

幽默是人际交往的润滑剂,说话幽默风趣的人,往往善于发挥语言幽默的作用,能够及时调整气氛。有句格言说得好:"幽默是生活波涛中的救生圈。"幽默者的情绪乐观,生活愉快而充实。

如果我们面临不好回答的问题,而又不能以"无可奉告"进行简单的说明时,不妨找一个幽默一笑了之。

培养幽默风趣的小方法

1.学会乐观。幽默的人都是积极乐观的人,都是达观超脱的人,都有一颗健康活泼的心,对生活充满信心、绝对自信、宽容平和。

2.对生活充满热忱。幽默来自于内心对生活的热忱,一个心胸狭窄、思想消极,对生活没有任何兴趣的人是不会有幽默感的,幽默属于那些心大量宽、对生活有着无限热情的人。

3.把握幽默的度。幽默一定要有度,将玩笑开得太过分,往往就弄巧成拙,伤害亲人和朋友的心。所以,一定要掌握玩笑的度和禁忌。首先,不要把自己的快乐建立在他人的痛苦之上;其次,不能以"牺牲"他人为代价来"制造"玩笑和幽默;再次,不要开低级玩笑。

4.丰富有关幽默风趣的素材。要想幽默风趣,素材是必不可少的。只有知识和见闻丰富的人,才能通情达理、分析透辟、入木三分,语言表达上也才能运用自如、妙语连珠、诙谐动人。在日常生活中,注意积累丰富的幽默词汇,这有助于表达幽默的想法。可以有意识地去搜集一些幽默的趣事、趣话、小笑话、动作、漫画等来丰富幽默素材。

第37种品质 分享——打开关闭的心灵之门

分享是一种智慧行为,人们在积极的社会交往中经常采用。分享含有共同拥有、共用,在某种情形下,甚至还有均摊或参与的意思。简而言之,分享就是把自己的东西送给别人使用,在这个行为过程中,双方都从中得到了某种好处。我们一旦学会了分享,别人的生活会因我们的分享而更加精彩;学会了分享,自己的生活也会变得更加美满充实!

有个吝啬的财主,从来不肯把自己的东西与别人分享。有一天,当他听说远处有一座快乐山,山上有能让人快乐的泉水,他很欣喜地去找那座山。可他走到半路就迷了路,正巧碰见一位老大爷,他马上上前询问通向快乐山的路。老大爷给他指点了路,并说:"你一定要记住,打回水之后,一定要给乡亲们分享泉水。"财主答应了。

他果然找到了快乐的泉水,为了能够独享快乐泉水,他把老大爷的话抛到

了九霄云外,径自回家了。回到家后,财主迫不及待地要品尝他的快乐泉水,可是,从他的瓶子里面倒出来的不是水,而是一张纸条,上面写着:"只顾自己快乐的人是永远也得不到快乐的!"

分享缔造成长

在 20 世纪 30 年代,英国的送奶公司习惯把没有盖盖子的牛奶送到订户门口,以至于麻雀经常把凝固在奶瓶上层的奶油皮吃掉。后来,为了防止鸟儿偷食,牛奶公司就用锡箔纸把奶瓶口封起来。

令人惊讶的是,20 年以后,英国的麻雀都学会了用喙把奶瓶的锡箔纸啄开,继续偷吃它们喜爱的奶油皮。然而,红襟鸟却一直没有学会。原因是什么呢?原来,麻雀们常常一起行动,其中一只麻雀如果发现了啄破锡箔纸的方法,它就教会别的麻雀也这样做。慢慢地,所有的麻雀都知道了吃到奶油皮的新方法。

麻雀们懂得的道理,人类自然也能体验到,分享,才是互利进步的开始。我们要学习麻雀这种懂得分享的优点。只有学会分享,智慧与情感才能在分享中不断提升与发展。这是因为,彼此分享实际上是一种合作,这种合作能够创造一种积极互助的关系,进而产生合力,这种合力促使我们在学习和生活中取得进步。

当我们真正体会到学会与人分享有多么重要的时候,那就是我们成长的开始,因为,有分享的地方能使地狱变成天堂。分享的范围很广,不仅包括对物质和金钱等有形的东西的分享,还应包括对思想、情绪、情感等精神层面的分享,甚至还有对义务和责任的分担。

在澳大利亚,人在考驾驶执照时要学习一本有关交通法规的书,这本书的第一条是交通部长给初学驾驶的人的一个忠告:"学习交通规则的本质是懂得和别人分享道路。"的确,驾驶时如能懂得分享道路,就可以避免很多交通事故。

现代青少年在家里总是最受宠爱的那一个,在长辈们长期的关爱之下,也许从没有体会过分享的喜悦。人与人之间,本是可以互相分享的,大家可以分享生活和学习中的快乐,也分享成功与失败的体验,还分享自己情绪的感受,分享自己内心的想法……

请回想自己在日常生活中的表现,是不是乐于与人分享自己的所有;在学习中,会不会主动地去帮助每一个请求你帮助的同学。如果你的回答都是肯定的,那恭喜你了,你已经在你的成长道路上迈出了正确的一步,可以踏实地走下去了。

正因为有了分享,才能把个人独立思考的成果转化为大家共有的成果,在

分享的过程中可以以群体智慧来探讨学习上遇到的困难和问题。这样做在无形之中培养了自己与他人的相互协作的精神，不仅如此，还能够促进大家共同学习和进步。

慢慢地，我们就会发现，一旦学会了分享，别人的生活会因你的分享而更加精彩；我们与别人之间会由于这种分享的精神而产生良好的互动。不仅如此，学会了分享，自己的生活也会变得更加美满充实！所以说，分享缔造成长，学会分享是成长的开始，是一生的财富，我们一定要学会与人分享。

懂得分享是智者

花儿把自己的香味散发出来，让周围的土地、阳光和空气一起分享花的香味，周围的土地、阳光和空气也会给予花儿更多更充足的养分，花儿就会开得更鲜艳。一朵花的成长需要别人的帮助与分享，何况我们人呢？

我们的成长与进步的过程凝结了太多人的无私奉献，所以，我们在享受别人给予的时候也要学会分享和付出，社会才会更加和谐美丽。

在美国，有一位农场主，由于他的勤奋与智慧，使得他所种的农作物每一年都能获得当地农会竞赛颁发的最高荣誉"蓝带奖"，而得奖后，他也一定会将所获得的最佳品种分给他的邻居们。

对此，大家都觉得非常奇怪，纷纷猜疑：难道就他不怕别人因为种了他得奖的品种，而在下次比赛中胜过他？

很快，农场主解开了大家的疑问，他微笑着答道："如果我不把好的种子分给邻居的话，那么飘过来的不好花粉也必然使我的田地产出不好的品种。我得奖后，不会因此松懈偷懒，仍然会继续努力研究改良品种，所以，我从来不担心别人超越我。与此相反，如果有人能够超越我，将会带给我一种动力，这种动力只会让我精益求精，追求更大的进步空间。"

听到这位农场主如此自信的解释，人们不得不赞叹他是一位真正有大智慧的人，是实至名归的冠军。

有一位专门研究黑猩猩的科学家指出，年长的黑猩猩大部分都懂得分享，甚至很多还懂得回馈。比如，在黑猩猩的族群中，甲分享给了乙某种东西，过后不久，乙就会替甲提虱子和理毛作为回馈。

它们之间的和谐程度有时候甚至超过了人类。黑猩猩互相理毛的动作就像人类社会的握手和拥抱一样，已经成为一种约定俗成的礼节，也是友好的行为。

黑猩猩的族群也有优秀的智能传承，包括各种生存、取食的技巧，也包括类

似道德、礼仪的族群习俗。黑猩猩的习性几乎与人类一样,简单的分享和回馈,难道不正是道德和同理心的表现?

早在两千多年以前,老子就描述了"小国寡民、鸡犬相闻"的淳朴的先民社会,但是在今天,那种先民社会却不见了。"现代文明"是否让人们遗失了许多类似于"分享"等宝贵的本能呢?

现在,懂得分享的情感在现代社会仿佛在日渐退化一样。但愿今天的青少年能够具有分享精神,并且,也希望青少年朋友经过学习能变得成熟和理性。

毋庸置疑,懂得分享是一种智慧。分享中有喜悦、激动,分享会让任何人之间关系变得更加美好。希望我们能够早日学会这种分享的智慧,做一个智者。

分享才会快乐

古人曾说:"独乐乐不如众乐乐。"这说的就是分享,分享是一种智慧行为,人们在积极的社会交往中经常采用。如果我们拥有分享的好品格,那么不仅会使别人快乐,自己也会更加快乐!所以说,分享是一种快乐的、智慧的体验。

有一位牧师,他酷爱打高尔夫球,一玩起来就玩个没完。一个星期天的早晨,牧师按照规定去教堂做礼拜,出门发现外面晴空万里,正是打高尔夫球的好时机。考虑再三,他决定去打高尔夫球。

他对朋友说:"我生病了,请你代替我去做礼拜吧。"不料,他的行为被天使发现了,天使去向上帝报告:"这个人真是卑鄙,您应该好好地惩罚他一下。"上帝答应了。

谁知,那牧师一进高尔夫球场就连连赢球,杆杆进洞,牧师对自己的表现高兴万分。天使很纳闷,就问上帝:"您不是要惩罚他吗?他怎么还玩得那么高兴?"上帝笑了一下说:"可惜他的快乐无处诉说,这就是对他的惩罚。"

没有人分享的人生,不管面对着快乐还是痛苦,都将是一种惩罚。所以,在上帝眼里,牧师赢球的快乐没有人可以诉说,正是对他的惩罚。

这说明了一个深刻的道理:自己的快乐只有跟别人分享,这才是真正的快乐!懂得分享快乐,才能体验到真正的快乐。所以,一定不要吝啬快乐的分享。如果我们懂得分享快乐,这样,一个快乐会变成更多的快乐,更多的快乐也会带给别人快乐,自己和分享到快乐的人的友谊会更加牢固,这就是分享快乐的好处,也是为什么要学会分享快乐的原因。

同样的道理,我们要想让自己拥有人生的大智慧,就必须具备乐于分享的品质。就像俄国大文豪列夫·托尔斯泰说的:"人所以能得到最大的幸福、最自由快乐的心境,莫过于爱别人和为别人献身。"

在当今社会,有这样一群最懂得爱、懂得生命的意义、也是最懂得分享生命的人!他们都有一个共同的名字——造血干细胞自愿捐献者!

这些志愿者就是一旦有患者与他们配型成功,他们就会无偿地捐献出自己的造血干细胞,去挽救另一个垂危的生命。这些人的外表平淡无奇,口中也没有豪言壮语,但嘴角那平静、从容的微笑却让人们感动,透过这淡淡的微笑能看到一颗热忱无私的心。

孟子曰:"独乐乐,与人乐乐,孰乐?"他们分享的不仅仅是物质、喜悦、忧伤……他们分享的是生命,这种分享是一种崇高的、博爱的分享,是一种思想的深度、一种生活的信念!

让人高兴的是,我们都能体会,他们是快乐的,他们的精神沉浸在分享的喜悦之中。其实,和别人分享生命的活力,也是对自己生命的珍惜;在与人分享生命的同时,也对自己的生命肩负了一份责任。只有让自己成为快乐的人才可以让他人更快乐。

现在,我们周围有一些青少年,在别人需要帮助的时候采取熟视无睹的态度,对他人的困难漠不关心。自己学习好了,但从来不愿意帮助后进的同学,不关心班集体;在家里衣来伸手、饭来张口,连最简单的家务劳动都不愿做。这样的青少年没有体会过分享的快乐,也就谈不上与人分享的意识。走入社会后,也很难成为一个有社会责任感的人。

所以,让阳光驱散阴霾,让阳光撒满每一个生命、每一个心灵。让我们都来学着分享吧!只有懂得分享的人,才能更深刻地体会快乐的含义、生命的本质。

培养分享品质的小方法

1.明白分享是互利不是失去。我们应该深切地体会到,与人分享是一种智慧,与人分享并不是要失去什么,恰恰相反,与人分享的过程其实是一个互利双赢的过程。

2.从细微之处培养自己分享的精神。古语说:"勿以善小而不为。"不要忽略身边的小事,从细小的事情做起,把握每一件小事去体现分享的精神,会更容易使分享精神成为自己的一种习惯。

3.多读一些分享故事。我们可以选择讲述优秀的正面人物的分享故事来阅读,在阅读的过程中领悟分享的真正意义。

第38种品质　倾听——走进他人的内心世界

　　倾听是一种可贵的习惯，更是一种优秀的品质。善于倾听的人能够更加容易进入别人内心深处，因为，倾听者专注于聆听的态度，使得讲话人能更好地理清自己的思路，选择更好的方式进行表达，从而使倾听者能够准确了解对方所要表达的意思。如果我们能够这样做，也就达到了与别人沟通的目的。

　　林克莱特是美国知名的电视节目主持人。一天，林克莱特采访一名小朋友，问他说："长大后，你想要当什么呀？"小朋友想了一会儿，然后天真地回答："嗯……我要当飞机驾驶员！"

　　林克莱特接着问："如果有一天，你的飞机飞到太平洋上空所有引擎都熄火了，你会怎么办呢？"小朋友想了想说："首先我会告诉坐在飞机上的人都系好安全带，然后我背上我的降落伞跳出去。"

　　这时，现场的观众已经笑得东倒西歪。林克莱特继续着注视这个孩子，想看他是不是一个自作聪明的家伙。令所有人都没想到的是，接着孩子的两行热泪夺眶而出，林克莱特这才发觉这孩子的悲悯之情远非笔墨所能形容。

　　于是林克莱特问他说："你为什么要这么做呢？"最终，小朋友的答案透露出一个孩子真挚的想法："我要去拿燃料，我还要回来！"听到孩子的回答后现场所有的人都陷入了深思。

倾听是一种沟通

　　一位哲人曾说："上帝给我们两个耳朵，却只给我们一个嘴巴，意思是要我们多听少说。"社会学家兰金早就指出，在人们日常的语言交往活动（听、说、读、写）中，听的时间占 45％，说的时间占 30％，读的时间占 16％，写的时间占 9％。这说明，听在人们交往中居于非常重要的地位。善于倾听他人在人际交往中是非常重要的。

　　心理学研究表明，越是善于倾听他人意见的人，与他人的关系就越融洽。因为倾听本身就是褒奖对方谈话的一种方式，一个人能耐心倾听对方的谈话，等于告诉对方"你是一个值得我倾听你讲话的人"。

当评价一档电视谈话节目是否成功时，要看它的气氛是否热烈而充满智能，嘉宾和观众是否能兴致盎然地侃侃而谈。当然，导致这一切的因素有很多，但有一点非常重要，那就是，主持人在嘉宾说话时是否做到了倾听。

一个具有高度专业素养的节目主持人，他的倾听总是很专注，他明白倾听的重要性有时要高于诉说，他引导所有被采访者去表达他们内心的真实想法。

CCTV主持人王志在《面对面》节目中，常问嘉宾："为什么？""这又是为什么？"既表明他在认真倾听，又说明他善于把倾听当做延续谈话的转机。如果没有倾听，王志也不会提出那么多尖锐的问题，《面对面》也就无法深刻起来。

节目主持人敏捷的观察能力与认真倾听的作风，使得对一个又一个问题被机灵地捕捉，倾听此时成了打开节目话题的钥匙。所以说，倾听也是沟通你我的桥梁和纽带，倾听在人们的交流中起了巨大的作用。并不只有倾诉才能获得完美、顺畅的沟通，倾听也可以做到。

当年，著名歌手毛阿敏刚从海外回来时，《鲁豫有约》节目组为她安排了一期访问。在节目中陈鲁豫的倾听明显多于谈话，小心翼翼地进行着访问，就怕对她有一丝一毫的伤害。毛阿敏在这种被尊重的环境中变得越来越坦然，她的倾诉后来成为这期节目最精彩的看点；主持人陈鲁豫的这种善解人意的倾听者的姿态，深深地体现了一种可贵的人文关怀精神。而那一期节目日后成了陈鲁豫最为难忘的记忆。

由此可见，善于倾听是一种美德，是一种艺术，是一种智慧，更是一种力量！

俗话说："会说的不如会听的。"说话的目的是为了向听话人传递信息，而倾听是为了准确地把握谈话者的意图、流露出的情绪、传播出的信息，并促使对方继续谈下去。倾听本身就是一种鼓励方式，会说话很重要，会听人说话也是一门学问。

倾听是一种沟通，我们要善于倾听，做一个"听话"能手。但倾听并不是放弃自己的发言权，倾听的微妙之处更在于"此时无声胜有声"。谈话的作用就是交流思想，而倾听恰恰就能达到这一目的。也只有面对自己诚挚的倾听，他人的叙述才能继续。

倾听是一种艺术

黎巴嫩著名诗人纪伯伦曾说："当你的朋友向你倾吐胸臆的时候，你不要怕说出心中的'否'，也不要瞒住你心中的'可'。当他静默的时候，你的心仍要倾听他的心；因为在友谊里，不用言语，一切的思想，一切的愿望，一切的希冀，都在无声的喜乐中发生而共享了。"

关于倾听,一位旅居美国的作家讲了这样一件事:有一次,他在曼哈顿的一家餐馆用餐,旁边的座位有两个中年的美国白人正在吃饭。看他们的衣着与说话的口气,都是平凡的朴实人物,而他们说话的内容,也不过就是每家都有的家常事而已。但他们舒缓的谈话,充满了一种安静祥和的气氛,当其中某一个说话时,另一个会安静地倾听,眼神中有种真诚、自然的关注;反之亦然。

像这种祥和的沟通场面,在纽约的公众场合并不容易见到。他们不同于步履匆匆的纽约人,而是完全沉浸在对方谈话中。看得出,他们是很好的朋友。作家感动于他们老友般自然辉映着的美,这种美,在快速发展的今天已经不多见了,这种美,让人感到温暖。

有关研究表明,大多数人一生中有70％～80％的时间都在从事某种形式的沟通、写作、说话或倾听。这说明"听"在信息交流中占最重要的地位。

事实上,在谈话中,一个人不可能总是处于诉说者的位置。所以,善于倾听他人的谈话是使交谈的双方交流畅通无阻的保证。而"耐心倾听"这个好习惯,并不是与生俱来的,恰恰相反,真正仔细地倾听是一种不同于此的技巧,真正的倾听是一种艺术,是需要不断学习的。

学习如何倾听的想法听起来显得非常多余。确实,我们从婴儿时起就已经在听别人说话了,我们很多人都曾经上过教人如何写作、阅读、说话的课程,这些课程可以在中学、中专和大学中找到。

在现实生活中,"倾听"往往当做"听见",这是一种危险的误解。经验告诉我们:除非你复述了讲话人的内容,并得到了他的肯定,否则,就不算真正理解了对方讲话的意图。

研究证明,作为倾听者,人们只有35％的效率。缺乏有效倾听往往导致错失良机,产生误解、冲突和拙劣的决策,或者因问题没有及时发现而导致危机。有位企业家曾经说:"人与人之间90％的矛盾是由于误会产生,而其中大部分的误会又是由于没能有效沟通造成。"

良好的倾听是一种积极的行为,它需要听者付出努力、全神贯注并作出回应。但是,如果真正做到却并非易事。我们一定要从现在开始培养倾听的好品质,才能更好地掌握这一沟通的最重要的技巧。

倾听,是一种品质,也是一种艺术。倾听,是一种积极主动的获取信息的方法,也是一种交往过程的体验。显然,也是我们自我培养沟通综合素质的亮点。积极认真地倾听往往获得一份惊喜,边听边思考,积极构建自己的认知,是一种听的训练与享受。

会倾听能赢得朋友

人生活在社会中，需要不停地与各种各样的人打交道。善于倾听，才是成熟的人最基本的素质。正因为缺少倾听的耐心，心高气傲的人们之间就多了一份隔阂，沟通变成了一件有难度的事情。

人与人之间需要沟通与协作。是否善于倾听，不仅体现着一个人的道德修养水准，也关系到能否与他人建立起一种正常和谐的人际关系。

我们学会悉心倾听，就等于是掌握了了解别人的金钥匙，就能顺利地赢得朋友。一个善于倾听的青少年，也注定会赢来朋友的理解和帮助。因为，想和朋友沟通，必须要学会倾听，如果不能静下心来听朋友讲话，就不会知道朋友在想些什么，谈何交流呢？在很多时候，我们更需要的往往不是话语本身，而是一方可以让心灵之声栖息的芳草地。

我们可以仔细地想一想，在自己生活的环境中，哪一种人最容易赢得朋友的信赖，哪一种人容易赢得新的朋友呢？事实往往就是，最善解人意、懂得倾听的人是最容易得到别人信任的那一个。由此可见，懂得如何倾听的人最有可能做对事情、赢得友谊，不仅如此，而且还能把握别人错过的机会。

石油大亨约翰·洛克菲勒对于倾听的习惯非常推崇，他说："我们的政策一直都是：内心地倾听和开诚布公地讨论，直到最后一点证据都摊在桌上才尝试达成结论。"

我们相信，当一个人主动地、专注地去倾听某人的谈话时，就是在传递了一个信息：你对这个人非常感兴趣，也非常在乎他的感受，并且尊重他的想法（即使你并不赞同他的想法）。此外，你倾听的态度还表明，你非常重视他的付出，并且能够理解他的思想，最重要的是，认为他的话值得去聆听。

假如仅仅用语言告诉别人——你"尊重"他，对方恐怕很难相信。用行动表达你对别人的认同胜过言语，主动倾听对方的讲话，事实上就表示你对他人的尊重。能让对方感觉到：你的确是一个值得信赖、可以坦诚交流的人。

倾听，不仅仅让你拥有了很多的朋友，也不会仅仅是你单向的付出。每个人的生活都是一种独特的精力，每个人都是一部内容丰富的教科书。从朋友那里你可以汲取你成长所需的养分，当面对别人的痛苦与失落时，也是对自己的一种提醒。倾听，教会你避开生活中的泥泞与沼泽，让你的成长之路更加通畅。

所以，我们要善于去接近和爱周围所有的人，要学会倾听他们的倾诉。对你周围的亲朋好友，甚或是不相干的陌生人，在别人最困难迷惑的时候伸出你的手，去用心地倾听，就是一种深爱。

请学着去倾听，因为倾听可以让我们赢得温情、爱情和友情。你的真诚的倾听，可以带给大家温暖和阳光。

做到悉心倾听的小方法

1.倾听要专注。专注倾听，就是认真地听对方讲话，不要左顾右盼。

2.保持平和的心态去倾听。这对倾诉的人是非常重要的，再也没有比这样做更能打动他人的了。即使常发牢骚的人，甚至最不容易讨好的人，在一个有同情心和平和心态的听者面前，也常常会软化而屈服下来。

3.在倾听过程中发问。采取这种询问的方式，可以探索出更多的信息，并可以适时引导对方的谈话方向，以获取自己所需要的信息。发问在引导倾诉者的沟通交流中起着巨大的桥梁和纽带作用。

4.积极主动倾听。作为一个好的沟通者，在聆听时不应是消极被动的，而必须是积极主动的，必须不断地探究对方到底是什么意思，才能真正听懂对方所说的话。

5.把握倾听他人的细节。首先，保持冷静的心态，环境最好要安静一些，这样可以有效减少外界的干扰；其次，不给倾诉者压力，要让倾诉者感到轻松自如；第三，不挑对方的毛病，不要当场提出批判性意见，更不要与对方争论，尽量避免用否定式的回答；第四，多听少说，不随意打断他人的讲话；最后，站在对方的立场去倾听对方说的内容，最好能够在对方讲完后做简单复述。

第39种品质　谨言——理智的言语最为动人

言语是人与人之间沟通的桥梁，人与人交流少不了话语。一句有益的话可以直入人心，让人茅塞顿开；一句无益的话也许会伤害别人的心，也伤害了彼此的感情。俗话说："祸从口出。"说话是一门很大的学问。谨慎的言语不仅可以让别人安心，也可以避免很多不必要的矛盾冲突。

美国第30任总统柯立芝不喜欢抛头露面，更不喜欢演讲。由于他的沉默寡言，很多人都想和他说话，并以和他多说话为荣耀。

在一次宴会上，柯立芝身旁坐着一位夫人，她千方百计想和柯立芝说话。她说："总统先生，我和别人打赌了，我告诉她们，我一定能从你口中引出三个以

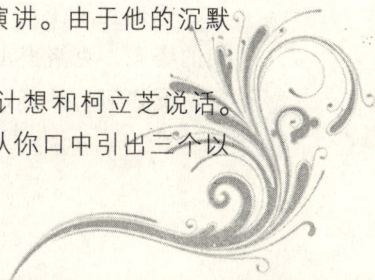

上的字眼来!"没想到,柯立芝用三个字回敬她道:"你输了!"

还有一次,一位社交界的知名女士坐在柯立芝旁边,她滔滔不绝地高谈阔论了一番,但总统依然一言不发。她只好说道:"总统先生,我今天一定得设法和您说话,起码得超过两个字。"柯立芝总统只说了两个字,他说:"徒劳。"

柯立芝虽然不喜欢说话,但话一出口,常常字字珠玑。柯立芝有一位漂亮的女秘书,她虽然长得很漂亮,可工作却常常出错。一天早晨,柯立芝看见女秘书走进办公室,便对她说:"你这身衣服真漂亮。"

总统能说出这样的话,女秘书顿时受宠若惊。接着,柯立芝道说:"但你也不要骄傲,我相信你的公文处理也能和你的衣服一样漂亮。"果然,从那天起女秘书在公文上就很少出错了。

柯立芝总统的一位朋友知道了这件事,就问他说:"这个方法很妙,你是怎么想出来的呢?"柯立芝笑着说:"要想刮胡子时感觉不到痛,在脸上涂点儿肥皂水就好了。"

有理也要让三分

克洛里是纽约泰勒木材公司的推销员,在他的工作中,需要和很多木材检验人员打交道。他是位有经验的推销员,但是每次都会为了工作和检验人员辩论一番,最后,他虽然赢得了辩论,但是却一点儿好处也得不到。

按照克洛里的话说:"那些检验员像个裁判一样,一旦判决下去的事,无论怎样也不肯更改。"克洛里看出,他虽口舌获胜,却使公司损失了成千上万的金钱。他决定改变技巧,不再与人争辩了。

那一天早上,他办公室的电话响了。一位焦躁愤怒的顾客在电话那头抱怨,说泰勒木材公司运去的一车木材完全不符合规格,他的公司已经下令车子停止卸货。他们的木材检验员报告说:55%不合规格。在这种情况下,他们拒绝接受。请克洛里立刻安排把木材搬回去。

克洛里立刻动身到对方的工厂去。在途中,他一直在寻找一个解决问题的最佳办法。通常,在那种情形下,他会以自己的工作经验和知识,引用木材等级规则,来说服他的检验员那批木材完全符合标准。然而,这次他想换一种方式和处理这件事。

等他到了工厂,发现采购主任和检验员闷闷不乐,正摆着一副等着抬杠吵架的姿态。克洛里走到卸货的卡车前,要求他们继续卸货,他要看看木材的真实情况如何。接着,他请检验员继续把不合规格的木料挑出来,把合格的放到另一堆。

　　事情进行了一会儿，克洛里才知道原来是检验员的问题，他把检验规则弄混了。那批木料是白松木，那位检验员却用检验硬木的标准来检验的。克洛里知道那位检验员在检验硬木方面是行家，知识也很丰富，但检验白松木却不够格，经验也不多。而检验白松木是克洛里最内行的。

　　但是，克洛里并没有急于提出自己的反对意见。他继续观看，慢慢地开始问他某些木料不合标准的理由何在，一点儿也没有暗示他检查错了。克洛里一直在强调，自己正在向他学习，希望以后送货时，能确实满足他们公司的要求。

　　克洛里以一种非常友好而合作的语气请教检验员，并且坚持要他把不满意的部分挑出来。克洛里的这种态度使得检验员高兴起来，于是，他们之间的剑拔弩张情绪开始松弛消散了。

　　偶尔克洛里也小心地提问几句，让检验员自己察觉到，有些不能接受的木料可能是合乎规格的，也使他觉得他们的价格只能要求这种货色。但是，克洛里非常小心，不让他认为自己有意为难他。

　　渐渐地，克洛里发现检验员的整个态度改变了，他坦白承认自己对白松木的经验不多，并且主动询问克洛里关于白松木的问题。

　　这时，克洛里就对他解释为什么那些松板都合乎检验规格，而且仍然坚持，如果他还认为不合用，他们公司不要勉强他收下。最后，这名检验员不好意思地说："对不起，确实是我们弄错了标准，你们的木材都是合格的。"克洛里高兴地笑了，他谨慎的言行给自己公司挽回了一笔巨大的损失。

　　他这样说道："我尽量不去直接指出别人的错误，其实更加容易让他自己认识到自己的错误。我的委曲求全不仅仅挽回了公司的损失，还让我和客户之间建立良好的合作关系，这是用金钱买不到的。"

　　在与他人相处中，经常有一些人常为一些鸡毛蒜皮的小事争得面红耳赤，谁都不肯甘拜下风，有的甚至大打出手。可是，事后静下心来想想，当时若能忍让三分的话，也许就会大事化小，小事化无，言归于好了。

　　我们通过观察发现，越是有理的人，如果表现得很谦让的话，就越能显示出这个人的胸襟坦荡，富有修养，就更能得到他人的钦佩。相反，只有那些总是吹毛求疵、喜欢批评说教的人总是不讨人喜欢。因此，越是有理，就越要约束自己的言行。做一个肯理解、容纳别人的人才会受到他人的欢迎。

开玩笑要有分寸

　　玩笑是生活的调味品，但开玩笑也要把握尺度，掌握分寸，否则就会适得其反，弄巧成拙。

在 2002 年的愚人节,北京人王某开玩笑把自己开进了拘留所。愚人节的前一天晚上,他给长途电信大楼的值班员打电话:"明天你们不要上班了,有人要炸长话大楼。"

那天晚上,正在长话大楼值班的李小姐接到这个陌生男子的电话,因为他语出惊人,吓得李小姐马上把情况报告给单位领导,公安机关也很快接到了报案,并查明了王某的情况。当夜,二龙路派出所和驻所刑警队突袭王家,王某当时正在酣睡,他见到警察颇觉意外。

王某从睡梦中清醒过来后,他解释道:"这纯粹是开玩笑,我没有要爆炸长话大楼的意思,明天不是西方人的'愚人节'嘛!我就想和他们开个玩笑。"在派出所里,王某傻了,他没想到后果会这么严重。

王某是北京海淀区某酒楼厨师。他单位的同事和朋友得知王某被抓的事情后,纷纷跑到公安局说情:"他平时就喜欢和同事开玩笑,养成大大咧咧的习惯了。"民警说:"开玩笑?那也得讲分寸啊!"

最后,根据《中华人民共和国治安管理处罚条例》第 19 条规定的"捏造或者歪曲事实、故意散布谣言或者以其他方法煽动扰乱社会秩序的,处 15 日以下拘留、200 元以下罚款或者警告",王某被依法拘留 15 天。

所以,开玩笑一定要讲究场合,适合场合的玩笑才能起到好的作用。如果不讲究开玩笑的时间和地点,那么开玩笑就会适得其反,让别人感到反感,或者带来不好的影响。

1984 年美国总统竞选中,有人问 73 岁的里根:年龄是否会在竞选中成为一个问题?里根回答:"不!我不打算为政治目的而利用我的对手年轻和没有经验这一点。"这一回答机智委婉而幽默地强调了自己的年龄有利于从政。

而另一次,里根在国会开会前为了试试麦克风是否好用,随口就说:"先生们请注意,5 分钟之后,我们将对苏联进行轰炸……"一语既出,全场哗然。为此,苏联政府提出了强烈抗议。

可见,里根在错误的场合、错误的时间里开了一个极为不严肃的荒唐的玩笑,违反了"语言运用艺术其内容一定要与语境相符"这样一个最基本的要求,惹出了许多麻烦,一时成为人们的笑柄。

语言是人与人之间交流的主要工具,一句幽默的玩笑话也许会使大家感到开心快乐。可是,如果玩笑话不讲究分寸,就会引出很多不必要的麻烦。轻者可能会引起别人的不满,重者也许会引起一场纠纷甚至战争。

言语谨慎是一个人的素质修养。一个人考虑问题很周到的人,一定是个言语谨慎的人。他也会开玩笑,说些幽默的话,但这些玩笑话都是别人心理能接受并认同的。不注意分寸的人,走到哪里都不会受到大家的欢迎。

少说多做体现真功夫

儒家经典《论语》说："君子贵讷于言而敏于行。"孔老夫子是要告诉人们，要谨慎地思考问题，要善于把思想化为行动，切忌说些空话，只想不做。

在现实的生活中，这样的事例却数不胜数。比如，遇到社会上一种不文明的现象，总有很多人破口大骂，但是，当自己遇到这种事时，也许会做得和别人一样，甚至不如别人。这些都是"敏"于言而"讷"于行的表现，都是只说空话，而不干实事。

诚然，想与做确实存在差距，"心想"不一定就"事成"，但它们之间没有不可逾越的鸿沟，关键是想好了，就应当去做，去行动。

所以遇事不能只是大谈想法，而要真刀真枪地去实践。往往事情总是说起来容易，做起来难。会说的不一定能做事，而专注于做事的人，往往并不喜欢张扬。

20 世纪初，美国福特公司正处于高速发展时期。客户的订单如同雪花般向着福特公司飞来，每一辆刚刚下线的福特汽车都有许多人等着购买。

可就在这个时候，福特公司一台电机出了毛病，导致整个车间都不能运转了，相关的生产工作也被迫停了下来。公司急忙调来大批检修工人反复检修，又请了许多专家来察看，可就是找不到问题出在哪儿，更谈不上维修了。

福特公司的领导火冒三丈，因为这台机器别说停一天，就是停一分钟，也会给公司带来巨大的经济损失。这时，有人提议去请著名的物理学家、电机专家斯坦门茨帮助。领导急忙派专人把斯坦门茨请来。

斯坦门茨仔细检查了电机，然后用粉笔在电机外壳画了一条线，对工作人员说："打开电机，在粉笔的记号处把里面的线圈减少 16 圈。"工人们照办了，令人惊异的是，故障竟然排除了！机器又开始运转了，生产立刻恢复了！

福特公司经理问斯坦门茨要多少酬金，斯坦门茨说："不多，只需要 1 万美元。"经理心想："只简简单单画了一条线，就要支付 1 万美元，真是太不值了！"

当时福特公司最著名的薪酬口号就是"月薪 5 美元"，这在当时是很高的工资待遇，以至于全美国许许多多经验丰富的技术工人和优秀的工程师为了这 5 美元月薪从各地纷纷涌来。1 条线，1 万美元，相当于一个普通职员 100 多年的收入总和，这个价钱让很多人感到困惑。

斯坦门茨看到大家都迷惑不解，他转身开了个清单：画一条线，1 美元；知道在哪儿画线，9999 美元。福特公司经理看了之后，恍然大悟，他不仅照价付酬，还重金聘用了斯坦门茨。

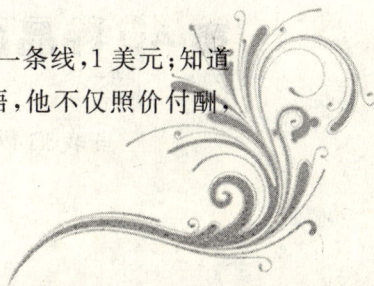

有的人说得多做得少,有的人只埋头做事,很少夸赞自己。事实上,把精力专注于张扬自己有多优秀的人,并不一定有真本事。而有真本事的人,却能用行动去征服别人,无须太多的言语。

一位留美博士毕业后在美国找工作,结果许多家公司都没有录用他,最后,他决定收起所有学历证明,去申请一个专科生也能胜任的"程序录入员"。很快就被一家公司聘用。

在简单的工作中,他干得一丝不苟。不久,老板发现他经常能看出程序中的错误,不是一般的程序录入员能比的。这时,他亮出了学士学位证,老板给他换了一个相应的工作。

一段时间后,老板发现他时常能提出许多有价值的建议,这比一般大学生高明,这时他亮出了硕士学位证,又获得提升。

再过一段时间后,老板觉得他的工作比一般硕士生出色,老板再次"质询"他。这时,他才拿出博士学位证书。此时,老板对他的水平已有全面认识,便毫不犹豫地任命他为部门总监。

《史记》云:"桃李不言,下自成蹊。"有实力的人不用自吹自擂,声名早已远扬。无论处在什么位置,用实力说话的人,才能安身立命,处于不败之地。

培养谨言品质的小方法

1.说话实事求是,不夸张。在与人交流的时候,人们很容易不自觉地夸大事情的真相,或者抬高自己。在说话的时候要注意实事求是,不要为了达到某个目的说些和实际情况不符的话。

2.在人前不要随便夸赞自己的成绩。要知道,越是饱满的稻子头越低,越是不成熟的稻子头抬得越高。人也是一样,越是成熟的人言语越谨慎谦虚,越是幼稚的人越是喜欢在别人面前炫耀自己。

3.不说谎话欺骗别人。在与人交往中,最忌说谎话欺骗别人。其实,欺骗别人就是欺骗自己,一个谎言需要更多的谎言去掩饰。与其说谎话损害自己的人格,还不如安下心来,踏踏实实地去做些事。

4.注意提升自己的道德修养,这样就会慢慢改善我们说话的纰漏和不足之处。

第40种品质 助人——帮助他人会成就自己

当我们帮助别人时,别人会感受到来自他人的温暖,而

当别人帮助我们时,我们的心中也同样会感到安慰。当我们给别人带去一份快乐时,我们就拥有了两份快乐!伸出你的手,伸出我的手,让我们相互帮助,相互关怀。我们人人都献出一份爱,这个世界会变得更加美好。

一个年轻人有一次遇见了上帝,他和上帝谈论起了天堂和地狱的问题。上帝对年轻人说:"来吧,我让你看看什么是地狱。"上帝带着他走到一个房间,年轻人见到屋里有一大群人,他们围着一大锅肉汤。肉汤看起来很鲜美,可是他们每个人都骨瘦如柴,看起来绝望又饥饿。

年轻人仔细地看了看他们,发现他们每个人都有一只可以够到锅子的大勺子,但勺子的柄比他们的手臂要长,自己没法把汤送进嘴里。他们看上去都又急又痛苦。

上帝对年轻人说:"来吧,我再让你看看什么是天堂。"上帝把这个人领入另一间房。这里的一切和上一个房间没什么不同。一锅汤、一群人、一样的长柄勺子,但那里的人都红光满面,看起来又健康又快乐,大家都在快乐地歌唱。

"我不懂,"年轻人说,"为什么一样的待遇与条件,地狱和天堂的人看起来并不一样。地狱的人很悲惨,而天堂的人为什么这么快乐呢?"

上帝微笑着说:"这个问题其实很简单,你仔细看看,地狱中的人都想着自己,拼命把勺子伸向自己嘴里,可到头来什么也得不到。而天堂的虽然也拿着同样的勺子,可他们都懂得互相帮助,长把勺子虽然放不到自己嘴里,但可以去喂对面的人……"

助人就是助己

在我们人生的大道上,肯定会遇到许许多多的困难。但我们是不是都知道,在前进的道路上,搬开别人脚下的绊脚石,有时恰恰是为自己铺路。

玛格丽特·泰勒·耶茨是美国一位小说家,但如果大家知道了她的故事,一定会认为这比她写的任何一部小说更加真实、精彩。

耶茨太太心脏不好,患病一年多来她一直躺在床上不能动,每天躺在床上的时间足足有 22 个小时。对于她来说,最长的旅程是由房间走到花园去进行日光浴。即使这样,还是需要女佣的扶持才能走到。所以,耶茨一直以为自己的后半辈子就这样卧床了。

事实确是如此,如果不是日军来轰炸珍珠港,她永远都不能像正常人一样生活。那天她迎来了自己生命的转折。

故事发生在日本偷袭珍珠港的那天早晨,发生轰炸时,一切都陷入了混乱之中。不巧,一颗炸弹掉在耶茨家附近,炸弹爆炸的余力将她震得跌下了床。

这时,陆军派出卡车去接海、陆军军人的妻儿到学校避难。红十字会的人打电话给耶茨太太,问她是否愿意帮忙做联络中心。于是,耶茨通过电话记录下那些海、陆军军人的亲人的安全住址以及电话,然后,红十字会的人再让军人与耶茨联系。

通过一上午的忙碌,耶茨惊喜地发现她的丈夫是安全的。但是,这次意外有太多的军人伤亡,她开始努力为那些还不知道丈夫生死的太太们打气,同时也要去安慰那些已经失去了丈夫的太太们。

这一次阵亡的官兵共计 2117 人,另有 960 人失踪。最开始的时候,耶茨还是躺在床上接听电话,后来她起身坐在了床上。最后,她越来越忙,精神又很亢奋,居然忘记了自己仍在生病,她开始下床坐到了桌边接听电话。

因为耶茨忙于帮助那些比她状况还惨的人,她完全地忘我了,现在她已经再也不用躺在床上了,除了每晚睡觉的 8 个小时。事后,耶茨感叹,如果不是日本空袭珍珠港,她可能下半辈子都是个废人。珍珠港遭袭是美国历史上的一大惨剧,但对耶茨个人而言,却是最重要的一件好事。

在这之前,躺在床上的她是一个消极的等待者,等待着别人的帮助和关怀,她的潜意识里已经失去了复原的意志。这个危机给了耶茨一个活下去的重要理由,使她再也没有时间去想自己或照顾自己了。耶茨找到了一种新的力量,使她的注意力从自己身上转移到了别人身上,正是这种转变使得她获得了新生。

这对于很多人来说是一个启示,其实,当我们帮助别人的时候,可能最大的受益者就是我们自己。有一个盲人,晚上出门总提着一个明亮的灯笼。很多人见到他这样,都感到很奇怪,于是就问他:"你又看不见,为什么还要提着灯笼走路?"

盲人笑着说:"这个道理很简单啊!虽然白天和黑夜对我来说都一样,但是提着灯笼走路,能给别人照亮道路。这样一来,我既帮助了别人,又保护了自己。"

在人们通往成功的路上更多的是战胜自己,而不是战胜他人;更多的是与他人相互合作,而不是相互争斗。在这个纷繁复杂的社会中,我们都会遇到困难,每个人都需要别人的帮助。正如印度谚语所说:"帮助你的兄弟划船过河吧!瞧,你自己不也过河了!"

助人是快乐之本

在生活中,我们都喜欢被别人关心和照顾,都希望得到别人的支持和理解。但是,如果只是一味地索取,反而并不会得到真正的快乐。真正的快乐是付出,当我们对他人伸出援手之后,才能真正体会到助人的快乐。

一个贫穷人家的小女孩路过一片草地,看见一只蝴蝶被荆棘弄伤了,她小心翼翼地为它拔掉刺,让它飞向大自然。后来,蝴蝶为了报答小女孩的救命之恩,化成一位美丽的仙女,对小女孩说:"因为你很仁慈,请你许个愿,我将让它实现。"

小女孩想想说:"我希望快乐。"于是仙女弯下腰在她耳边悄悄细语一番,然后消失了。小女孩得到仙女的秘诀,后来果真快乐地度过了一生。那位仙女给小女孩快乐的秘诀是:"去关心你身边的每一个人,并在他们需要帮助的时候伸出援手。"

又有一天,这个小女孩和几位小姐妹一起到了县城,希望用小小的一笔钱购回期待已久的黄丝带。就在化妆品专柜前,她看见一个小男孩因为失手摔碎了刚买的七色镜而泪流满面,于是她便用自己所有的钱买了面同样的七色镜送给小男孩。

就在那个小男孩破涕为笑转忧为喜时,她的心也跟着亮丽起来,她又一次体会到了快乐的感觉。而快乐,其实就是这样简单。我们每个人都不是独立地生活在这个世界上,我们都是社会人,一个人如果将自己孤立为一,即使身边的快乐他也不会感觉到。

所以,快乐的秘诀就是主动地关心别人,帮助别人。只要我们每个人都真诚地奉献自己的一份爱心,那么,我们的世界就会成为一个充满爱的天堂。只有互相帮助,互相给予,才能在生活中收获更多的快乐!

互相帮助是我们人类的美德。在困境中的人,伤心的人,只要能收到别人的一点安慰和关心,感觉就像拥有了整个春天。我们只要为身边的人献出一片暖暖的关爱,那么,我们就会为他们营造一个幸福的天堂。

古人曾说:"己欲利,先利人;己欲达,先达人。"人类是社会性动物,都处于一个大集体中,每个人都不可能离开他人而独立地存在着。很多时候,我们也需要别人的帮助。所以,当面对需要我们帮助的人时,请不要吝啬,伸出我们的手吧!只要我们心目中时时刻刻想着别人,大家互助互爱,生活就会变得更加美好。

互帮互助才有出路

每年的秋季，大雁由北向南以"人"字形长途迁徙到温暖的南方。雁群在飞行时，"人"字的形状几乎不变，飞在最前面的是领头雁，领头雁是经常替换的。

领头雁对雁群的飞行有着很大的作用。它在前方开路时，身体和展开的翅膀需要冲破重重的阻力。在冲破阻力时，它身体两边的空气能形成真空，其他的雁在它身体两边飞行，就省力多了。它们就像搭上了一趟已经开动的列车一样，这样飞行比一只大雁单独飞行要省力得多，且飞行得更远。

大雁们很聪明，它们选择这种方式互相合作，达到互利共赢的目的。不止是大雁，别的动物也能利用智慧，共同渡过难关。

一次洪水之后，有人发现水中漂浮着一个拳头大小的"蚁球"，那是由很多蚂蚁组成的一个球状物。"蚁球"顺着波浪漂过来，一沉一浮地像个皮球一样。

黑乎乎的蚂蚁紧紧抱在一起。风起波涌时，不断有小团蚂蚁被浪花打开。最终，"蚁球"靠岸了。"蚁球"一层层地散开，蚂蚁们迅速而有秩序地冲上堤岸。岸边水中仍留下了不少被冲散的小"蚁球"，那是英勇的牺牲者。它们的尸体，仍紧紧抱在一起。蚂蚁们为了集体的胜利，宁愿牺牲自己的生命。蚂蚁们这种为了集体的利益，宁愿牺牲自己生命的行为值得我们钦佩。

其实，为了能够顺利地达到目的，我们经常需要借助别人的力量。当我们不具备别人所具有的天赋，而别人又缺少我们所具有的才能，通过互补通常能弥补这种缺陷。所以，当别人需要帮助时我们一定不要吝啬，也许我们很快也需要他人的帮助。

一个瘸子在马路上偶然遇见了一个瞎子，他看见瞎子茫然地站在大街上，像在寻找什么。瘸子赶紧走上前去，对他说："朋友，我们一起走吧！我也是一个有困难的人，不能独自行走。你看上去身材魁梧，力气一定很大！你背着我，这样我就可以向你指路了。你坚实的腿脚就是我的腿脚，我明亮的眼睛也就成了你的眼睛了。"

瞎子同意了瘸子的观点，他把瘸子背在了背上，瘸子的眼睛用来看路。他们之间的合作很愉快，获得了一人不能实现的效果。

所以，我们应该养成帮助别人的习惯，因为每个人都是需要帮助的，如果每个人都能伸出自己的手，世界一定能变得更加美好。

我们整个社会大家庭又何尝不是如此呢，有道是："一方有难八方援，众人拾柴火焰高。"如果我们每个人都能献出一点点爱心，那么还有什么困难能难倒我们呢？

其实,帮助别人不一定要干一番轰轰烈烈的事。在生活中,有很多小事值得我们去做。比如,看到地面上有垃圾,我们可以顺手拣起来;别人正在忙碌,我们可以保持安静;上楼梯时,让那些急着赶时间的人先走,等等。

这些都是一些小事,我们完全可以做到。也许,人们一些微不足道的帮助别人的举动,就会给对方带来雪中送炭般的温暖。帮助与被帮助同样会得到快乐。何乐而不为呢?

培养助人品质的小方法

1. 从我做起。我们和他人一样,是一个不可分割的整体,只有人人都付出自己的爱,这个大家庭才能变得更美好。在社会这个大家庭里,人们互相帮助,互助合作,能使得生活充满温暖和感动。没有人喜欢在冷漠的环境中生活,要想有个美好的生存环境,必须从自我做起,付出一点爱,给需要帮助的人一些心灵和物质的安慰。

2. 从小事做起。助人并不一定要做什么大事,真正感动人心的都是生活中的一些小事。如果能从小事做起,关心他人、爱护他人,当面对大事的考验时,也一定能交出一份满意的答卷。

3. 在生活中,要细心观察别人的需要,做一个细心的人。有很多人非常善良,可是总是很粗心,有时根本不能体会到别人的需要。所以,要做一个细心的人,多考虑一下他人的需要,就能适时地帮助他人了。

第41种品质 宽容——胸怀博大助你赢人生

宽容是一种博大的胸怀,也是人类个性最高的境界之一,唯有懂得宽容的人,才有超然洒脱的态度。生活需要宽容,一个不懂得宽容的人,会整天陷于烦恼之中,心胸狭窄,处处设防;一个懂得宽容的人,能体谅别人的难处,也会主动地帮助他人,这种人心胸开阔,与人为善,因而会受到他人的尊敬。

狄仁杰是唐代武则天当朝时的宰相,他功勋卓著,知人善任,深得武则天的信任。平时狄仁杰瞧不起娄师德,但是举荐他任宰相的却是娄师德。

当娄师德向武则天举荐狄仁杰顶替自己的相位时,武则天就感到奇怪:"狄

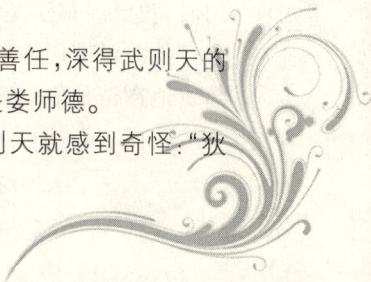

仁杰与你不是不和吗?"娄师德回答说:"圣上问的是谁有德有能担任相位,并未问谁与臣不和?"在娄师德列举了狄仁杰之能后,武则天同意了他的请求,让狄仁杰接替了娄师德的相位。

有一天,武则天问狄仁杰:"娄师德这个人品德高尚吗?"狄仁杰回答:"不知道。"武则天说:"要知道,你今天担任宰相的职位,就是娄师德举荐的啊!"狄仁杰听后,非常惭愧。

人生的佳境是宽容

宽容是人生难得的佳境,是一种需要操练、需要修行才能达到的境界。宽容看似是退缩,但却扩大了我们心灵的承受能力。

生活中需要有宽容,它是融洽人际关系的润滑剂,也是强者积极接纳生活的一种乐观的态度。记住哲人们的话,没有对小溪的宽容,就没有大海的浩瀚;没有对风雨的宽容,就没有雄鹰的潇洒;没有对严冬的宽容,就没有春天的灿烂。

南非的民族斗士曼德拉就是一个胸怀非常宽广的人。当年,曼德拉因为领导反对白人种族隔离政策而被捕入狱,白人统治者把他关在位于大西洋一个荒岛总集中营的"锌皮房"里,这一关就是27年。期间,曼德拉每天早晨排队到采石场,然后被解开脚镣,下到一个很大的田地里做挖掘石灰石的艰苦工作。有时,还会从冰冷的海水里捞取海带。狱中生活非常艰难。因为曼德拉是要犯,专门看押他的看守就有3个人。

1990年,曼德拉出狱。1994年5月10日,曼德拉正式就任南非历史上第一任黑人总统。这一天,他在总统就职典礼上的举动震惊了世界。

总统就职仪式开始了,曼德拉起身致辞欢迎他的来宾。在介绍了来自世界各国的政要后,他说,令他最高兴的是当初看守他的3名狱方人员也能到场。他邀请他们站起身,以便他能介绍给大家。那一刻,曼德拉博大的胸襟和宽宏的精神感动了所有在场的人,也更让南非那些残酷虐待了他27年的白人汗颜。看着年迈的曼德拉缓缓站起身来,恭敬地向3个曾关押他的看守致敬时,在场的所有来宾以至整个世界,都安静了下来。

曼德拉说起获释出狱当天的心情:"当我走出囚室,迈过通往自由的监狱大门时,我已经很清楚,如果自己不能把悲痛与怨恨留在身后,那么我其实仍在狱中。"他并没有因在狱中遭受的疾苦而怨恨那3位狱卒,反而在总统就职典礼上隆重地邀请他们,善待他们,这并不是每个人都能做到的。

相比于曼德拉,更应该汗颜的应该是我们。置身于纷繁复杂的尘世中,我

们常会为一点点的小事而争执不休,甚至于剑拔弩张,可是到头来又得到了什么呢? 是胜利后的喜悦,还是胜利后的落寞呢?

其实,在充满刀光剑影的争斗中根本就不会有获胜的一方,也许获胜者得到的只是稍纵即逝的蝇头小利,和那一刻的痛快,而失去的却是人生最宝贵的东西——宽容。

宽容应是发自内心的真诚,这种真诚源于内心深沉博大的爱。我们常常渴望"人人都献出一点爱",可为什么自己不拿出一点宽容心去爱别人?

宽容具有无穷的力量,细细去想就能发觉,宽容的心总会胜于报复的拳头。因为宽容,可以减少摩擦,让我们前进的路畅通无阻;可以抹去烦恼,为我们的人生增添快乐;可以将唇枪舌箭融化;也可以让充满怒气的心灵注入爱与温情。

"泰山不让土壤,故能成其大;江海不择细流,故能成其深",这就是宽容在自然界的一种明证。自然如此,人生更应如此。人生匆匆,又何必让不必要的烦恼和狭隘迷失我们的方向呢? 学会宽容吧,学会宽容你便拥有了人生至宝!

宽容是一种美德

美国著名作家房龙写过一本名为《宽容》的书,他把宽容列为人类最基本的美德和推动历史前进的主要精神之一。对今天的孩子而言,学会宽容,以宽广的心胸、豁达的心态笑对人生的风风雨雨,比以往任何时候更显得重要。

一位诗人曾经说过这样一句话:"一只脚落在了紫罗兰上,踩扁了它。紫罗兰却把花香留在了脚后跟上。"这,便是宽容。

穿梭于人生长河之中,面对一个小小的过失,常常一个淡淡的微笑,一句轻轻的歉语,带来的即是包涵与谅解,这是宽容;在人的一生中,不可能没有误会,常常因一件小事,一句不经意的话,使人不理解或不被信任,但不要苛求任何人,以律己之心恕人,这也是宽容。

当我们乘坐公共汽车时,经常会看到这样的一个场面:在拥挤的汽车上,一个年轻人不小心踩了另一个年轻人的脚,被踩下脚的那个年轻人,大声吼道:"长眼没有!"而那个年轻人又说道:"叫什么叫? 踩你又怎么样?"两个人一来二去,在车厢里吵得不可开交。一些老人见到纷纷摇头。是啊,现在我们的房子越盖越大了,生活也越来越好了,可是,怎么心里就越来越浮躁,容不下人了呢?

曾看到一位老人的一首诗,他称赞:宽容是蔚蓝的大海,纳百川而清澈明净;宽容是高阔的天空,怀天下而不记仇恨怨愤;宽容是灿烂的阳光,送你甘霖送你和风;宽容是延续生命,生命的辉煌也只有闪烁的一瞬;宽容大度才能超越局限的自身,一语宽容,雨露缤纷,一生宽容,心系乾坤。

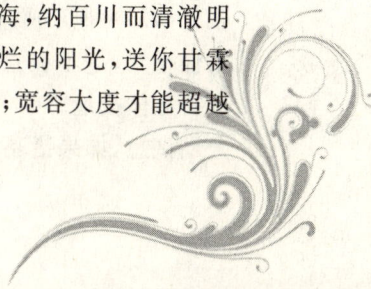

生活中总会有一些矛盾,但我们只要拥有一颗宽容的心,就能收获别人的真诚。

有一对很好的朋友,他们经常互相扶持,一直生活得很开心。有一次他们去旅游,来到海边,发生了争执,甲打了乙一巴掌,乙在沙子上写下"今天我的好朋友打了我"。

当他们到山上玩时,乙不小心溺水了,甲救了他,他用小刀在石头上刻下"今天我的好朋友救了我一命"。

甲问他为什么他打他时写在沙子上,现在却刻在石头上,乙从容地说:"作为朋友,是不应该记恨的,你打我,就让这段记忆像沙子一样被容易地冲掉;而你今天救了我,我是不会忘记的。"

同时,心理学家也指出:适度的宽容,对于改善人际关系和身心健康都是有益的,而且大量事实证明,不会宽容别人,亦会殃及自身。

过于苛求别人或苛求自己的人,必定处于紧张的心理状态之中。长此以往,不仅使得情绪不振,还会贻害身体健康,有的过激者甚至失去理智而酿成祸端,造成严重后果。而一旦宽恕别人之后,心理上便会经过一次巨大的转变和净化过程,使人际关系出现新的转机,诸多忧愁烦闷可得以避免或消除。

学会宽容更快乐

孔子的学生子贡曾问孔子:"老师,有没有一个字,可以作为终身奉行的原则呢?"孔子说:"那大概就是'恕'吧!""恕"在现在来讲就是"宽容"的意思,让我们来看古人是怎样做的。

三国时期的蜀国,继诸葛亮之后有蒋琬主持朝政,他有个性格孤僻的属下叫杨戏。即使是蒋琬与他说话,他也是只应不答,是个讷于言语的人。

有心直口快的部下看不惯,在蒋琬面前嘀咕说:"杨戏这人太不像话了,竟然对您如此怠慢!"蒋琬听罢坦然一笑,说:"人嘛,都有各自的脾气秉性。让杨戏当面说赞扬我的话,那可不是他的本性;让他当着众人的面说我的不是,他会觉得我下不来台。所以,他只好不做声了。其实,这正是他为人的可贵之处。"因此,有多人都称赞蒋琬"宰相肚里能撑船"。

还是三国时,诸葛亮初出茅庐,刘备非常看中他,称之为"如鱼得水",而关、张兄弟却对他不屑一顾。兄弟俩便整天对诸葛亮冷嘲热讽,故意刁难。诸葛亮胸怀全局,毫不在意,仍然重用他们。结果新野一战大获全胜,使关、张兄弟佩服得五体投地。

试想,如果诸葛亮当初与他们一般见识,斤斤计较、纠缠不休,势必造成将

帅不和，人心分离，如此一来，哪能有新野一战和以后更多的胜利呢？

还有这样一个故事，明朝年间，山东济阳人董笃行在京城做官。一天，他接到家里来的急信，说家里由于盖房，为地基一事而与邻居发生争吵，希望他能借助权力来出面解决此事。

董笃行看后马上修书一封，写道："千里捎书只为墙，不禁使我笑断肠；你仁我义结近邻，让出两尺又何妨。"家人读后，觉得董笃行说得有道理，便主动在建房时让出几尺。

而邻居见董家如此仁义，也有所感悟，同样效法。结果两家共让出八尺宽的地方，房子盖成后，就有了一条胡同，世称"仁义胡同"。

再来看蔺相如，他因为"完璧归赵"有功而被封为上卿，位在廉颇之上。廉颇对此很不服气，就扬言要当面羞辱蔺相如。蔺相如得知后，没有生气，而是尽量回避、容让，不与廉颇发生冲突。

这样一来，蔺相如的门客以为他畏惧廉颇，然而，在门客的询问下得知，蔺相如这样做是一番苦心。他说："秦国不敢侵略我们赵国，是因为有我和廉将军。我对廉将军容忍、退让，是把国家的危难放在前面，把个人的私仇放在后面啊！"这话被廉颇听到，就有了廉颇"负荆请罪"的故事。

春秋五霸之一的晋文公本名重耳，未登基之前，由于遭到其弟夷吾的追杀，只好在外到处流浪。有一天，他和随从多人来到一户农家前，因为粮食已用完，只好向该户农家讨一些饭食。

谁知那个农夫虽然满口答应，端上来的却是一盘泥土。面对农夫的戏弄，重耳不禁大怒，就想拔剑杀死农夫，被他的随从狐偃阻止住了。狐偃说："主君，这个泥土代表土地，这正代表你即将要称王了，是一个吉兆啊！"

重耳听罢，立刻平息了怒气，把这堆泥土珍藏了起来。不久，重耳就得到秦王的帮助，果真回国做了晋文公。狐偃身怀宽容之心，智慧地面对一些难堪和委屈，将其化为努力的动力，这是胸怀远大的表现。

如果重耳当时盛怒之下杀了农户，虽能逞一时之快，却显出他气度狭小，说不定还会因此暴露行踪而丧命。然而一句忠言，化解了屈辱，成就了广大的胸襟，也成就了大事。

正如古人云："处世让一步为高，退步即进步的张本，待人宽一分是福，利人实利己的根基。"学会宽容，就意味着从此不再心存疑虑。正是因为学会宽容，人生才更加快乐。

培养宽容品质的小方法

1.学会理解他人。理解是为了宽恕，理解一切也就是为了宽恕一切。应该

明白,人人都有缺点和不足,要学会理解和宽容。一个不肯理解别人的人,就是不给自己留余地,因为每一个人都有犯过错而需要别人理解的时候。

2.要学会善待他人。中国有句古语说道:"赠人玫瑰,手有余香。"要知道,他人是自己的影子,学会了善待他人,也就是善待自己。对他人多一份理解和宽容,其实就是支持和帮助自己。

3.多亲近大自然。大自然可以陶冶人的情操,可以培养自己的宽容品质。因为大自然有着无穷无尽的奥秘和神奇,是最生动的教科书,是一本永远也读不完的教科书。走进大自然,可以使人心胸开阔,性格开朗,心情愉悦,进而促人产生宽容之心。

第42种品质　真诚——让心灵之花布满芳香

与人为善、真诚待人,是中华民族的传统美德,也是我们做人的优良品质。我们每个人都希望得到别人的真诚相待。其实,你怎样待人,别人也会怎样待你。要想别人真诚待你,就应当首先主动真诚地去对待别人。不去耕耘的人,是不会有丰厚的收获的。

宋濂是明代初著名的散文家,曾奉命主编《元史》。他为人诚实谨慎,深受大家的好评。相传,明太祖攻得天下后,为了巩固他朱家王朝的统治,对群臣监督得很严。他害怕群臣有什么对他统治不利的言行,所以,经常暗中派人秘密监视他们的一举一动。

有一次,宋濂约了几个好友一起去喝酒,明太祖立即派人进行监视。到了第二天,明太祖故意向宋濂问道:"昨天饮酒了没有?"没想到,宋濂直言不讳地回答了整件事。不仅如此,他还把客人是谁,点了什么菜,统统告诉了明太祖。明太祖听后高兴地说:"宋濂你很诚实,不会欺骗我。"

由于宋濂的这种诚实,厚道的个性,在跟随明太祖19年来,他从没有讲过一句假话,也没在别人后面说别人坏话。因此,宋濂深得明太祖信任,还被誉以"贤"的称号。

真诚的价值大

在现代社会,如果有人提出要真诚地对待他人,用心与别人相处。这时,也

许会立即有人跳出来反驳这个观点。在大多数人眼中,真诚待人只是书本上的教条而已。他们认为,在现实的社会中,真诚待人的人只会受到他人的欺骗。难道,事实真的是这样吗? 有这样一个故事,可以告诉我们答案。

在美国内华达州,有一个名叫麦尔宾·达玛的年轻人。那一天,他正哼着小曲,驾驶着新买的法拉利车兜风。在路上,他见到一位衣衫褴褛的老人。老人看起来很疲惫,正艰难地向前挪动着双腿。

于是,他停下车,走到老人的身边,关切地问道:"老先生,您要去哪儿,我可以载您一程。"老人气喘吁吁地说:"我要去拉斯维加斯,你顺路吗?"麦尔宾不想去那里,不过,他看着老人疲惫的样子,点点头说:"真巧啊! 我正要去那里呢!"

这时,也许会有人说,这个麦尔宾真是个傻瓜啊! 为什么为了一个素不相识的人开车去那么远地方呢! 可是,麦尔宾的想法很单纯,他只是真心想帮助老人而已。

他载着老人到了拉斯维加斯。当他看到老人穿着破烂,以为老人是流浪汉,他又掏出 25 美分,让老人坐公交车。老人很有礼貌地接过硬币,并向麦尔宾索要名片。

临走时,老人还说:"年轻人,我叫哈维德·修斯,总有一天我会报答你的。"麦尔宾并没有听说过这个名字,他笑了笑,挥挥手和老人告别后吹着口哨开车返回了家中。

很快他就把这件事忘记了。可是几年后,哈维德·修斯的律师却找到他,告诉他亿万富翁哈维德·修斯把他财产的 1/16 送给了他,那是一笔一亿五千万美元的馈赠! 麦尔宾惊呆了,他万万没有想到,自己当初付出 25 美分,却得到如此丰厚的回报。

亿万富翁哈维德被麦尔宾的善良打动,将自己财产的 1/16 送给了他,这是哈维德对麦尔宾真诚帮助的感谢和嘉奖。由此可见,真诚的人不会在帮助别人的时候有所顾虑和计较,而他得到的回报也往往是自己难以预料的。

也许有人说,这只是个别的情况而已,大多数时候待人真诚的人是会受骗的。其实,如果我们单单是为了收获别人的回报而去付出爱心,已经违背了我们真诚待人的原则了。真诚的价值其实不在于我们付出后收获了多少,而在于在与人真诚的交往中,我们的内心始终充满了安和与喜悦。

生活中的奇迹,往往就在不经意间发生。有时一句真诚的问候,一个微笑或肯定的眼神,这些极容易做到的小事,功用却无比巨大。因为这种真诚的力量能直入人心,让人感觉如沐春风,给身处困境中的人带来一丝温暖、一点希望。这种人间的美好,这种真诚所产生的价值却是无法用金钱来估量的。

真诚待人是一种双赢

有很多人对真诚待人持怀疑或否定的态度。他们的理由是：我若是真诚待人，人若不真诚待我，那我岂不是很傻、很吃亏吗？我们不能否认，在生活中确实有这样的人，他们虚伪狡诈，专门玩弄他人的真诚，戏弄他人的善良，以怨报德、以恶报善，等等。

但是，这种人毕竟是极少数，一旦他们的嘴脸充分暴露后，必将被所有的人所指责和唾弃，也必将被整个群体所厌恶和排斥。所以，当我们付出善良和真诚，但被一些居心叵测的人所利用、愚弄之后，其实吃亏更多、损失更大的并不是我们自己，而是对方。

有的人害怕真诚待人会吃亏上当，因此总期待别人能主动真诚待己。其实，这是一种被动的处世心态。如果人人都这样想，人人都不肯首先付出，那这个世界上还能找到真诚吗？

我们要想收获真诚的友谊，就一定要付出真诚的心去对待别人。我们要相信，与人相处中付出的真诚一定能得到别人的认同和回应。

在美国费城，一个阴云密布的午后，一阵电闪雷鸣之后天空突然下起了暴雨，行人纷纷到就近的店铺躲雨。一位行动迟缓的老妇人，被突然降下的暴雨淋得浑身都湿透了。她步履蹒跚地走进了费城百货商店，她的穿着很简朴，看起来很狼狈，所有的人都对她视而不见。

这时，唯有一位年轻人走上前来，他是费城百货商店的一名员工。他对她说："夫人，我能为您做点什么吗？"老妇人微笑着说："不用了，等雨停了，我马上就走。"

但是雨不停地下，好像一时半会儿停不了的样子。老妇人显得越来越不安，在别人的屋檐下躲雨，如果不买点东西似乎不合情理。于是，她在商店里转悠起来，可始终没有看到适合的东西，她显得很窘迫，露出了尴尬的神情。

年轻人见状，又走了过来，他微笑着说："夫人，您不必这么为难，我给您搬了一把椅子，您坐着休息一会儿吧！"老妇人感激地向年轻人道谢，坐在椅子上休息起来。两个小时后，雨终于停了，老妇人向年轻人打了一个招呼，并随意要了张名片后就离开了。

事情发生后，年轻人并没有把它放在心上，日子还像以前那样过着。几个月后，费城百货商店的总经理收到了一封信，信中要求将那位年轻人派往苏格兰收取装潢一整座城堡的订单。这封信带来的收益，相当于百货商店两年的利润总和。

原来,这封信就是老妇人写的,她就是美国"钢铁大王"安德鲁·卡耐基的母亲。这位年轻人名叫菲利,几年后,他凭着一贯的踏实和真诚,成为卡耐基的左膀右臂,事业扶摇直上。

老妇人被年轻人真诚的爱心感动了,在他付出真诚的同时,也收到了他人真诚的回馈。也许很多人都觉得,积极主动地付出真诚和友善仅仅是对待别人的一种态度,其实,准确地说,友善真诚地待人态度是善待自己的一种表现。待人以诚,别人就报以诚;待人以善,别人就报以善。这也是就是我们经常所说的"将心比心"。

每个人都离不开社会而独立存在,我们和社会是一个利益共同体。既然我们都必须在群体中生活,那么在这个群体中是否能更好地互助合作,就预示了这个群体是否能长久地存在。只有互助性强的生物群才能繁衍生存,伤害别人就等于用自己的左手伤害自己的右手,真诚待人必定能形成一种良性互动。

人们都想要一个温馨和谐的生存环境,而营造出温馨和谐的人际关系氛围,需要大家共同付出努力。只有每个人都不吝啬付出自己的真诚,才能构造出一个和谐温暖的世界。只有人人都付出,人人才能够都受益,友善真诚待人的结果必定是双赢。

真诚待人让人尊敬

1988 年 4 月 27 日,美国阿波罗航空公司一架波音 737 客机从檀香山起飞了。起飞后不久,一个意外的爆炸发生了,飞机前舱的舱顶掀起一个 6 平方米的大洞,一名空姐被气浪从舱顶抛出窗外,殉职于蓝天。

虽然发生了这么大的事,飞行员还是很沉着地把飞机临时降落在附近的一个机场上,89 名乘客和机组其他人员均平安生还。

这个事故一出,航空业的竞争对手便大肆渲染,趁机发难。波音公司面对如此沉重的压力,没有对飞机事故进行人为掩盖,而是主动向公众披露事故的起因。这次事故的起因是由于飞机太旧和金属疲劳所造成的。事故飞机已飞行 20 年之久,起落达 9 万次之多,大大超过了保险系数,但是,飞机在严重事故后安全降落,足以证明波音飞机性能与质量的可靠性。

公司还进一步说明,新型波音飞机已经解决了金属疲劳的技术难题,购买波音公司的新产品会更加安全。令人没想到的是,事故之后的波音公司的订货量不但没有下降,反而大幅猛增,仅 1988 年 5 月份的订货量就超过一季度的两倍。

俗话说天有不测风云,当厄运到来时,大多数企业都会手足无措,要么闪烁

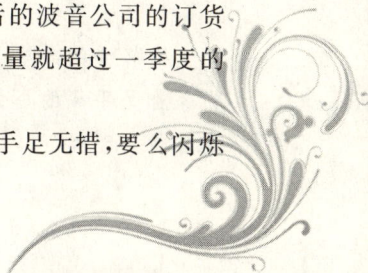

其词故意掩盖，要么推卸责任不知所云。而波音公司面对危机以诚相待的姿态，不仅没有损害公司形象，反而得到了客户的认可与信赖，这其中的意义值得我们去深思。

说起以诚待人，有一位杰出的音乐家也是如此。门德尔松是德国著名的音乐家、钢琴家，被誉为浪漫派作曲家中的抒情风景画大师。他自幼喜爱音乐，长大后专心以音乐为职业，他创作著名的《仲夏夜之梦序曲》时，只有 17 岁。

有一年，门德尔松到英伦三岛作访问演出。维多利亚女皇特别欣赏他，为了对他的到来表示欢迎，特地在白金汉宫为他举行了一场盛大的招待会。在招待会开始的时候，女皇致贺词，她在贺词中提到了门德尔松的《伊塔尔兹》，她说："单凭这一首曲子，就足以证明他是一位天才。"

大家对女皇的贺词致以掌声。他们本以为门德尔松听到表扬后会非常高兴，可事实却恰恰相反，他面红耳赤显得极不自然，动作也很不协调。他的反应令在场的人都感到很奇怪。

女皇致完贺词后，门德尔松局促不安地走上前去，以认真而又诚实的态度对女王说："尊敬的女皇陛下，那首《伊塔尔兹》其实并不是我创作的，它是我妹妹芬妮的作品。我感到很抱歉，我必须向您说清楚，否则，我会羞愧一辈子的。"

原来，在那个年代，人们对女性有很大的偏见。他的妹妹芬妮创作出这首曲子后，门德尔松和其他弟兄们经过商量，决定将这首曲子以门德尔松的名字作为署名发表。只有这样，曲子才容易被大众接受。就这样，《伊塔尔兹》发表了，除了他们兄妹，再也没有一个人知道这件事的真相了。

也就是说，如果门德尔松不说，没有人能知道这首曲子不是他创作的。但他勇敢地站了出来，诚实地把事实的真相告诉了女王。但是，女王非但没有感到失望，还对他真诚的处事态度所感动，更加尊敬他。

做一个真诚的人，才能用一颗开阔的心来感受这个世界，才能安然地享受阳光带给我们的温暖；做一个真诚的人，才能在苦难时肆无忌惮地放声大哭，高兴时无拘无束放声歌唱；做一个真诚的人，做一个实实在在的人，才能赢得别人的尊敬。

培养真诚品质的小方法

1.待人要诚恳，不能有任何轻慢。待人以诚最重要的一点，就是不要对任何人有轻慢的态度。每一个人都是平等的，无论是身体健康与否，是否有财富，大家都是平等的个体。如果我们带着有色眼镜看人，待人处事分别对待，何谈真诚待人呢？

2.要有一点行动,从行动中让别人看出你的真诚。要想获得别人的真诚相待,我们就要从自己做起,真诚地对待别人。如果世界上每个人都多了一份真诚,这个世界就多了一份温暖。

3.真诚发自内心。发自内心的真诚最让人感动。我们不可以为了某个目的而装出真诚,这是十分可耻的。其实,一个人这样做的初衷,就已经违背了真诚的原意,那么他无论做任何事都不能算是真诚的。

第43种品质　同情——给世界再多一些温暖

同情是人类一种美好的感情,一种优秀的品质,也是人际交往中必不可少的。同情心是构成一个人完美个性、良好品德的要素之一。人不能没有同情心,同情心可以让人变得可亲可敬,变得伟大崇高。人与人之间只要相互同情,相互关心,那么人们之间就会充满温馨和关爱,社会就会成为一个和谐的大集体。

一天,俄国大作家屠格涅夫在大街上走,一个穷人上前来求他说:"我肚子饿了,请你给我一点钱,好买点东西吃。"

屠格涅夫回答说:"好!"他就伸手到衣袋里去摸,可是袋里空空的,连一条手帕也没有。于是,他对穷人说:"兄弟啊!实在对不起!我没有带钱出来。"

那个穷人说:"谢谢你!谢谢你!"

屠格涅夫既感到惭愧又感到惊奇,就问他说:"你谢我是什么意思呢?我连一分钱都没有给你啊!"

穷人说:"我谢谢你救了我的命,因为40年来我因为贫穷被社会遗弃,所以想去自杀,你是第一个叫我兄弟的人,让我内心感到温暖。我决定不自杀了!"

正是屠格涅夫的同情心救了这位穷人。

人人都应有同情心

英国著名哲学家培根曾说:"同情在一切内在的道德和尊严中为最高的美德。"法国著名思想家孟德斯鸠也说过:"同情是善良心所启发的一种情感之反映。"所以,人不能没有同情心,同情心可以让人变得可亲可敬,变得伟大崇高。

唐朝著名诗人杜甫,因为写下了"安得广厦千万间,大庇天下寒士俱欢颜"

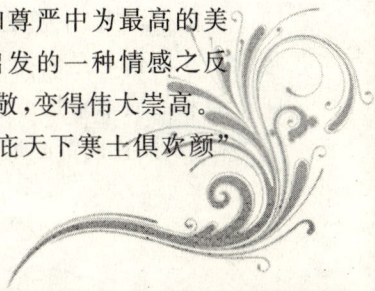

这样滚烫的诗句,才戴上人民诗人的桂冠;近代著名文学家龚自珍,发出了"落红不是无情物,化作春泥更护花"的肺腑心声,表现了悲天悯人的博大胸怀;一代文学巨匠鲁迅先生,则因"俯首甘为孺子牛"的拳拳之心,更显示了他深邃的思想和高尚的道德。

德国著名哲学家艾伯特·史怀哲曾说:"正是通过对其他生命的同情与关切,人把自己与世界的自然关系提升为一种有教养的精神关系。"所以说,我们每一个人都应该有同情心。

有这样一个真实的故事:有一年夏天,天气又闷又热,耶鲁大学著名的教授威廉·莱昂·弗尔帕斯教授走进拥挤的列车餐车去吃午饭。在服务员递给他菜单的时候,他说:"今天那些在炉子边烧菜的小伙子一定是够受的了。"那位服务员听了以后,吃惊地看着他说:"上这儿来的人不是抱怨这里的食物,就是指责这里的服务,要不就是因为车厢里闷热而大发牢骚。19年来,您是第一个对我们表示同情的人。"

同情是弱者和贫穷者用以战胜困难的勇气和力量。同情不仅仅是在物质上的帮助,更重要的是在一个人的心灵中撒下了爱的种子。

19世纪末,在西伯利亚的小镇,一些富于同情心居民经常在深夜把食物和旧衣服放在屋外的窗台,供那些从流亡地逃亡的十二月党人用。很多著名的十二月党人,就是靠着这些食物和衣服逃出了冰天雪地的西伯利亚。已经没有人记得小镇居民的名字了,可他们的善举,却给了冻饿之极的十二月党人无比的温暖。其实,现在也温暖了我们的心田。

距今200多年前,英国有一位发现地心吸力的科学家牛顿,他花了20多年时间,埋头于日光的研究,积了一大叠记录纸。一天,牛顿走出了研究室,研究室里面只留下一只名叫"金刚石"的小狗。小狗无知,跳到了桌子上,把正在燃烧着的蜡烛弄倒了。这一来,桌子上一大叠的记录纸立刻被点着了!牛顿辛苦了20多年的研究记录,一下子变成灰烬。

牛顿回到研究室一看,心里实在有说不出的悲痛,可是那只名叫"金刚石"的小狗却若无其事地站在那儿呆望着;如果是一个普通人,准会发起火来,重重地把小狗鞭打一场来出气,甚至会把小狗打死。

但是,牛顿与普通人毕竟不一样,他同情小狗的无知,仍旧像平常一样,很亲切地抚摸着"金刚石"的头,和蔼地说:"金刚石啊!你不会知道你所做损害的事吧。"可见,牛顿是怀着一颗伟大的同情心的,值得我们每个人效法和学习。

同情心是人类心灵中的一种美德,也是我们应该具有的一种品质,这种美德和品质本来是每个人具有的。但是有些人被物欲所蒙蔽,被自私的观念所障碍,从而让同情心远离了自己。没有同情心是人类心灵的严重缺陷,我们一定

不要让自己再有这个缺陷了。

同情需要积极行动

关于同情，奥地利著名作家斯蒂芬·茨威格曾说："同情是一种力量，这种力量不仅使我自己兴致勃勃地振奋起来，也能够超过我自己对别人发生抚慰的作用。"

同情是人的一种善良的天性，它就是仁爱，就是讲人道，就是把他人的困难遭遇当做是自己的困难那样，就是一种感情上或道义上对他人合法需要和利益的理解与支持。

同情不只是心理上的活动，更是积极的行动。所以说，只要有可能，富有同情心的人总会去积极做那些帮助他人实现愿望的利他行为。

2004年12月26日，印度洋发生大地震和海啸，沿岸的国家遭到了毁灭性的灾难。据报道，在这次灾难中的遇难人数和失踪人数总共接近30万人。世界被这一灾难震惊了。

海啸发生之后，人们以各种方式表达对灾区人民的同情与关注。世界各国都在积极帮助灾区恢复重建，各国的人民也纷纷解囊相助。在中国，人们在短短几天之内就捐了十几亿元的现金与物资，政府给灾区提派去了大量的专业救助人员。实际上，这也是在检验对地球村居民的同情心。

与此相关的还有一件事，也十分令人感动。在2005年的维也纳新年音乐会上，为了悼念海啸的遇难者，在演奏中取消了最为欢快的《拉德斯基进行曲》。音乐中断了，主持人走上舞台，悲壮地讲到海啸灾难，讲到此刻要向灾民捐款，所以，当晚将不再演奏《拉德斯基进行曲》。可以说，这是历年来一次最具人性的维也纳新年音乐会。

每一个人都有真正的同情之心，也愿这种同情之心有理性的光辉照耀，有行动的光芒显现。

一位画家想给大科学家爱因斯坦画一幅画，可是却遭到了拒绝："不，先生，我没有时间。"画家几番请求之后，爱因斯坦仍然不同意，画家有些着急了："您必须答应我为您画像，因为我急着靠这幅画得点钱生活啊！""噢，原来是这样啊，"爱因斯坦马上改变了态度，"我当然可以坐下来让您画像。"

同情是指对他人的不幸遭遇产生共鸣，能设身处地理解他人当时的思想、感情和需求，并给予及时的关心、安慰、支持和帮助。有人曾这样说："看一个人道德、情操和待人接物的修养如何，只要看他对别人的不幸作出怎样的反应就可以判断出来。面对他人的不幸和困难，是为他着急解难，还是冷漠甚至幸灾

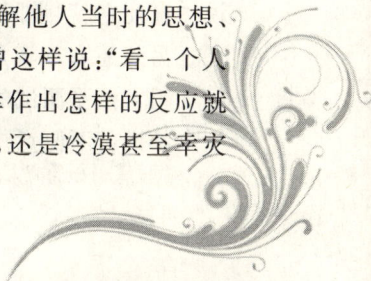

乐祸,就能充分显示他的精神境界。"是的,一个人的道德教养决定着他同情和关心他人的愿望和能力。

然而,同情不是怜悯或者不仅仅是怜悯。任何人在遭遇不幸时都需要同情,但并不是任何人都需要怜悯。有很多自尊心强的人很少向人诉说自己的困难与不幸。因此,仅仅是怜悯的表示,不但不能为他解除痛苦,反而会让他的自尊心受到伤害。但是,很少有人会拒绝出于真诚同情的帮助。

我们要知道,同情是情感的双向交流。如果我们乐于同情,在付出的同时,自己也会感到心境愉悦、精神充实、生活温馨;如果我们若失去同情心,就会对身边的苦难漠然置之,心灵就会被自私、冷漠占据,精神世界将变成一片荒漠。是该我们行动的时候了,因为同情需要积极地行动。

培植自己的同情心

荷兰著名哲学家斯宾诺莎曾说:"同情是一种爱,此种爱使人对他人的幸福感到快乐,对他的不幸感到痛苦。"我们每一位青少年都应该把同情心这种爱培植起来,真正在自己的内心之中升起这种爱。

同情心也是当今社会每一个主体个人应该具备的道德品质。不可否认,我们的民族是一个富有同情心的民族,从孔子的儒家思想一直到今天的"八荣八耻"教育,都在教育我们要有同情心。

一个人从孩提时代到踏入社会,一直都在接受从善教育,诚实、有同情心是我们做人的必修课。其实,同情心是我们人类最大的特征,是人类与动物最大的区别之一,没有了同情这种美好的品质,人在自然界的地位就一定会大大下降。

俗话说:"人非草木,孰能无情。"但最近一段时间以来,我们的精神文明一直没有太大的进步,很多人对周围的一切渐渐变得冷漠,对弱势群体也只是一笑了之。更为严重的是,这样的思想观念已经侵蚀到我们青少年的心灵了。

2003 年,"海南省青少年安全健康科普宣传教育巡回展"首次进入校园。根据科普宣教内容,有关工作人员对某学校的小学生随机进行心理测试。

当问到学前班、一年级小朋友怎样对待在路上偶然遇到的小猫时,大都回答:"爱护它。"还是同样的问题,几名三到五年级的小学生却带着恶作剧的笑容说:"打死它。""带回家玩死它。"

另外还有一道题目是:"小妹妹病了,冷得打哆嗦,你愿意把自己的衣服给她穿吗?"接受测试的一年级小学生异口同声地说:"愿意。"三到五年级的小学生全都说:"不愿意。"一名三年级小男孩还说出了自己的理由:"我只有一件衣

服,借给她穿,我穿什么?"

　　类似的测试在北京也做过,测试结果表明,62%的孩子缺乏同情心,这部分孩子中,有 32% 的孩子说要弄死小猫。

　　有关专家曾指出,与安全和健康有关的不仅仅是生活经验、逃生知识等等,心理健康也是一项非常重要的内容。青少年缺乏同情心这一现象令人深思,如果不加强教育,将会滋生出种种心理问题。

　　一个没有同情心的人,是冷酷残忍的人;一个没有同情心的世界,是冷漠可怕的世界。但是,同情心不会自发产生,同情心也要靠精心培植和维护,心灵里播下爱的种子,才能长成同情之花;也只有全社会都为同情心叫好呐喊,才能形成一个充满同情心的环境。同情心是在爱的基础上形成的。我们青少年的同情心尤其需要培植。

培养同情品质的小方法

　　1.可以照顾生病的老人、帮助残疾人,甚至是通过饲养小动物,养花种草等行为培养自己的同情心。这样做可以激发我们自身的照顾弱者的情感。

　　2.设身处地地了解别人的生活环境和生存状态。应该力所能及地做一些简单的自理劳动,尝试和一些落后地区的孩子建立长期的"手拉手"活动,切实感受他们求学生活的艰苦,滋长同情关爱之心。

　　3.尝试随时随地做好事。一旦坚持这样做时,同情就会成为一种习惯,我们将发现自己会不满足于这些,而去做更有利于他人的事。

　　4.参与社会服务。比如帮助邻居打扫卫生,给老年人阅读书报,给生病的小孩做玩具等等。这些社会活动中一定能有效培养自己的同情心。

　　5.通过利用优秀文学作品和影视作品来加深对真、善、美的认识。可以在古今中外一切优秀的文学作品中进行正义感、崇高品德的熏陶。在歌颂真善美、鞭挞假恶丑的文学境界中培养同情心。

第五章　独立生存篇

不要认为独立生存是以后的事情，
其实，独立生存更是眼下的事情。
只有现在开始锻炼、培养独立生存的能力，
才能自如地应对人生的风雨，
才能坦然面对各种坎坷与挫折。
不可否认，
做人、做事、学习、与人交往都是为独立生存做准备，
但独立生存还有其特有的关键点，
如吃苦、坚持、忍耐、适应、理财，等等。
为了让自己现在及未来的人生更精彩，
就从现在开始努力培养让自己强大的独立生存的品质吧！

第44种品质 吃苦——人生路走得更加坚定

孟子说:"生于忧患,死于安乐。"意思是说,艰苦的生活环境能够锻炼一个人的坚强意志,激励他不断地进取;相反,安逸的生活条件则很容易腐蚀一个人,使得他沉湎其中,走向颓废乃至于最后灭亡。只有吃过苦,才能够体验到什么是真正的生活,这对我们一生的成长有益而无害。

每年的寒暑假,韩国都会有上千名学生参加位于浦项的海军陆战队海滨吃苦训练营,以培养他们坚忍不拔的意志、吃苦耐劳的精神,帮他们养成勤奋学习的好习惯。

在这个训练营,孩子们彻底告别了那个充斥着网络游戏和垃圾食品的熟悉的世界。因为训练营的纪律非常严格,他们的手机必须上交,吃睡都在海军陆战队的兵营里,早上 6:30 就起床,晚上 10:30 才休息。这里的营员没有名字,只有代号。

代号为 227 的一位中学生说:"父母之所以把我送到这里,是因为我老是打架,玩网络游戏太多。他们说,在这里训练时,我应该好好培养能吃苦的精神。"

学会吃苦很必要

能吃苦是我们青少年应该必备的优秀品格,吃苦的经历是我们人生道路上的重要一课。"吃得苦中苦,方为人上人"是一个真理,但是,却不知道从什么时候起,今天的青少年已经变得特别"金贵娇气"了,养成了懒惰的恶习,再也吃不得苦了。

其实,不只是中小学生不能吃苦,就是有"天之骄子"的大学生也害怕吃苦。据报载,南方某在校研究生成立了一个"清洁工作室",雇了几个搞清洁的阿姨利用业余时间有偿替大学生们打扫宿舍。工作室自从开业以来,生意异常红火。听到这个消息,很多大学生都非常高兴,甚至欢呼雀跃。

这实在是很不正常的现象,也不应该发生这样的现象,但是事实不可改变。不可否认,今天的青少年变得聪明了,但是一遇到困难就会束手无策,甚至会自暴自弃,特别是在遭遇失败的时候,就越发显得脆弱,越发怀疑自己,没有勇气面对。其实,这就是不肯吃苦所造成的,不接受吃苦教育,我们就缺少意志力的

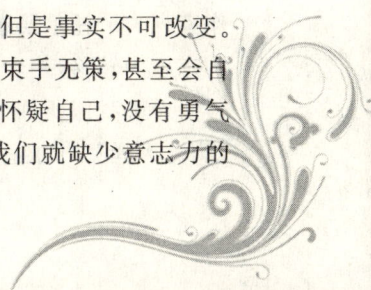

历练。

对我们来说,学会吃苦是非常有必要的。孟子说:"故天将降大任于斯人也,必先苦其心志,劳其筋骨,饿其体肤,空乏其身,行拂乱其所为,所以动心忍性,曾益其所不能。"所以,我们应该懂得,吃苦对我们的成长非常有益,因为这是在磨炼我们的意志,提高我们的生活能力,是我们人生最为宝贵的财富。

古人说:"自古雄才多磨难,从来纨绔少伟男。"这是被历史已经证明了的真理。那些成功的雄才都经过了种种磨难,面对磨难,他们从不怨天尤人,也不自怜自叹,而是咬紧牙关,奋力抗争,以不屈不挠的精神,战胜磨难,成为强者。

19世纪俄国著名文学家屠格涅夫曾说:"你想成为幸福的人吗?但愿你首先学会吃得起苦。能吃苦的人,一切的不幸都可以忍受,天下没有跳不出去的困境。"美籍意大利裔物理学家、诺贝尔物理学奖获得者恩里科·费米也说:"要从小把自己锻炼得身强力壮,能吃苦耐劳,不要娇滴滴的,到大自然里去远走高攀吧!"可见,要想在社会立足,就一定要学会吃苦。

美国成功学大师拿破仑·希尔的祖父是一个农民,以制作马车为生。每次耕地播种时,他总会留下几棵橡树,任凭它们在空旷的田地里承受着风吹雨打。他这样告诫希尔:"那些在大自然中努力求生存的橡树,比在森林里受到保护的那些同伴更坚实,更具有韧性。祖父用那些饱经风霜的橡木制作马车的车轮,弯成弧形的零件,不必担心它们会断裂。因为它们受过磨难,有足够的力量承受最沉重的负担。"

其实,我们每一位青少年也应该经历一番人生的风雨,这样,我们才会拥有人生的彩虹。一旦具备了这种精神,我们就可以勇敢面对困难,就有勇气迎接突如其来的各种挑战,从而让自己敢于吃苦,敢于面对社会激烈的竞争。

让自己吃苦,就是教自己更好地做人。实际上,吃苦教育正是对我们进行的一种做人教育。也就是说,当我们学会吃苦的时候,我们就会真正感受到父母的不容易和艰辛,就会更加珍惜现在拥有的一切,会自觉地去努力生活和学习,真正能够感恩父母,为社会作出贡献。

肯吃苦才能成功

我们只有肯吃苦,才能获得成功,才能过上幸福的生活。这正如俄国著名作家列夫·托尔斯泰所说:"幸福并不在于外界的原因,而是以我们对外界原因的态度为转移,一个吃苦耐劳惯了的人就不可能不幸。"

今天我们所面临的是一个市场经济社会,是一个处处充满竞争的社会。"物竞天择"、"优胜劣汰"是社会普遍的现象,所有的人都将站在竞争的第一线,

每个人都要面临"生死存亡"的严峻考验。

只要肯吃苦，我们就在吃苦的同时锤炼了自己的意志，培养了自己的毅力；只有能够吃苦，我们才可能在激烈的竞争中站稳脚跟，获得胜利。事实证明，凡是有所成就的人，都是经历了千辛万苦的。在历史的长河中，有很多千古风流人物就是因为肯吃苦才成就了自己的人生。

汉朝的司马迁因为受到李陵事件牵连而被汉武帝赐以宫刑，可他矢志不渝，笔耕不辍，不分酷暑严寒，发奋著书，并在墙上写下"文王拘，而演《周易》；仲尼厄，而作《春秋》；屈原放逐，乃赋《离骚》；左丘失明，著有《国语》；孙子膑脚，《兵法》修列；不韦迁蜀，世传《吕览》……"以此来激励自己向苦难发起挑战，成就一番伟业。他的努力没有白费，炼狱一样的苦难终于让他的人生得到了升华，著成了"究天人之际，通古今之变，成一家之言"的《史记》。

中国希望集团总裁刘永好在谈及自己成功的原因时这样说："就两个字——吃苦。我在 20 岁以前的经历，感受最深的就是吃苦教育，这是人生最大教育。有人说他读过 MBA（工商管理硕士），念过博士，但是，假如没有吃过苦，人生就不算完整。从某种意义上说，吃苦的历程绝不亚于读 MBA 和博士学位。这些苦难，给了我信念、力量，同时也赋予了我雄视天下困难和坎坷的毅力及勇气。"

不能吃苦的民族是孱弱无力的民族，害怕吃苦的孩子是没有希望的孩子。学会吃苦，我们就会受益一生，父母也可以放心一生。

对于我们来说，肯吃苦是一笔巨大的财富。正如一位哲人所说："如果你受苦了，感谢生活，那是它给你的一份感觉；如果你受苦了，感谢上帝，说明你还活着。人们的灾祸往往会成为他们的学问。"

苦难本身并不可怕，关键是是否不怕苦难，是否敢于向其发起挑战。法国大作家巴尔扎克曾说："世界上的事物永远都不是绝对的，结果完全因人而异。苦难对于天才是一块垫脚石，对能干的人是一笔财富，对弱者确是一个万丈深渊。"

当我们深处苦难的时候，要把它当成一次历练自己的机会，敢于向其发起挑战，用自身的力量战胜它。不要抱怨，因为艰难困苦就是他成功的摇篮，感受苦难本身就是对心灵的一次洗礼。只要心中挑战苦难的信念不凋零，生命的叶子就永远也不会枯黄腐烂，就会永远保持一颗接受磨砺的心，人生将会青春永驻。

不忽视劳动的价值

苏联文学家高尔基曾说："我们世界上最美好的东西，都是由劳动、由人的

聪明的手创造出来的。"是的,劳动是美好的,每一个人都应该热爱劳动。

其实,一个人是否热爱劳动会影响他的一生。因为事实证明,一个人的成功固然与知识水平、家庭背景有一定的关系,但更重要的是他的劳动品质。大凡小时候热爱劳动的人,长大后都特别能做事,能吃苦,工作也非常努力,成绩当然也很出色;凡是小时候不爱劳动、时时处处懒散拖沓的人,最终成就不了大事,因为他没有锻炼出一种谋生的本领。

从20世纪40年代开始,哈佛大学的一些社会学家、行为学家和儿童教育专家对波士顿的456名男孩进行了长达20多年的跟踪调查,了解他们的生活经历和成长过程。

在这些孩子进入中年的时候,研究人员对他们的生活进行了分析,结果发现,不管这些人的智力、家境、种族或受教育的程度如何,也不管他们遇到多少困难和挫折,从小参加劳动的人,即使只在家里做一些简单家务的人,生活得要比没有劳动经验的人更充实更美满。

具体结果如下:当年爱劳动的孩子与不爱劳动的孩子相比,长大后的失业率为1:15,犯罪率为1:10,爱劳动的孩子平均收入要高出20%左右。此外,爱劳动的孩子离异率、心理疾病患病率也较低。

专家们分析说,让孩子从小做一些家务,可培养他吃苦耐劳、珍爱劳动成果、珍惜家庭亲情、尊重他人等良好的品质,长大以后自然比那些"四体不勤"的孩子更有出息。这一调查结果证明,劳动与孩子成才有着非常密切的关系,劳动对孩子成长产生重要的影响作用。

在《回忆我的母亲》一文中,无产阶级革命家朱德同志阐述了从小参加劳动对他终身的影响。在四五岁的时候,朱德就开始帮助妈妈干活儿,在八九岁的时候,他不仅能够帮助妈妈挑东西,而且还会下地种田了。每当朱德放学回家,总是把书包悄悄地一放,然后就帮妈妈去挑水或放牛。有时候,他上午读书,下午种地。农忙的时候,朱德就整天在地里跟着母亲劳动。

在文章中,朱德深情地写道:"我应该感谢母亲,她给了我与困难作斗争的经验。我在家庭生活中已经饱尝艰苦,这使我在以后的生活中再也没有感到过困难,没有被困难吓倒。母亲又给了我一个强健的身体,一个勤劳的习惯,使我从来没有感到过劳累。"

可见,劳动不仅能够造就一个人,而且能够给人以快乐和幸福。正如英国著名的道德学家塞缪尔·斯迈尔斯所说:"劳动是幸福之本,懒惰、好逸恶劳是万恶之源。"

一位中学生在假期去工地上参加劳动。他说:"新人开始必须涂抹和粉刷厂房的外墙,以此来练习技巧。一天,我在炎热的太阳下连续工作了好几个小

时,双手酸软,非常疲惫。回到家后,我忽然意识到:一个人最好的朋友是他的双手。看看那些每天辛勤工作的人们,我逐渐学会了如何去尊重一个正直而诚实的劳动者。在这个劳动的夏天,我获得了许多新的技巧和新的价值观。"

劳动能够锻炼我们坚强的性格,让我们具备克服一切困难的勇气和力量。所以,我们一定不要忽视了劳动的巨大价值。劳动,对于任何一个人来说,都是安身立命之本。一双勤劳的手可以让我们一生受益。

培养吃苦品质的小方法

1. 不怕吃苦,敢于挑战苦难。一个人身处苦难并不可怕,可怕的是在苦难中丧失战胜苦难的斗志和决心,自暴自弃。面对苦难要敢于挑战,只有这样,才可能会达到人生的辉煌。

2. 在学习和生活的尝试中,增强对自己做事情能力的认识,在不断学会解决问题的过程中得到锻炼。要知道,任何人都是在不断解决问题和克服困难的过程中成长的,应把克服困难,迎接挑战看成是自己成长中最快乐和最重要的事情。

3. 培养劳动意识。从小爱劳动可以让我们获得谋生的能力,这样,我们在生活上就能独立,在工作上就能独当一面,在面对挫折时也善于以一种积极的心态去面对。只有具有劳动的意识,我们才会心甘情愿地去劳动,而这种劳动意识的培养一定要趁早。

4. 在困境中寻找快乐。谁都不能避免陷入困境,当然也包括我们,关键是在陷入的时候,用怎样的一种心情去面对。快乐是人们最宝贵的财富和能力,它促使人们去面对困境所带来的痛苦。所以,陷入困境其实并不可怕,只要学会用积极快乐的心态去面对就好。

第45种品质　减压——让生活过得更加轻松

今天的人们生活在一个充满竞争的社会里,每天面对的压力林林总总。随着年龄的增长,压力就像一只无形的手,总是攫住人们,让人无处可逃。不管人们喜欢与否,在压力面前,是没有人可以"免疫"的。也就是说,生活在这个世界上,竞争和压力在所难免。这样说来,学会缓解压力就是一种必备的生存智慧。

在加拿大魁北克山麓，有一条南北走向的山谷。山谷有一处独特的景观：西坡长满了松柏、杉树等大大小小的树，而东坡却是另外一番景象：只有雪松，就像被精心挑选过一样。这一奇异景观曾经吸引很多人前去探究其中的奥秘，遗憾的是，一直没人能够揭开谜底。

1983年冬天，一对婚姻濒临破裂而又不乏浪漫的加拿大夫妇，准备做一次长途旅行，以期重新找回昔日的爱情。两人约定：如能找回就继续生活，否则就分手。当他们来到那个山谷的时候，下起了大雪。他们只好躲在帐篷里，看着漫天的大雪飞舞。

不经意间，他们发现，由于特殊的风向，东坡的雪总是比西坡的雪下得大而且密。不一会儿，雪松上就落了厚厚的一层雪。然而，每当雪落到一定程度时，雪松那富有弹性的枝桠就会弯曲，使积雪滑落下来。就这样，反复地积雪，反复地弯曲，反复地滑落，无论雪下得多大，雪松始终完好无损。西坡的雪下得很小，树木很少受到损害。

妻子若有所悟，对丈夫说："东坡肯定也长过其他的树，只不过由于不会弯曲而被大雪摧毁了。"丈夫点头之际，两个人似乎同时恍然大悟，随即忘情地拥抱在了一起。丈夫兴奋地说："我们揭开了一个谜——对于外界的压力，要尽可能地去适应；在适应不了的时候，要像雪松一样弯曲一下，这样就不会被压垮。"

一对浪漫的夫妇，通过一次特殊的旅行，不仅揭开了一个自然之谜，而且也找到了一个人生的真谛。

压力无处不在

今天，每个人都感到了来自多方面的压力，我们青少年也不例外。我们在很多情况下都会产生压力，比如，考试、生病、父母的高期望值、与他人的沟通、矛盾冲突等。当我们在心中没有把握做好一件事情，于是内心自然而然地产生一种复杂的不安、负重心理，这就是压力。当我们产生这种压力时，就会出现心理和生理上的诸多有形的变化，如心跳加快、呼吸急促、出汗、肌肉紧张等。

2005年9月，"中国青少年学习和生活的现状与期望调查"表明，42.4%的青少年因"学习成绩提高"而感到快乐和幸福，57.6%的青少年因"学习压力大"而苦恼。调查发现，青少年对快乐和苦恼的体验普遍与其学习状况关系密切，学业上的成功是他们快乐的主要源头之一，学业上的压力和不成功往往也成为他们烦恼的源头。

据说，在世界所有的民族中，日本是一个自杀倾向比较严重的民族。这与其社会竞争激烈，人们经常处于高度精神紧张之中有很大的关系。美国一项研

究调查了三所大学的 962 名学生,其中 307 名学生(31.9%)有过自杀的念头,42 名学生(4.3%)企图自杀过。分析认为,他们因为面对竞争的巨大心理压力,经常遇到挫折困扰,长期处于精神紧张的状态,所以就萌生了自杀念头。

在我国,据北京、天津和杭州等大城市的相关调查,有 16% 以上的大学生存在不同程度的心理障碍,其中精神方面的疾病所占的比重最大。这与大学生心理负荷过重,理想与现实相差太大,从而经常产生挫折感、孤独感和自卑感有很大的关系。

由此可见,学会缓解压力是多么的重要!一位著名教育家曾说,如果不把心中想的事情说出来,心中的有毒瓦斯就会郁积在肚子里。然而,这种有毒的物质是必须做适度宣泄的。

实际上,面对压力,很多青少年选择独自面对,把它藏起来。如果一位青少年以前说话比较多,现在突然变得深沉起来,那他一定是遇到了问题。这时,他应该说出感到紧张不安、苦恼、产生压力的原因,这有利于化解压力。一位教育研究者也说过:"80%的学习困难与压力有关。解除压力,你就能解决那些困难。"

一个人只要参与社会生活,他就会遇到各种压力、困难和挫折。对此,坚强、乐观的人勇敢地去战胜它;而懦弱、悲观的人则处处逃避它。其实,只要做事就面临压力,大事有大压力,小事有小压力。我们要增强心理承受能力,使自己逐步形成遇忙不乱、宠辱不惊的心理品质,让自己有效缓解压力。

心理专家分析认为,压力主要来自人的心理上或生理上,这种压力会使大脑中产生长时间的紧张感和负担感。一个人不论是在家庭里,还是在学校里,或者社会中,不可能都一帆风顺,挫折和误解不可避免。如果我们能够意识到这一点,就不会因为学习上的障碍而否定自己,就能够调节自我,消除心理压力,解除痛苦。

让心灵透透气

心理专家解释,心理压力有两种:一种对人有益,另一种则对人有害。当一个人对某件事情感兴趣的时候,那就是有益的压力。此时,他会心跳加速、血压稍微升高、体内释放出肾上腺素,而且呼吸变得急促。有害的压力对身体并没有好处。

研究表明,因为成绩不稳定、人际关系不好等类似因素所产生的有害压力,会导致愤怒、挫折、精疲力竭、沮丧、头痛、高度紧张、失眠、注意力无法集中、消化不良、厌食、喜怒无常,或是因为免疫系统的失调而导致无法抵抗感冒和一般

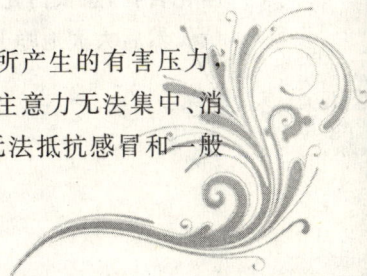

病毒。所以,我们必须学会控制这种压力。

第一,培养正确的态度。把压力视为生命中的转机或挑战。如果能接受这些挑战,就会更加了解自己,也能培养面对这些压力情境的有益技巧,以免伤人伤己;同时,更能掌握人生方向,有信心迎接未来的挑战。

第二,不制订不切实际的目标。如果不顾自身实际,只想优秀,拿第一,就会给自己增加巨大的压力。

第三,辨别轻重缓急。处理事情时不要操之过急,懂得为重要的事件排列顺序,这样可以避免突发事件而导致的危机,能正确对待潜在压力的利弊得失。如果能进一步结合前面学到的时间管理技巧,来决定轻重缓急的顺序,就更能掌握决策技巧,不致偏离目标,对学习、日常生活得心应手。

第四,及时沟通。在尚未排除压力产生的内在原因之前,注意及时与同学、朋友、老师以及父母沟通,试图找出产生压力的原因并加以矫正。

第五,深呼吸。面临压力时,最好让自己暂时脱离焦虑的情境。可以呼吸一点新鲜空气,舒服地坐在桌子前,闭上眼睛,每秒数一个数,从 1 数到 4。然后,用鼻子吸气,让肺部充满空气,直到有点不舒服为止。暂时屏气凝神,再从 1 数到 4。数到 4 时,从嘴巴吐气。只要重复几次这个动作,就能消除压力。也可以试着把全身的肌肉绷紧 20 秒,然后放松。这个方法也会让人达到放松的效果。

第六,保持弹性。面对突如其来的压力,要将其视为成长的机遇,而不是破坏的来源,并勇敢地接受它。不要认为自己的想法或感觉一定正确,也不要埋怨任何不公平,要在危机中寻找转机,以达到目标。

第七,做有氧训练。有氧健身运动包括步行、慢跑、骑车、各种球类运动、跳健美操、跳绳、游泳等。为了达到有氧训练的效果,所选择的运动一定要能提高心率,使呼吸急促,并且保持 10~20 分钟不间断。有氧健身运动可以促进大脑内的递质——内腓肽分泌,使身体获得愉悦感,有助于情绪稳定。

第八,冥想。冥想对于减缓压力有百益而无一害。按照前面的放松方式使自己放松,关注呼吸。呼吸时,平静地重复一个词或是短语(比如"啊"或"平静"),当其他思想涌入大脑中时,镇静地将它们赶走,并回到重复的词上来。开始从 10 或 15 往回数,数到 1 的时候,自己就进入了潜能状态。在潜能状态下,可以静静地不想任何事情。此时的境况最佳,处于一种无念无想的状态,可以净化自我,想象白光不断进入体内,不断吸收补充能量,并开启无限的潜能与智慧。然后大大地睁开眼睛,就完全清醒,感觉非常舒服。

学会放下包袱

压力可以变成我们前进的动力,所以,压力决不是累赘。我们在前进的路途中,可能积累了太多的包袱,使得我们不能再担负生命的重任。

而"包袱"的产生大多源自把生活、工作、学习中的事一股脑儿地放在一起。可以想象,就如同弹钢琴一样,如果十个手指一起按下去,神仙也不能弹出一曲清新优雅的《献给爱丽丝》。所以,我们不仅要学会变压力为动力,也要学会放下不必要的累赘,轻松上路。

一个青年背着大包裹,千里迢迢跑来找无际大师。

他说:"大师,我是那样孤独、痛苦和寂寞,长期跋涉使我疲倦到极点,我的鞋子破了,荆棘刺破双脚,手也受伤,流血不止,嗓子因为长久地呼喊而嘶哑……为什么我还不能找到心中的太阳?"

大师没有回答,反问道:"我看你不堪重负,你包裹里装的是些什么?"

青年回答:"里面是我每一次跌倒的痛苦,每一次受伤的哭泣,每一次孤寂的烦恼……"

大师没言语,带他坐船渡河。上岸后,大师说:"好了,你现在就扛着这条船继续赶路吧。"

青年疑惑地望着大师。

大师微笑着说:"过河时,船有用,但过了河,我们必须放下船赶路,否则它就会变成我们的包袱。孤独、痛苦、寂寞、灾难和眼泪,这些对人的一生都有用,它能使生命升华。但如果你对这些时时不忘,那就成了人生的包袱。放下它吧,孩子,生命不能太负重!"

青年放下包袱,继续赶路,他发现自己走路的步子一下轻松了,心情也开朗起来。他才感悟到:原来,生命是可以不必如此沉重的。

包袱是无论如何也存在着的,但是背着包袱上路和卸下包袱上路的效果却是截然不同的。如何在生活过程中给自己减压,这是现代人迫切需要学会的生存本领。

《世说新语》中记载了一个二人渡河的故事。一条船上载着两个人,船开到河中间不幸被风浪打翻,这两个人都很擅长游泳,但是,其中一个游得很快很稳,而另一个却非常吃力。

游得快的人很诧异,就问:"咱们平时游泳技术差不多啊,为什么你会这样费劲?"那人回答道:"我身上带了很多铜钱,所以才会这样。"最后,那个人因为不想放弃身上的"包袱"而失去了生命。

生活不可能没有重负，但也许是被夸大了的假相，放松开来想想，其实大家都一样，背着包袱走路的人是真正的傻瓜。

经年累月的忙碌，让我们的眼睛和心灵失去了往日的敏锐和光彩。生活真的可以很简单，换种思维，放下无谓的包袱和压力，放眼看看这个多彩的世界，美丽的事物其实就在我们的身边。

有效缓解压力的小方法

1. 不要否定自我。生命的价值意义是多方面的。不能仅仅从学习成绩来判断生命价值的大小，每个人都应该坚信自己有自身的长处。一个人只要不否定自我，就会有信心面对社会生活中的问题，就会正确处理自己学习、工作与生活中的矛盾。

2. 真正认识压力。可以试一下"三步曲"：第一步，考虑自己所面临的压力是否能马上改变，可以改变就努力去改变，一时无法改变就要勇于去接受；第二步，想想不如意的事会糟糕到什么程度；第三步，面对压力，分析原因，并依靠自己的努力去争取他人的理解和支持，寻求和创造机会，化压力为动力，走出困境。

3. 注意休息。如果我们不能得到足够的睡眠，休息不好，就会感到身心疲劳，无法集中精力学习，就会感到紧张，带来压力。所以，一定要有足够的休息时间。

4. 学会心理平衡。一个人能否做到让自己放松，关键是要对自己提出合理的期望水平。我们要对自我有一个客观的评价，正确地分析自己的优势与不足，据此提出适合自己的合理期望。不要想事事都做成，也不要希望每一事都完美。人的一生可能不是很伟大，但却活得有价值。只要能够这样想，就会平衡心态。

5. 排解心理压力。有时我们会不可避免地面对一些自己无法承受的心理压力，如成绩不好，被他人侮辱、打骂，被同学误解等。这时就特别需要与父母进行积极的沟通，希望父母能解开我们思想上的疙瘩，化解心理压力。

第46种品质　坚持——永远不放弃成功希望

只有坚持才能战胜前进道路上的荆棘坎坷。法国著名作家罗曼·罗兰曾说："没有一次争取是一劳永逸地完成的，

争取是一种每天重复不断地行动,要一天天地坚持,不然就会消失。"是的,坚持是一个人在确信行动的正确性后而不懈地努力,是一种意志品质。如果我们想获得成功,就应该学会坚持,不轻言放弃。

凡尔纳是法国著名的科幻小说家,曾被称为"科学幻想之父"。可是,他的成功并不是一帆风顺的,他的第一部科幻小说的问世过程,就完全是靠坚持。

当凡尔纳把他的第一部科幻小说《气球上的五星期》送交给出版商时,备受冷眼,被出版商连续15次退了回来!15次冷眼对于一位爱好文学的人来说,无疑是一个十分沉重的打击!

果然,他先是非常失望,然后拍案大怒,甚至还一把将书稿扔进了炉子,但是在这时,他的妻子把书稿抢了出来,还郑重地劝了他一句:"你应该再坚持一下,再试一次。"他冷静地想了想,决定再试一次。

于是,他第16次把书稿寄了出去,第16位出版商看中了这本书,决定立即出版。结果,小说一炮打响。随着小说的热销,世界开始对他刮目相看,他成功了,从此成了世界闻名的大作家!

那么,使凡尔纳成功的是什么?显而易见,是坚持。

逆境中需要坚持

人的一生谁都难以躲过逆境,能否在逆境中坚持住是一个人取得成功的关键。如果不能经受住逆境的考验,那么最终他就会被逆境所淘汰。一个人只有不向苦难的生活低头,他就会发现苦难的背后隐藏着丰富的宝藏,它会使他终身受用。

每个人都喜欢顺境,而不喜欢逆境,但是,不喜欢并不代表不经历。其实,逆境可以磨炼人生,增长才干,能够让一个人通过消除不良情绪得到新的人生突破和发展,心理达到更高层次的一种平衡。总之,逆境就是人生的一针强心剂。当然,这里有一个前提,就是坚持。如果坚持不住的话,一切都是空谈。

拿破仑出身于科西嘉穷困没落的贵族家庭,爱子心切的父亲为了儿子能有所作为,把他送进了一所贵族学校。这所学校大都是有钱有势的贵族子弟,他们大肆嘲讽他的穷困。拿破仑非常愤怒,他暗暗发誓一定要出人头地,证明自己是最优秀的!

他发奋学习,不理会周围的嘲讽与白眼,忍受了5年的痛苦。这5年之中,每一次嘲笑、每一次侮辱,都使他增加决心,更加坚定斗志。靠着不懈的努力,

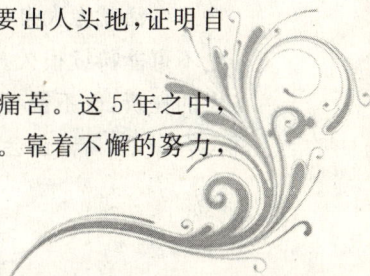

在 16 岁那年,拿破仑荣升为少尉,并以全校第一名的成绩毕业。

随后,拿破仑接受军事征召来到部队。到部队以后,他发现周围的同伴不务正业,却以吃喝玩乐和赌博为荣,自己的格格不入显示了出来。又由于他经济困难,不善于溜须拍马,不久就遭到同伴们排挤,被从少尉职位上挤了下来。对此,拿破仑并不在意,他埋头于图书馆中,决心要成为国家真正的人才。

他大量阅读哲学、军事和名人传记等著作,他顽强地坚持了下来,并开始勾画着自己美好的未来。在图书馆的这段岁月里,拿破仑仅摘抄的笔记就积累了一尺多厚。除此之外,他还经常把自己想象成一个总司令,并把科西嘉岛的地图画出来,并清楚地指出哪些地方应当布置防范,而且计算得非常精确。

军队的长官听说拿破仑的学问很好,便派他到训练场上执行一项任务。这项任务需要极为繁杂的计算能力,让长官感到吃惊的是,拿破仑把工作做得极为出色。从此,他获得了新的机会,开始慢慢走上了腾飞之路。

从一个落魄的贵族子弟,到一个称雄一世的君王,其中的艰辛可想而知,但拿破仑却坚持住了。可见,只要坚持住,逆境和苦难并不是人生的悲剧,反而是人生的一种本钱,一份财富。

大哲学家苏格拉底所说:"逆境是磨炼人的最高学府。"所以,人必须有信心战胜生活中的一切逆境。面对逆境,坚持不住的人,只能永久地停留在所谓的"阻碍"面前。

逆境,是强者必经的关口。没有逆境的苦难,哪有强者的战场?没有战胜困难的过程,又哪有胜利的欢愉和成功的喜悦?挪威著名作家易卜生曾说:"不因幸运而故步自封,不因厄运而一蹶不振。真正的强者,善于从顺境中找到阴影,从逆境中找到光亮,时时校准自己前进的目标。"

我们要知道,只要我们能够坚持,逆境就是一种成功的资本,没有经过饥饿的人,不知道一粒米的宝贵,不知道辛苦耕种者的可敬。在逆境中学会坚持,逆境就会让人变得更加坚韧、崇高。

事实证明,那些成大事者就是坚持不懈追求梦想的人。他们坚忍不拔,制定了一套成功的战略。所以,我们如果想获得人生的成功,就一定要学会坚持。

坚持成就自我

生活就像大自然一样,有阳春,也有金秋,有酷夏,也有寒冬。走运和背运也不可能持续很久。我们要永远坚信一点,无论受到多么大的创伤,经受多么大的挫折,也不管心情是多么的沉重,人生是多么的黑暗,都要咬牙坚持住。终会有一刻,乌云也会随着风散去,太阳就会重新升起来,彩云也会挂上蓝天。

不幸的日子总会过去,关键是要坚持,坚持,再坚持……

法国著名思想家卢梭说过:"成功的秘诀,在于永远不改变既定之目的。"古希腊大哲学家苏格拉底也曾说过:"许多赛跑者的失败,都是失败在最后几步。跑'应跑的路'已经不容易,'跑到尽头'当然更困难。"所以说,只要坚持不放弃正确的目标或道路,坚持到最后一分钟,就一定能够走向成功。

在美国,有一位穷困潦倒的年轻人,在他身上全部的钱加起来还不够买一件西服的时候,他仍然全心全意地坚持着自己心中的梦想,他想做演员,拍电影,当明星。

当时,好莱坞共有500多家电影公司,他逐一数过,并且不止一遍。后来,他又根据自己认真划定的路线与排列好的名单顺序,带着自己写好的剧本前去拜访。但第一遍下来,所有的500多家电影公司没有一家愿意聘用他。

面对拒绝,年轻人没有灰心,从最后一家被拒绝的电影公司出来之后,他又从第一家开始,继续他的第二轮拜访与自我推荐。在第二轮的拜访中,500多家电影公司依然拒绝了他。第三轮的拜访结果仍与第二轮相同。

不过,这位年轻人咬牙开始了他的第四轮拜访,当拜访完第349家后,第350家电影公司的老板破天荒地答应愿意让他留下剧本先看一看。几天后,年轻人得到通知,他被电影公司邀请前去详细商谈。就在这次商谈中,这家公司决定投资拍摄这部电影,并请这位年轻人担任自己所写剧本中的男主角。

这部电影的名字是《洛奇》。这位年轻人的名字是席维斯·史泰龙。现在翻开电影史,这部叫《洛奇》的电影与这个日后红遍全球的巨星都榜上有名。

一个人如果在遇到困难和挫折的时候,能够有足够的意志去再坚持一下,这种坚持足以让他取得成功。正如德国伟大的诗人歌德在《浮士德》中所说的:"始终坚持不懈的人,最终能够成功。"如果席维斯·史泰龙不能继续坚持下去的话,他就不会有今天的成就。

法国著名微生物学家巴斯德说:"告诉你使我达到目标的奥秘吧,我唯一的力量是我的坚持精神。"理查·巴哈所写的一万字故事《天地一沙鸥》,在出版前曾被18家出版社拒绝,最后才由麦克米兰出版公司发行。短短的5年内,单在美国便卖出了700万本;《飘》的作者玛格丽特·米切尔,曾拿她的作品和出版商洽谈,也被拒绝了80次,直到第81个出版商才愿意为她出版。

由此可知,当我们做事情不顺利、不如意的时候,一定要学会坚持,哪怕再坚持一分钟,成功也许就会到来。有人说:"坚持是卓越和平凡的分水岭。"所以,我们在面对学习和生活的困难及挫折时,一定要勇敢地坚持下去。

不轻言放弃

人生的较量就是能否再坚持一下的较量,轻言放弃的人注定不是成功的人。一位英国父亲是这样描述自己幼时的经历的。

"有一次,我和小朋友们一起做游戏,由于不小心,手指被同伴弄出了血,非常疼,我的眼泪就要掉下来了。但是,我在心里告诉自己,一定要坚持住!最后,我忍住了眼泪,装出一副若无其事的样子,继续和小朋友们玩,因为我知道,一旦我的眼泪掉下来,同伴们就会认为我是懦夫,以后再也不会和我一起玩了。现在,我也告诉我的孩子,在遇到困难的时候,要坚持一下。再坚持一下,你就是强者!"

1952年,34岁的弗洛伦丝·查德威克从卡德林那岛出发游向加利福尼亚海滩,梦想创造一项前无古人的纪录。那天清晨,海面浓雾迷漫,海水冰冷刺骨。弗洛伦丝连护送她的船几乎都看不到。在横游的途中,鲨鱼几次逼近了她,但都被人开枪吓跑。

在游了漫长的16个小时之后,她的嘴唇已冻得发紫,全身筋疲力尽,而且一阵阵战栗。她抬头眺望远方,只见眼前雾霭茫茫,仿佛陆地离她还十分遥远。"现在还看不到海岸,看来这次无法游完全程了。"她这样想着,身体立刻就瘫软下来,甚至连再划一下水的力气都没有了。

接着,她叫随行船上的人把她拉上船,人们告诉她离海岸很近了,让她再坚持一下。可她就是不肯再坚持了,于是,浑身瑟瑟发抖的弗洛伦丝被拖上了小船。

小船开足马力向前驶去。就在她裹紧毛毯喝了一杯热汤的工夫,海岸线就从浓雾中显现出来,她甚至都能隐隐约约地看到海滩上欢呼等待她的人群。到这时她才知道,船上的人并没有骗她,她距终点确实只有一英里!她仰天长叹,后悔自己没能咬咬牙再坚持一下而放弃了。

20世纪70年代,世界重量级拳击史上英雄辈出。被世界人民喜爱的拳王阿里因为体重已超过正常体重20多磅,速度和耐力也大不如前,医生给他的运动生涯判了"死刑",他也已经4年来没有登上拳台了。阿里一度面临告别拳坛的局面,然而,他还是坚持重返拳台。

1975年9月,33岁的阿里与另一拳坛猛将弗雷泽在菲律宾马尼拉第三次较量,前两次一胜一负。在进行到第14回合时,阿里已经筋疲力尽了,几乎到了崩溃的边缘,可以说,这个时候只要有一片羽毛落在他的身上,也能让他轰然倒地,他几乎再也没有一点力气迎战第15回合了。

　　然而,阿里还是拼着性命坚持着,不肯放弃。他心里非常清楚,对方和自己一样,也是筋疲力尽了。比到这个地步,与其说在比气力,不如说在比坚持力,就看谁能比对方多坚持一会儿了。他知道,这时候如果能在精神上压倒对方,就有可能胜出。于是,他竭力保持着坚毅的表情和誓死不低头的气势,双目如电,这让弗雷泽不寒而栗,他以为阿里仍存着很强大的体力。

　　突然,阿里的教练邓迪敏锐地发现弗雷泽已经有放弃的意思,他把这个信息传达给了阿里,并鼓励阿里再坚持一下。阿里的精神为之一振,更加顽强地坚持着。果然,弗雷泽表示"俯首称臣",甘拜下风。裁判当即高举起阿里的臂膀,宣布阿里获胜。

　　这时,保住了拳王称号的阿里还没有走到台中央便眼前漆黑,双腿无力地跪在了地上。弗雷泽见此情景,如遭雷击,他追悔莫及,并为此抱憾终生。在最为艰难,也是最为关键的时刻,阿里坚持到胜利的钟声敲响的那一刻,成就了他辉煌人生中的又一个传奇。

　　关键时刻,阿里没有轻易放弃,而弗洛伦丝却轻易放弃了,从而导致了不同的人生。所以,一定要坚持,千万不能轻言放弃。

　　美国著名的成功学大师拿破仑·希尔发现,他访问过的成功人士都有个共同的特征:在他们成功之前,都遭遇过非常大的艰难险阻。表面上看来,事情是应该罢手了,放弃算了,但他们都知道,他们正在突破成功的边缘,只差一步。于是,他们懂得坚持,他们就成功了。

培养坚持品质的小方法

　　1.做事要持之以恒。做一件事,无论大小,如果没有恒心,是很难做好的。是的,只有恒心可以让我们达到目的。

　　2.在心里要默默地给自己打气。当我们想要放弃时,可以在心里对自己说:"我一定坚持做下去,我一定会成功的!""我做得的确很不错!""既然已经开始了,我就应该坚持到底啊!"

　　3.不害怕困难。越是在困难的环境里,越能锻炼我们的坚持力。要知道,做事一定不要半途而废。即使遇到困难,我们也不要害怕,要做到善终。

　　4.训练坚强的忍耐力。学会忍耐,我们就会以一种顽强不屈的精神去做一件自己想做的事情,有时候,能懂得忍耐一下,也许成功的曙光就会离我们就更近了。

第47种品质 忍耐——风平浪静还得靠心忍

"忍"功可以称为天下修养第一功。一个人要做到不自满,成就大事,就一定要从根本上解决"忍"的问题。一个人无论地位有多高,权力有多大,学识有多渊博,他都必须学会忍让。只有这样,才不会因一时的怒气而毁掉自己的大好前程。

在非洲草原上,有一种不起眼的动物叫吸血蝙蝠。它身体非常小,但却是野马的天敌。这种蝙蝠在攻击野马时,常趴在野马的腿上,用锋利的牙齿极其敏捷地刺破野马的腿,然后用尖嘴吸血。无论野马怎么蹦跳、狂奔,都无法驱逐这种蝙蝠。蝙蝠直到吸饱,才满意地飞去,而野马常常在暴怒、狂奔、流血中无可奈何地死去。

动物学家们在分析这一问题时,一致认为吸血蝙蝠所吸的血量对野马是微不足道的,远不会让野马死去,野马的死应归咎于它暴怒的习性和狂奔。

可见,无论是人还是动物,"忍"都是必须的。所以,要学会控制自己的情绪,保持自己的理智,与他人友好相处。能够控制自己情绪,是人格完善的一个标志。一个人能够从精神上驾驭自己,才能获得精神上的真正自由,才是自己的主人。

小不忍则乱大谋

中国有一句古话:"忍一时风平浪静,退一步海阔天空。"意思是说,在某些特殊情况下,不要一味鲁莽地去碰壁,而是应该分析局势,做出某些以退为进的决策。这句古话的核心思想就是一个"忍"字。因为,"小不忍则乱大谋",这也是古人很早就总结出的训诫。

张耳和陈馀都是魏国的名士。秦国灭掉魏国后,就开始用重金悬赏捉拿这两个人。所以,他们只能乔装打扮,隐姓埋名逃到陈国。一天,陈国的一个小官吏因为一点小事就用皮鞭抽打陈馀,陈馀想起以前自己在魏国备受重用,感觉受不了那样的侮辱,于是怒不可遏,当即就想起来反抗。

旁边的张耳见状不妙,就用脚踩了陈馀一下,陈馀忍住没吭声。小官吏走后,陈馀的怒气还没有消。张耳便数落他一顿:"当初我和你是怎么说的? 这点

事算什么？难道就为今天受到一点小小的侮辱而死吗？"后来,陈馀和张耳的命运截然不同：张耳成了刘邦的开国功臣,而陈馀辅佐赵王,被韩信斩首。

张耳和陈馀,一个能忍,一个不能忍,两个人的最终命运,竟会有如此大的区别！

隋朝末年,隋炀帝十分残暴,各地的农民起义风起云涌,隋朝的许多官员也纷纷起来倒戈,转向帮助农民起义军。因此,隋炀帝生起了很重的疑心,不但对朝中的大臣怀疑,尤其对外藩重臣更是疑心重重。

当时的唐国公李渊曾多次担任中央和地方官,所到之处,都悉心结纳当地的英雄豪杰,多方树立恩德,所以声望非常高,许多人都来归附他。正因为如此,大家才都特别为他担心,怕他遭到隋炀帝的猜忌怀疑。就在那个时候,隋炀帝下诏让李渊到他的行宫去晋见。李渊因病没有能够前往,隋炀帝很不高兴,也多少产生了猜疑之心。当时,李渊的外甥女王氏是隋炀帝的妃子,隋炀帝向她问起李渊没有去朝见他的原因,王氏回答说是因为病了,隋炀帝又问了一句："会死吗？"

很快,王氏就把这个消息传给了李渊,李渊更加谨慎起来,他知道隋炀帝迟早会不容他,但力量不足又不能过早起来反抗,只好隐忍等待。于是,他故意败坏自己的名声,整天沉湎于声色犬马之中,而且还大肆张扬。隋炀帝听到这些,果然放松了对他的警惕。就这样,才有后来的太原起兵和大唐王朝的建立。

忍,是一种等待,为图大业等待机缘成熟。忍之有道,这种忍不是软弱,也不是忍气吞声、含泪度日的无奈之举,而是一种高明的策略,是为人处世的上上之策。

昂首走路,固然精神气爽,但那是在走下坡路;低头走路,虽然有些委屈,但却是在走上坡路。古人还有一句话："人在屋檐下,不得不低头",可以说是洞彻了世事人情,因此这句话也是相当有智慧的。

人生需要忍让

忍让,指一个人与他人交往时所采取的谦和、克己、委曲求全的态度和行为。那些与自己的朋友、同学等之间的非原则性的小事应该忍让。比如,与朋友或同学发生了一点小摩擦时,就应该豁达一点,不要斤斤计较,即使是吃点小亏也无妨。之所以这样做,是避免破坏朋友之间的友谊以及同学之间的团结。但是,如果是面对生活中的一些消极现象和不良的社会风气,则不但不能忍让,反而应该挺身而出,坚决斗争。

所以,我们提倡的忍让,并不是不辨是非、没有原则、毫无限度地对一切事

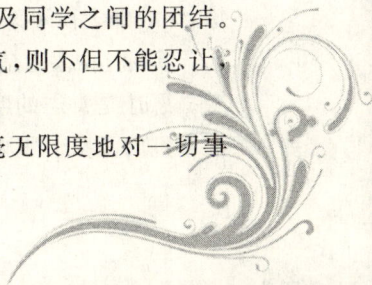

物的忍让,该忍时忍,不该忍时则寸步不让。应做到"大丈夫能屈能伸",这才是我们青少年一代应该具有的度量。

要做到忍让,一定要有豁达的胸怀,为人处世,待人接物时,不能对他人过于苛刻地要求。应该学会宽容、谅解他人的缺点和过失。要做到这一点,就应该有气量,宽宏大度,不能心胸狭窄。特别是在小事上,如果宽大为怀,尽量表现得"糊涂"一些,就容易会让人感到你通达世事人情。

所谓心胸豁达还表现为能忍辱负重,经得起误会和委屈,对那些曾与你有过摩擦的人,能宽容待之。这将有助于你广泛地结交知心朋友和学业上的志同道合者。老一辈无产阶级革命家陶铸说得好:"心底无私天地宽。"只要我们能以大多数人的利益为重,抛开自己的私利,就能具备宽大的胸怀,就能养成谦和的性格,对朋友和同学做到忍让。我们又何尝不能待人豁达一些、宽容一些呢?

现实生活十分复杂,充满了各种各样的矛盾。很多人都会碰到不尽如人意的事情。当你遇到那些令你气恼的事时,怎样去对待?这样的时候,一定要谨慎面对。如果是原则问题,责无旁贷,应该据理力争。如果是坏人坏事,则应坚决斗争。但是,如果仅仅为区区的小事而大动肝火、发脾气的话,就不应该了。虽然感到愤怒,但还要善于自制,切不可做出莽撞的举动。

唐朝时,唐太宗在庆善宫举行宴会,同州刺史尉迟敬德也被邀请参加了。但尉迟敬德一看自己的上座有人,就很生气地质问说:"你有什么功劳,竟坐在我的上首?"

任城王李道宗席位安排在他的下首,就来劝解他。尉迟敬德不但不听,反而举拳头殴打李道宗,李道宗的眼睛几乎被打瞎。

唐太宗很不高兴地让宴会停止了。他对尉迟敬德说:"我本来想和你共享富贵,然而你做官后好几次犯法。我这才明白把韩信、彭越那样的人剁成酱,并不一定是汉高祖刘邦的错呀!"尉迟敬德听到这种极其严厉的警告害怕了,以后就学会忍让,比较克制自己了。

在生活中,因为无足轻重的小事酿成严重后果的事例不胜枚举。所以,做人应"忍人所不能忍,容人所不能容"。不要动不动就吹胡子瞪眼,也不要手指着人家的鼻子尖责问,更不要出言不逊,恶语伤人。

俗语说:"善人者,人亦善之。""冤家宜解不宜结!"也许有人认为克制忍让是卑怯懦弱的表现,其实,这正是把问题看反了。古人说得好:"猝然临之而不惊,无故加之而不怒。"这才是真正的英雄。

实际上,忍让是一种动态的平衡,当积累到一定的时候必然会发生质的改变。忍让是意志的磨炼、爆发力的积蓄,是危机时刻智慧的选择,是暴风雨中亮丽彩虹的酝酿。重要的是,要耐得住寂寞和辛苦,等待和把握最佳时机。所以,

忍让并不是消极沉默,而是蓄势待发;忍让也不是一个抽象的概念,而是一种内涵丰富的智慧。

忍耐是人生的必修课

忍耐是一种定力,是自制,也是约束,忍耐不是悲观失望,而是等待时机;不是放弃退却,而是以退为进。忍耐不是对人生的苛刻,而是在人生处于低潮或困惑时采取的一种保护性措施。忍耐力的高低,忍耐时间的长短,与个人的修养息息相关,是一个人的综合素质的反映。

在人生的航程中,每个人都要面对无数的风雨,一个缺乏忍耐力的人,注定是会被过早地淘汰出局的。年轻人缺乏的往往是超强忍耐力,但是为了迎接人生的挑战,为了未来成功的甜美滋味,每一个人都应该记住:忍耐是人生的必修课。而这,也应该是我们实实在在践行的。

法国讽刺作家罗比莱斯早在 16 世纪时就这样说过:"坚韧卓绝之人,能成就万事。"英国剧作家莎士比亚也持相同的观点,他说:"不具忍耐力者,实为赤贫之徒。"

生活中,人们常说:"心急吃不了热豆腐。"的确如此,一盘热豆腐刚刚端上来,香气扑鼻。这时候,有些心急的人不经考虑就去吃,结果被烫得要死,结果吃其他菜也没有味道了。而聪明人就知道应该稍微忍耐一下,等一会再吃,那样就不会被烫着了。我们做事情也应如此,不要因为心急让自己失去获得收获的机会。在生活中学会忍耐,也许你就会得到更多。

要懂得,忍耐住眼前的一点痛苦,很可能会给今后的人生带来不菲的收益。为了自己以后的幸福生活,让自己多一些忍耐,而少一些冲动。

在犹太人心目中,忍耐不可耻,一个人越有耐力,别人越尊重他,忍耐已被犹太人看做是一种美德了。犹太人可以说是世界上忍耐力最强的民族,他们在恶劣的环境下和腹背受敌的攻击中,常常表现得从容自信,练就了一种特殊的心理素质,能忍一切不可忍之事。犹太人认为,痛苦可以试验人有多大的忍耐力。

既然忍耐是如此的重要,那么如何培养忍耐呢? 其实这并没有什么捷径,只要我们从现在开始重视它,就可以使自己在今后的人生道路上越走越顺。

忍耐的培养,其实就是意志的培养。当你碰到不如意的事,应该告诉自己要忍耐;然后,再仔细想一想应该怎样去对待它。如果平时不重视这一堂必修课,那么在遇到不如意时,就会感到不知所措,或者对事情的决定带有很大的盲目性。

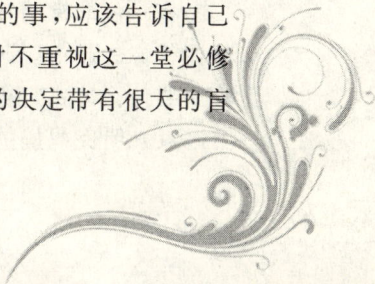

坚韧的忍耐精神是一个人意志坚定的表现,尤其在生活中很难都能事事如意,要学会忍耐,婉转退却,才可以获得无穷的益处。人际交往中,如果我们能舍弃某些蝇头小利,也将有助于塑造良好的自我形象,获得他人的好感,为自己赢得更多的利益和影响力。凡事有所失必有所得,若欲取之,必先予之。要记得,"百忍成金"。遇事忍字当先,就一定能给自己争得意想不到的收获。

培养忍耐品质的小方法

1.要用理智战胜情感。在这个世界上,有太多的人曾经为一些小事没有忍下,最终后悔莫及!所以,遇事一定要有自己的主见,不可以放纵自己的情感,否则,就永远也不能成为一个成熟的人。

2.把忍耐看成一种磨难。在成长的过程中,一定会经历各种各样的磨炼,而忍耐也是其中的一种。所以,在生活中一定要忍耐,不伤原则的忍耐往往会比无谓的抗争有价值。

3.让忍耐有更大的价值。不可否认,忍耐是必要的,但忍耐也仅是一个形式,重要的是在忍耐中学会思考,在忍耐中坚持对事业的追求。只有这样,忍耐才会有实际意义。

4.把精力放在追求生命的价值上,只有这样,才会让自己的心平静下来,才能更有智慧地处理问题,从而让自己的人生更充实,让生命更精彩。

第48种品质 理财——轻轻松松与财富握手

如果我们想在未来成功积攒财富,必须关注一个非常重要的因素,就是要懂得怎样聪明地运用财富,利用钱生钱,给自己带来更多的财富。也就是说,要学会理财。理财是一种能力,一种管理金钱的能力。一个人如果对理财持漠视的态度,那他一定不会赢得应有的财富。所以,如果不想让自己在以后陷入财务危机,就应该尽早积极学会理财。

有一位非常明智的妈妈,她每次带女儿去超市前,总是先跟女儿说:"今天,妈妈带你去超市玩,你可以买一件你最想买的东西,价格在20元以内。你得先想好要什么才决定买,如果你要好几件东西,妈妈就不带你去了。"

女儿听完妈妈的这个"条件"后,总是高兴地回答:"妈妈,我知道了,我最想

要一个小洋娃娃,不过我还得去超市里看看什么娃娃漂亮。"

于是,母女俩就去超市了,妈妈带着女儿看了各种各样的洋娃娃,并给她讲了一些与洋娃娃有关的故事。最后,女儿买了一个自己喜欢的洋娃娃回来。

别让金钱给毁了

在大力提倡素质教育的今天,我们掌握科学文化知识很重要,但掌握必要的理财能力同样很重要,这些都应该是现代社会青少年成长的必修课程。理财不仅是一种财产管理能力,在很大程度上还关系到一个人的人格、品德和诚信。

理财对我们来说非常重要,是一种非常重要的社会生存能力。我们必须教育端正对金钱的态度,不能让自己成为金钱的奴隶,而是要让金钱为我们服务。

现在的生活越来越富裕,如果我们不具备理财的能力,没有正确的财富观的话,就很容易因为金钱走上歧途。到那时,金钱就会成为影响我们成长的绊脚石。

钢铁大王卡耐基曾说:"不要以为富家的子弟,得到了好的命运。大多数的纨绔子弟,做了财富的奴隶,他们不能抑制住任何的诱惑,以致陷于堕落的境地。要知道,享乐惯了的孩子,绝不是那些出身贫贱的孩子的对手。一些贫苦的孩子,甚至穷苦得连读书的机会也没有的孩子,成人之后却成就了大事业。一毕业就投入社会的苦孩子,开始做着非常平凡的工作。可这些苦孩子,也许就是无名的英雄,将来能拥有很丰富的资产,获得无上的荣誉。"

有一个叫李力的孩子,他的父母都是大型公司的领导,收入颇高,所以李力手上也就不缺钱花。从李力很小的时候,父母在金钱方面对他是有求必应。每次全家一起上街,李力喜欢什么就让父母买什么,不管是好玩的还是好吃的,都是一路绿灯买下来。

很快,李力上学了,但李力的父母每天都特别忙而顾不上他。他们经常给李力钱让他自己在外面吃饭。结果,父母给他的钱本来是吃饭的,可他却用来买了一大堆零食和玩具,并且带到学校去招摇过市。慢慢地,同学们都很羡慕他,而他也讲"义气",一高兴就请同学吃零食,让同学玩玩具。后来,以至于同学们都叫他"大款"、"老板"甚至是"老大"。

去年春节,李力收了 3000 多元的压岁钱。他没用几天就花了一半。后来,父母发觉了李力的挥霍无度,便把他手中剩下的钱都没收,开始控制他的零花钱。果然,李力的零花钱从每月四五百元一下子降到了一百元左右。父母也比较高兴,以为他真的懂事了。可是,习惯大手大脚花钱的李力想起了歪主意,他开始到学校附近的小卖店赊东西,然后记账。于是,他又恢复了吃喝玩乐不学

习的日子。

为了还小卖店的钱,李力学会了跟父母撒谎。他不断编造补课、买学习用品、同学聚会等谎言向父母要钱。当他有了钱就去挥霍。后来,李力学会了旷课,在网吧疯狂地玩游戏。李力还认识了几个社会上的"哥们儿"。他开始跟那几个"哥们儿"一起盗窃,后来竟然拦路抢劫。最终,李力被公安机关抓获,处以劳动教养。直到此时,李力的父母才如梦方醒,他们非常后悔。

试想,如果李力当时知道怎样理财的话,那他也不至于走上了邪路啊!可是,"如果"是不存在的。

有关调查表明,在所有未成年人的犯罪中,因抢劫、盗窃等与"钱"有关罪行而银铛入狱的占全部未成年犯罪的 70% 以上。这些未成年人之所以走上犯罪道路,在很大程度上是因为他们从小没有受过良好的理财教育,没有树立正确的金钱观。

我们应该明白,如果我们想在未来的道路上走得稳一点,就赶紧培养理财的能力,让自己有一个正确的金钱意识,因为现在还来得及。

培养储蓄的好习惯

要想学会理财,就必须学会存钱,也就是养成储蓄的良好习惯。每一位青少年都应该从小养成储蓄的习惯,这也是培养正确的金钱观和节俭精神的最好办法。

如果留心一下世界上那些大大小小的成功人士的创业经验时,就会发现,他们都有一个良好的习惯,那就是储蓄存款。即使是在他们经济条件并不太宽裕的时候,他们也是努力地节衣缩食,一点点地积攒、储蓄。一旦面临机遇时,他们这辛辛苦苦存下的钱就会成为他们成功的起点。

美国"石油大王"洛克菲勒 16 岁开始闯荡商界。最开始的时候,他在一家商行当一名簿记员。他从母亲那里继承了储蓄的习惯。虽然他的收入并不多,月薪只有 40 美元,但他仍然把大部分钱积蓄起来,为以后的投资做准备。

两年后,他开始做腊肉和猪油的生意,成为一个小有资本的商人。这时候他仍然保持着储蓄的习惯,他要为今后的大投资做准备。机会来了,在 1859 年石油业掀起热潮时,他凭借着长期积蓄的财力,在一家炼油厂拍卖时,不惜重金,每次叫价都比对手高,最终获得了这家炼油厂的产权。这就是他赖以起家,登上石油大王宝座的"标准"新炼油厂。

经过 20 年的经营,洛克菲勒控制了美国 90% 的炼油业,成为亿万富翁。他成功的基础,与他在 16 岁时开始养成的储蓄习惯有着很大的关系。

洛克菲勒如果不是有长期储蓄的现款做后盾,他就没办法与竞买对手比价,从而买下炼油厂。如果没有炼油厂,亿万富翁的洛克菲勒也就很难出现。有了储蓄,还有一个好处,就是在紧急时刻可以以此来抵挡一阵,小钱将会管大用。

洛克菲勒的成功还在于他勇敢地购买了一片不被人看好的油田。这个油田的原油被叫做"酸油",谁也找不到一个好方法来有效提炼它。但这个油田价格低得惊人,产油量极高,洛克菲勒下了狠心要把它买下来。他说服了董事们,用800万美元一次性购买了油田。要让油田成为"摇钱树",必须解决提炼问题。

洛克菲勒找来专家进行研究。在研究了两年仍没有任何成果时,董事们认为毫无希望,拒绝再提供经费。这时候,洛克菲勒便用自己的积蓄,自费支持研究。研究终于获得了成功,这片800万美元收购的油田,获得了几亿美元的利润。而在这次非凡的成功中,同样是储蓄的习惯在关键的时刻发挥了巨大作用。难怪洛克菲勒说:"对标准公司的成就来说,有足够的金钱和信用与其他方面一样重要。"

储蓄的习惯还有一个好处,就是在你需要向别人借款时,你的储蓄习惯会帮助你。很多生意人不会轻易把他们的钱交给别人处理,除非他看到此人有能力照料他的钱,并能妥善加以运用。摩根就说过:"他宁愿借款100万美元给一个品德良好,并已经养成储蓄习惯的人,而不愿贷款1000美元给一个没有品德及只知花钱的人。"

在发展石油事业中,洛克菲勒也因为急需资金,需要借款。他的储蓄习惯证明他能够维护其他人的资金,这样,他便不费力地借到了他所需要的资金。

有很多人尽管以前也曾经非常刻苦努力地做过许多事情,但至今却依然是一穷二白,主要原因就在于他们没有储蓄的好习惯。

有很多年轻人从来不存钱,到中年以后仍然是一贫如洗。一旦失去了职业,又没有朋友去帮助他,那么他就只好徘徊街头,没有着落。如果他能够偶然遇到一个朋友,就会不断地诉苦,说自己的命运如何不济,希望那个朋友能借钱给他。这样的人一旦失业时间稍微长一点,他就容易落到饥肠辘辘、衣不遮体的地步,到了寒冬时甚至可能会挨冻而死。

之所以他会落到这种地步,吃这样的苦头,就是因为不肯在年轻力壮时储蓄一点钱。他似乎从来没有想到过,储蓄对他会有怎样的帮助,也从来就不懂得很多人的幸福都是建立在"储蓄"这两个字之上的。

可见,一个人如果没有储蓄的良好习惯,他的很多计划都将会变得毫无意义。机会存在于各处,但只提供给那些手中有余钱的人,或是那些已经养成储

蓄习惯,而且懂得运用金钱的人。所以,我们一定要养成储蓄的良好习惯,这不仅是我们成功做事的资本,也是一种良好的品质。

财富思维很重要

美国成功学大师拿破仑·希尔在《思考致富》一书中指出,一个人如果经常依靠丰富的思考来行事,那么他将会创造出多姿多彩的人生。也就是说,假如一个人能够拥有正确的赚钱意识和知识,就会激发他赚钱的智慧和力量。

是的,一个人没有资金,没有财产并不要紧,只要拥有聪明的脑袋,拥有创造财富的思维,就能够随时捕捉到赚钱的机会,并能够脚踏实地地付出行动,那么他就很快能够拥有财富。

有人说,只要一个人能够正确思考,他的头脑就是最有用的资产。不论他是谁,也不管他年龄的大小,更不论他受教育程度的高低,只要他能保持一颗积极上进的心,以积极的心态去思考,他就一定能够招徕财富。

乔治·哈姆雷特曾在美国伊斯诺州的退伍军人医院疗养,他的空闲时间非常多,但是除了读书和思考之外,他做的事情并不多。因为他深知思考的巨大价值,他对自己充满了信心。

乔治知道,很多洗衣店都会在烫好的衬衣领上加一张硬纸板,以防止衣服变形。他写了几封信向厂商询问,得知这种硬纸板的价格是每千张4美元。他有一种想法:在硬纸板上加印广告,再以每千张1美元的低价卖给洗衣店,从而赚取广告的利润。

乔治出院后,立刻着手进行这件事,并坚持每天研究、思考和规划。很快,广告推出了。不过,乔治发现,客户取回干净的衬衫后就把衣领的纸板丢弃了。他问自己:“如何让客户保留这些纸板和上面的广告?”接着,一个答案闪过他的脑际。

他在纸卡的正面印上彩色或黑白的广告,背面则加进一些新的东西——孩子的着色游戏、主妇的美味食谱或者是全家一起玩的游戏。有一位丈夫抱怨洗衣店的费用激增,发现妻子竟然为了搜集乔治的食谱,把可以再穿一些日子的衬衫送洗!

但是,乔治并没有以此自满。他的目标很远大,要让自己的事业更上一层楼。他把每千张1美元的纸板寄给美国洗衣工会,工会便推荐所有的会员采用他的纸板。因此,乔治有了另外一项重要发现,那就是,给别人你所喜欢及美好的事物,你会得到更多!

美国亿万富翁亨利·福特说:“思考是这个世界上最艰苦的工作,所以很少

有人愿意从事它。"很显然,思考可以致富,之所以这样,是因为一个人在思考的同时就是在培养自己的财富思维。

所以说,如果想变得富有,就一定要学会思考,培养财富思维。要知道,富人最大的一项资产就是他们的思考方式与众不同。如果我们做别人做的事,最终只会拥有别人拥有的东西。无论将来从事哪种行业,都一定不要低估思考的价值。一个人即使躺在床上也能思考,即使躺在医院的病床上,研究、思考、规划,也能用自己的财富思维来致富。

培养理财品质的小方法

1.注重合理调整消费投入。在选购商品时,要考虑到家庭的经济状况和承受能力,如果家庭经济并不富裕,就应该把一些可以花也可以不花的钱节省下来。另外,要本着需要和实用的原则,选择恰当的购物时间,尽量购买价廉合格的商品,保证自己的利益。

2.要注意消费的内容。人生中最重要的消费是精神消费,不要把钱花在吃、喝、穿等物质享受上。要注意培养对成长有利的消费观,比如,看一些有意义的健康的书籍,听一下能陶冶情操的CD等。

3.学会理智看待广告。广告是商家促销的手段,好的广告是一种艺术品。学会欣赏广告,用平静、审慎的态度看待广告,是我们社会性发展和成熟的表现,也有助于健康消费观念的养成。

4.制订支出计划。一般来说,随着年龄的增长,我们就会自然具备一些支配金钱的能力。但是,也不要掉以轻心,必要的时候,一定要制订一些合理的支出计划来科学合理地使用金钱。

5.做零花钱记录。注意培养对钱财的倾向和态度。从父母那里取零用钱的同时,也要把每笔零用钱记下来,而且每次的花费也要记下来。

6.参与家庭理财。这是我们应该有的权利和义务,比如要知道父母为我们做了些什么。了解家庭财务支出情况,有助于我们理解父母在操持这个家时都付出了怎样的努力。当然,更重要的是从小培养理财能力。

第49种品质　自立——成就卓越人生的基础

自立就是自我生存的意识和能力,也是现代人追求的一种优秀品质。简单来说,自立就是不依赖别人,依靠自己的

努力来做事的精神品质。在当今时代，一个人必须具备自立的意识和能力，这是社会的要求，也是自身发展的需要。人一旦具备了自立的品质，就比较容易适应社会，就能把握机遇，更好地发展自己。

海克脱·倍里奥是法国19世纪著名的音乐家，他从小就喜欢音乐，也听了很多音乐家的故事，所以，他的理想就是长大后要当一名音乐家。但是，他的这个理想违背了父亲的愿望。

父亲把他送进一所军医学校学医，但是倍里奥对医学一点也不感兴趣，还写了一封信给父亲说明这个意思。结果，父亲一怒之下，竟把他赶出了家门。不过，倍里奥没有低头，从此开始了艰苦的独立生活。

倍里奥除了一双手，什么都没有，但他并不害怕。为了生存，也为了理想，他到处去做工，不管脏活、累活，什么都干。在屠宰场、面包房、商店和工厂，都留下了他忙碌的身影。除了白天工作之外，晚上他还要刻苦学习音乐，每天坚持学习到深夜。就这样，凭着这股坚毅的自立精神，他终于成为当时世界一流的音乐家。

生存从自立开始

我国现代著名的教育家、诗人陶行知写过一首《自立歌》："滴自己的汗，吃自己的饭，自己的事自己干，靠人、靠天、靠祖上，不算是好汉！"可以说，这首小诗用最通俗易懂的语言对自立做了最精辟的解释。用陶行知自己的话说："……写这首诗，志在勉励青年打破依赖性，不再做那贪图享福之少爷小姐。"

要想在这个社会上立足生存，就必须首先学会自立。也就是说，生存要从自立开始。

美国南部的一些州立学校特别规定：在校生必须在外独立谋生一周成功后才能毕业。这样的条件看似苛刻，实际上是在为培养青少年的自立能力，这让学生们获益匪浅。让人感到欣慰的是，所有的青少年没有一位"搞小动作"，都是通过自己真实的努力换来最后的顺利毕业。

在美国，青少年从小的时候开始，不管其家里多富有，男孩子12岁以后就通过剪草、送报等零工方式赚些零用钱，女孩子则做小保姆去赚钱。

17岁的詹妮每个周末都要去餐馆打工，母亲对她说，你完全可以在家里帮妈妈干活，照样可以领取工资。但詹妮却认为在家赚自己母亲的钱不是本事，她一定要去外面赚钱来显示自己有自立的能力。

相比之下,中国的青少年的自立能力让人担忧,杰出青少年就应该像詹妮一样,必须学会放开父母的手,要凭借自己的能力应付事情。自立就要独立承担生活的责任,要知道,责任并不是一个重担,而是一种享受和参与。不要感到它是压在心头的包袱,可以逃避就设法逃避,逃不过去就勉强挨过去。

在日本,有句名言在青少年中广为流传:"除了阳光和空气是大自然赐予的,其他一切都由自己安排。"在加拿大,青少年为了锻炼自立能力,很多人都有制订严格时间表的习惯。而且加拿大的高中生还必须做 30 个小时的义工,一分钟都不能少。

德国诗人歌德曾说:"谁若不能主宰自己,谁就永远是一个奴隶。"可以设想,一个处处依赖父母、依赖别人,把自己的命运寄托在他人身上的人,怎么可能会有大的作为呢?

在当今时代,一个人必须具备自立的品质,这是社会的要求也是自身发展的需要。人一旦具备了自立品质,就比较容易适应社会,就能把握机遇,更好地发展自己。

自立是每一个杰出青少年必须具备的素质,也是每个人想要生存下来的所必须具备的条件。那就从现在开始,锻炼你的自立能力吧,它将为我们未来的生活增添绚烂的光彩!

自理是自立的基础

我们都对一个词特别熟悉,这个词就是"自理",每个人都知道它的意思,明白它的含义。但是,现在的青少年真正能做到自理的又有多少呢?

有人说,如果人能像鸟一样在天空飞翔,那么自理就是能让生命自由轻灵的翅膀。自理是享受生活的开始,是青少年想要拥有自立品格的最基本的条件和保证,是一切社会活动的基础和最底层的要求。

曾经听一位妈妈讲,她的儿子已经 18 岁了,虽然已经成人,可是生活自理能力很差,一旦生病就更加不会照顾自己,这让她实在是不放心。为此,她特意请假,陪孩子打点滴。医生认为,她儿子得的只是普通感冒,算不上是什么大病,根本就不用陪护。

而据一些护士反映,在他们的从业经历中,部分年龄在 14～20 岁的青少年患者打点滴的时候都有家人陪护,有的家人在陪护的时候几乎是"全家总动员",然而大多数时候,这些青少年患者根本就没有陪护的必要。

由于孩子的生活自理能力很差,打点滴的时候连上厕所都成问题。在孩子生病的日子里,她只能充当"全职妈妈"了。一些家长认为,孩子生活自理能力

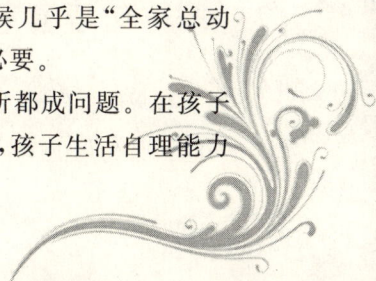

差,是他们被迫陪护孩子打点滴的主要原因。

一个猎人,打猎时捡了几头刚出生不久的小狮子,把它们带回家中精心喂养。猎人给他们设计的笼子也是温暖而舒适的,这几头小狮子慢慢长大了。有一天,一不小心,一头小狮子从笼子里跑了出去,猎人到处寻找也没有找到,而其他几头还在受着保护。

有一天,那个猎人外出打猎后再也没有回来,习惯了被喂养和保护的小狮子们最后被活活饿死了。而那头当年跑出去的小狮子呢?它已经变成了一只野狮子。它独自在野外时,饿了自己找食吃;渴了自己找水喝;受了伤,它学会了用舌头舔伤口;遇到敌人,它知道怎样保护自己。正是这种独立的、不依靠别人的习惯,使它在大自然的环境里顺利地活了下来。

小故事中的狮子和猎人的关系,在某种程度上有我们当代的青少年和家长的影子。青少年就像是备受宠爱、没有受过伤害的小狮子。但是,请不要忘记,猎人总有离去的那一天。当猎人离去时,当初拥有不同选择的小狮子的命运,也随之发生改变。

当我们在赞叹那头有勇气逃跑的小狮子时,也在为其余的拥有不幸的命运小狮子感到惋惜。同时,也在为我们当代的青少年朋友们祈祷,希望大家都能认识到自立对于一个人成长和发展的意义。虽然我们不会有像那些小狮子一样的待遇,但是,一个自立的青少年总是令人赞叹的,也总是生存能力最强的一个。

遗憾的是,现在的青少年中,具有自理能力的实在太少了。北京某大学新生,从小就被父母娇生惯养,考取大学后,因缺乏基本的生活能力而被迫离开梦寐以求的学府。

曾经有一位博士说,他从小的时候,父母就教他洗衣、做饭,当时他很不开心。上初中的时候,母亲生病住院,父亲忙得不可开交,他就自己照顾自己,在母亲生病的日子里他还学会了自己做饭。从那以后,他知道了生活自理对一个青少年的重要性,直到最终事业有成,他一直坚持自己的事自己做。所以说,要想提高自理能力,那就得多做身边小事,从而总结出经验,并运用于实际。

我们青少年将来面对激烈的竞争,这绝不仅仅是知识和智能的较量,而是综合能力的较量,没有基本的自理能力,我们在起跑线上就会满盘皆输。所以,从小培养自己的自理能力,是我们每位青少年必须要做的。

一切要靠自己

有一位哲人曾经这样说:"我们虽可以靠父母和亲戚的庇护而成长,依赖兄弟和好友而发展,因爱人而得到幸福,但是无论怎样,归根结底人类还是依赖自己。"

毕加索是世界著名的大画家,他有一个女儿名叫巴鲁玛。在普通人看来,有位名人父亲作靠山,办事情一定会顺利很多,人生旅途也一定会平坦很多。然而,巴鲁玛却不愿意用她父亲的遗产和声望来抬高自己的身价,不愿意沾父亲的光。

巴鲁玛笑着说:"'毕加索'的名字确曾让我轻易地克服了各种障碍,办事极为方便。"但她又转而庄重地说:"实际上,我不认为金钱和声誉能使一个人最终获得成功。我认为,成功,始终应该靠自己的不懈努力来达到。"

于是,巴鲁玛在18岁时就毅然改掉自己的姓名,将"毕加索"的字样刻意抹去,靠自己的本事闯荡人生。经过长期不懈的努力,巴鲁玛终于成为了一名成功的服装和珠宝设计师。

动物界有这样一个场景:善于奔跑的非洲猎豹在捕住猎物后,不是立刻将其咬死,而是有意识地将它放生,然后驱赶小豹追赶逃命的猎物。如果小豹追了一会儿便停下来,母豹会毫不留情地撕咬小豹,直到小豹再去追猎物为止。

不难看出母豹的良苦用心,这样对待小豹,完全是为了小豹着想,让小豹明白,要生存只能靠自己,要学会捕食,这样便能学会生存。

拿破仑曾说:"一个人应养成信赖自己的习惯,即使在最危难的时候,也要相信自己的勇敢与毅力。"有一次,拿破仑外出打猎,他刚走到一条河边,就听到一个落水者在大声呼救。拿破仑见他在水中使劲地扑腾,但就是不往岸边来,于是,他马上举起猎枪瞄准落水者说:"喂,你要是再呼救,而不向岸边爬的话,我就开枪打死你。"那人听了,吓得竟然忘记了自己不会游泳,用力向岸边游来。经过多次挣扎,那个落水者终于靠自己的力量爬到了岸上。

一上岸,他便气愤地责问拿破仑:"为什么你见死不救,还说要开枪打死我?"拿破仑从容答道:"要是我不吓唬你,你自己还不照样在水中淹死。现在你至少懂得一个道理:一切要靠自己。"

当今社会是开放竞争的社会,青少年需要在激烈的竞争中求生存谋发展,所以,我们应该学会在激烈竞争中摔打自己,勇敢地面对困难和挫折,学会自立,不轻易放弃。

法国作家罗曼·罗兰说:"凡是天性刚强的人,必定有自强不息的力量。"《易经》中说:"天行健,君子以自强不息。"自强不息是中华民族崇高的民族道德精神,也是中华民族得以屹立于世界民族之林的原因之一,它激励着一代又一代中华儿女拼搏进取。

我们要明白,只有在波折与浮沉之中,人生才能得到历练,才能走向成熟,而在这过程中,只有学会自立的人才能赢得最后的胜利。作为当代青少年,也应该吸收这种中华民族的精髓,把培养自己的自立品质当做一项必须要完成的

任务来对待,这也是青少年自我发展不可或缺的能力。

大到一个国家,小到一个人,自立都是生存发展的基础。一个国家如果没有自立,就没有国格,就不是一个伟大的国家;一个人没有自立就不是一个真正的强者。作为祖国明天的希望,看着父母殷切的盼望,我们没有什么理由再去做温室的花朵了!

培养自立品质的小方法

1.自己的事情自己做。我们应该从小事开始,不依赖旁人和父母,力所能及的事情一定要自己尝试去做。

2.培养一片真诚的孝心。真诚的孝心可以让我们体会父母的深情和对自己的呵护,希望这种真诚的孝心可以激发起我们青少年承担责任、分担父母忧愁的赤子之心。

3.勇于去帮助别人。帮助别人的过程中不仅锻炼了自己的生存能力,也可以让自己的心情处于与人互帮互助的良好氛围中,不仅帮助了别人也培养了自己的爱心和自立能力。

4.克服依赖心理。依赖心理是消极的,会影响自己独立人格的完善,制约自己的自主性和创造力,从而阻碍自己自立能力的发展。

第50种品质 适应——必须具备的生存能力

适应环境的能力是人类赖以生存的最基本的本领。现代社会在不断变化,不断更新的学习、工作和生活环境让人难以把握,环境随时都可能变得陌生,一个人如果没有良好的适应环境的本领,就无法在将来的竞争中取胜,反而容易被淘汰。所以,我们必须练就强大的适应能力。

贝多芬小时候,他的父亲想把他培养成为像莫扎特一样的"神童",经常让他整夜练琴。尽管小贝多芬并不理解父亲的良苦用心,但他还是咬着牙坚持了下来,为他的音乐生涯奠定了坚实的基础。

少年的贝多芬,直接担负起了家庭的重担,尽管生活非常困苦,时间十分紧张,但是他依然能够在恶劣的环境之中,顽强地适应生存,并且利用一切机会学习音乐。

后来,贝多芬的耳朵聋了,这对于一个音乐家来说简直是致命的打击。然而他毅然接受了命运的挑战,并逐步摸索出了一种适合自己的创作方法。坚强的适应能力让贝多芬再次"扼住了命运的咽喉",他的大部分优秀作品都是在这个时期创作的。

适应是一种能力

在现实的社会中,父母不可能总是为我们提供一个完美的生活环境,所以,我们如何迅速适应环境才是最重要的。需要注意的是,适应环境不是一味地"顺从环境",而是根据环境条件改变自身、调节自身,试着与环境条件保持协调,才是其本意,才能真正生存。只有适应环境,才能改变环境、创造环境。

有一个在海关工作的小职员,虽然每天都辛辛苦苦地拼命工作,但依然没有保住他的饭碗。他忧心忡忡地回到家,一言不发地呆坐着,不知该如何向太太说明这一切。

谁知,当太太知道了这些后,并没有半句怨言,反而高兴地对他说:"这不是很好吗?省得你自己狠不下心来辞职。这样你就可以静下心来,专心致志地从事你喜欢的写作了。"

小职员想:是啊,不管怎么说,那份工作已经失去了,别指望再抓住它了。那就在写作方面一展身手吧! 于是,失去工作的他,变得比原来还要繁忙,即使是深夜降临的时候,他也依然俯身案前奋笔疾书。

终于,一部令美国文学史为之震撼的鸿篇巨著——《红字》诞生了,这位失去工作而成为作家的人叫纳撒尼尔·霍桑。

可见,一个人无论怎样恋恋不舍曾经的工作环境,无论怎样对其牵肠挂肚,都已经不再重要,重要的是要面对现在,迅速适应新环境,并在此基础上有所作为。

生存本身就是各种矛盾的冲突组合。一旦一个人真正想通了这个道理,了解并且接受了生存会困难重重的事实,那么在面对坎坷时,他也就会有足够的心理准备了。

适应是一种能力,我们每一位青少年都应该具备这种适应环境的能力。而所谓的适应环境的能力,就是人们根据生活环境进行自我调整,以便和环境保持平衡的一种能力。

鳄鱼似乎并不招人喜欢,然而,鳄鱼却是恐龙时代的动物,在世纪更替中,许多物种灭亡,但鳄鱼却存活了下来;"变色龙"通常用来形容一个人善变,善于伪装自己,但是,这种动物却能通过了解环境,迅速调整外观色彩来保护自己;波尔山羊能在干旱季节、缺乏饲料的情况下生存,还能爬上树干采食,它是世界

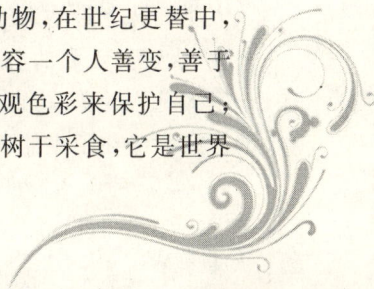

上适应性最好的山羊品种，几乎能适应多种类型气候；在茫茫戈壁中，仙人掌为了抵御烈日暴晒，避免水分损失，将叶子进化为针状；骆驼为了适应长时间缺乏水和食物的环境，开辟了将营养储存在驼峰里的生存方式……归根结底，这些物种之所以不灭，是因为它们都有一种赖以生存的强大的适应环境的能力。

同样的道理，人类也应该做到在哪里生存就在哪里扎根。只有这样，人类才能适应不断变化的客观环境，也只有这样，人类才有可能生存得更加惬意。

良好的适应环境的能力不仅是人体健康的一种标志，更是情商高的一个特征。对于我们来说，适应能力主要是指对新环境的良好适应能力。

学会应对新环境

每个人都难免会接触或置身于陌生的环境，我们也不例外。在陌生环境里，绝大多数人都习惯板着面孔，保护着原本脆弱的尊严，以免受到来自外界的侵犯和伤害。结果，随着时间的推移，陌生环境依旧陌生，人们所担心的那种"危险"依旧潜伏在周围，而自己却已经疲惫不堪了。

那么，面对一个新环境，我们应该怎样应对呢？其实，如果学会在陌生环境中换一副表情，尝试对陌生的一切都微笑一下，会不会更好些呢？

在一家宠物医院的候诊室里，许多顾客带着宠物准备注射疫苗。没有人聊天，也没有人低声攀谈。时间在候诊室里仿佛特别漫长，在沉默中，人们开始焦躁起来。这时，一位女士带着她9个月大的孩子和一只猫走进来了，她坐在了一位先生身旁，而那位先生坐立不安，不停地四处张望，已经等得很不耐烦了。他突然发觉，那个孩子正抬着头注视着他，咧着嘴对他天真地笑。于是，他不禁也对孩子笑了起来。然后他就跟女顾客聊起这个孩子和他的孩子来。很快，整个候诊室的人都聊了起来，整个气氛从乏味、僵硬转变成了愉快。

这是从一个微笑引出的整体的和谐和愉快！在陌生环境中，如果我们能够保持微笑，就会得到一种心理上的放松和坦然。所以，我们要多一些真诚和友善，不用去伪装。当我们送出一个微笑时，就会得到一个甚至多个微笑，内心就不会再疲惫和紧张，人与人之间也会变得更为默契。这样，我们在陌生的环境里感到的将是融洽和温暖，而非陌生和冰冷。

学会在陌生的环境里微笑，这是一种自尊、自爱、自信的表现。因为微笑是人类面孔上最动人的表情，是生活中美好而无声的语言，它源自善良、宽容、坦荡、大度和无私的心灵。微笑是成功者的自信，微笑是人际关系的黏合剂；微笑是对他人的尊重，也是对爱心和诚心的礼赞。

学会在陌生的环境里微笑，我们就会学会怎样在陌生人之间架一座友谊之

桥,就会拥有一把开启陌生人心扉的金钥匙,就会赢得成功的力量,找到一个新的起点,直面人生的挑战。

适应新环境并融入新环境既是一门技术,也是一种艺术,一旦坦然面对,就可以获得最大的成功,求得最大的快乐和幸福!

我们要在新环境中主动参与各种活动。要知道,环境是不能躲避的,只有坦然面对,大胆接触才能更快融合。比如,通过与同学交往,一起学习交流,参与艺术活动、文体实践等扩展自己的生活经验,就能使自己从团体活动中获得学习与表现的机会。

如果我们想顺利地适应快速变迁的社会,就需要与现实环境保持良好的接触,以客观的态度坦然面对现实,冷静地判断事实,理性地处理问题,随时调整自己的情绪,只有这样,才能保持良好的适应状态。

尝试去改变自己

任何环境中都存在着两种因素:有利于个人成长的积极因素和不利于个人成长的消极因素。我们要积极地适应,也就是要正确地分析自身特点及环境特点,从分析中找到自己的生长点,从而主动调整自己的行为。

美国著名心理学家马斯洛在谈到成长与环境的关系时说:"环境的作用最终只是允许他和帮助他,使他自己的潜能现实化,而不是实现环境的潜能。环境并不赋予人潜能,是人自身以萌芽或胚胎的形态具有这些潜能,正如他的胳臂、腿、脑、眼睛一样。"这种观点给人以很大启示:每个人都存在着潜能,环境只是才能发展的条件,而不是才能的"种子"。

北京少年杨庆斌,不幸被高压电击中,失去了双臂,但他从不悲观,面对困难充满了勇气和力量,每天坚持用脚趾夹着笔练字,用牙齿叼着笔写字,用肩膀带动一个连杆笔写字,最后终于成为一名无臂书法家。

可见,困难如弹簧,你弱它就强。我们要具有不怕困难的精神,要敢于同生命中的惊涛骇浪展开搏斗,就像贝多芬、居里夫人、华罗庚、张海迪一样,战胜挡在生活中的所有困难。

我们应该知道,当我们无法改变环境时,不要消极,不要抱怨,要下定决心,改变自己,从而更快地融入到这个环境中去。外界的环境往往会在一瞬间转变,一个人唯有不断改变自己,让自己适应现实的环境考验,才能在新环境中赢得一席生存之地。

王桉是世界上长得最高的树,但是,一些地方的王桉林却面临着灭绝的危险,导致这种状况的罪魁祸首就是王桉树种的转变适应能力极弱。王桉树在长

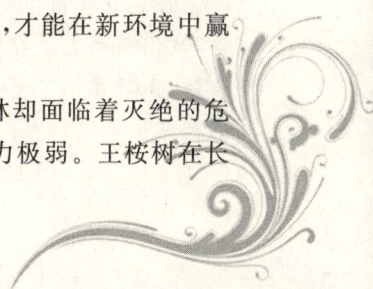

期的进化过程中形成了许多独特的生存特点,其中之一就是为了对付频繁的森林火灾,它的种子是包在厚厚的木质外壳里的,不仅不怕火烧,还能借助大火烧裂木质外壳,顺利生根发芽。而现在,王桉的生存环境基本杜绝了森林火灾的发生,这样一来,王桉的种子根本就无法生根发芽,更不用说长成高大的王桉了。

其实,王桉树的可怜有时候也是我们青少年的悲哀,有许多青少年常常因为学习或生活环境的改变而变得极不适应,从而开始碌碌无为。为此他们开始感叹上天的不公,咒骂周边的一切。但他们似乎忘了现实的环境对他们有着不同的要求:只有先改变自己,才能适应自己生存的环境。

一位小姑娘被父母送到澳大利亚留学,总是抱怨房东对她不好,想搬家。别人问她房东怎么不好,回答是:"他老逼我刷牙,还非让我把脸盆也洗干净;洗澡后还得收拾浴室……"故事中的小姑娘正像一则寓言故事中的乌鸦,不停地搬家,不停地抱怨,结果走到哪儿都不受欢迎。

要明白,在生存的路上,遇到什么样的环境并不在自己的掌控之中,就像人无法选择自己的父母一样。但是,能否改变自己去适应环境,却在自己的把握之中。

一位哲人曾说:"改变自己事半功倍,改变环境事倍功半。"遇到无法改变现实的时候,就得从自身做起,努力来改变自己,让自己适应环境,并从新环境中汲取营养。

迅速适应环境的小方法

1. 不要期待让环境适应自己。环境变化多样、各不相同,要寻找新环境中的可爱之处,学会以愉快的心情接受陌生的一切。

2. 利用新机会,接受新挑战。新环境就是新挑战,尽自己的能力去尝试一下自己的胆识,表现自己,新环境也许会给我们意外惊喜,给我们丰富而值得纪念的经验。

3. 敢于承认自己的不足。进入一个新环境,也许以前没有发现自己有这样的缺点,但是现在显现出来,不过一时也改变不了,与其苛求自己改变,还不如一笑了之,因为在这个世界上找不到一个十全十美的地方。大胆地承认、接受自己的不足,并在以后努力改变自己,这样生活会更美好!

4. 培养挫折承受力。人生之路很漫长,未来的风霜雨雪会更多、更大、更猛,我们必须要学会在生活中、实践中锻炼、提高、增强对抗挫折的能力。挫折、失败、困难并不可怕,只要能适应挫折,勇于拼搏,就会战胜惊涛骇浪,到达成功的彼岸!